星球研究所
中国青藏高原研究会 著

一次青藏高原综合科学考察研究』和
环境变化与绿色丝绸之路建设』资助

HI I'M CHINA

这里是中国

中信出版集团 | 北京

图书在版编目（CIP）数据

这里是中国 / 星球研究所, 中国青藏高原研究会著
. -- 北京 : 中信出版社, 2019.9（2025.5 重印）
ISBN 978-7-5217-0157-9

Ⅰ. ①这… Ⅱ. ①星… ②中… Ⅲ. ①地理－中国－
普及读物 Ⅳ. ①K92-49

中国版本图书馆CIP数据核字(2019)第038817号

这里是中国

著　　者：星球研究所　中国青藏高原研究会
出版发行：中信出版集团股份有限公司
（北京市朝阳区东三环北路27号 嘉铭中心A座）
承 印 者：北京雅昌艺术印刷有限公司

开　　本：889mm×1194mm　1/16　　印　　张：33.5　　字　　数：315千字
版　　次：2019年9月第1版　　印　　次：2025年5月第45次印刷

审 图 号：GS（2019）2782号
制图单位：湖南地图出版社有限责任公司
书　　号：ISBN 978-7-5217-0157-9
定　　价：168.00元

星球研究所创作团队

– 统筹 –

风子

– 撰稿 –

耿华军

– 制图 –

张靖 王朝阳 兰泽玉

– 图片 –

余宽 刘白 杨叙

– 特别鸣谢 –

为本书提供影像作品的
全体摄影师们！

目录

推荐序

中国需要好的地理科普

作为一名地理科研工作者，我对地理科普作品总是既充满期待，又格外苛刻的。《这里是中国》的问世，无疑是让人欣喜的。

《这里是中国》是由地理科普团队——星球研究所和第二次青藏科考队合作创作的。这是双方合作的第一本科普图书，开篇文章《中国从哪里来？》就是双方合作打磨的结果。

中国科学院对青藏高原的探索和研究，贯穿了 1949 年以来的大半个世纪。20 世纪 70 年代，中国科学院成立科考队，拉开了第一次青藏高原综合科学考察的序幕。彼时，作为青年学生的我也参与了这个项目。这次科考持续二十多年，也正是通过这一项目，我们建立了对青藏高原的系统认知。半个世纪过去了，2017 年 8 月 19 日，第二次青藏高原综合科学考察研究作为国家战略任务再次被启动。

2018 年，适逢第二次青藏高原综合科学考察研究启动一周年，以首期科考成果汇报为契机，就有了我们与星球研究所的合作，有了《中国从哪里来？》这篇科普作品。文章写得深入简出，不仅概括了青藏高原隆起对中国的地理、地貌和气候格局的影响，“碰出一个大中国”这样简短有力的总结，更是深刻解读了青藏高原隆升所造成的“链式影响”。这篇文章一经发布，便在微信朋友圈等各类网络平台刷屏。许多人正是通过这篇“网络爆文”才知道了青藏高原对中国的意义。

从地理的视角探索中国，是一件非常有趣的事情。中国地域广大，景观丰富，拥有冰川、湖泊、河流、海洋、黄土、岩溶等多种地貌类型。同时，中国大地上的人类活动也是广泛的，不同时期的不同人群都在这片土地上繁衍，并创造出中华文明。所有这些都是今天中国的组成部分。通过好的地理科普作品，激起大众对中国大好山河的热爱，激发大众的自豪感，同时也让更多的人理解环境与人类的相互作用，为当下和未来负责，是一件非常有意义且难得的事。

作为科普，它必然要以科学理论知识为基础，要实事求是。这就要求科普创作者阅读大量科研著作、论文，同时拥有很高的判断能力，能从众多晦涩的学术文章中汲取经验，厘清思路，找足证据。只有这样的科普文章，才能经得起检验。

另外，科普不是简单地罗列或转述科学知识，它需要与大众生活相结合，并在此基础上发挥无限创造力，让知识变得有趣。否则，科普就变成了科学新闻，抑或是古板的说教，少有人问津。这样也就失去了科普本该具有的传播力。

星球研究所就是一个很优秀的科普团队。每篇文章的创作，都要精心打磨将近二十天，甚至一两个月。他们把科普当作学术论文来完成，这股劲头令人欣赏。这也就是第二次青藏科考队从星球研究所成立之始便与他们密切合作的原因。

地理科普首先需要科学性，也需要艺术性。这里的艺术性包括两层含义。

一是审美层面的。地理学天生具有审美的特性。但无论是景观的美，还是环境的美，都需要仔细观察、发现。对于一些普通读者而言，他们往往是先被美丽的照片打动，进而渴望前往照片所在地，抑或是渴望了解美景形成的原因。这一点，星球研究所无疑做得很好。他们的文章有大量精美的照片和地图。这能很快抓住大众的视线，吸引他们成为粉丝，进而让他们对科普文章产生兴趣。

二是想象力层面的。美国古生物学家斯蒂芬 · 杰 · 古尔德曾说："科学并不是无情地探讨客观信息，科学是一种创造性的人类活动，天才的科学家更像艺术家……" 无论是科学，还是科普，都需要像艺术家一样具有丰富的想象力。这需要新旧理念的碰撞，也需要不同领域的融合，只有这样才能擦出思想的火花，作品才会有趣，才会受人喜爱。在这一方面，星球研究所可以说是目前国内地理科普行业中的佼佼者了。他们文章的内容大多是多学科的综合，文章架构的不同组成部分都是充满联系的，这显然需要充足的想象力才可以实现。此外，他们总能找到很多精妙的比喻，或是用一些示意图片，将原本深奥晦涩的理论一语道破，让人回味无穷。

当然，地理科普还需要理想。不仅是科研需要理想，尤其是在中国，科普更需要理想。由于起步晚，中国科普还没有形成广泛的环境。我们需要一批有专业背景，同时又具有艺术性、懂得大众传播的科普创作者。要不断坚持，不断创作。这一过程难免会出现这样或那样的问题，而理想往往是坚持下去的动力。

科普和科研可以通力合作，一起创造出精彩的地理科普作品。《这里是中国》就是一个好的范例。期望未来有更多、更好的科普作品不断涌现，让更多的中国人了解中国，了解中国地理。

中国科学院院士
中国青藏高原研究会理事长
第二次青藏高原综合科学考察研究队队长

姚檀栋

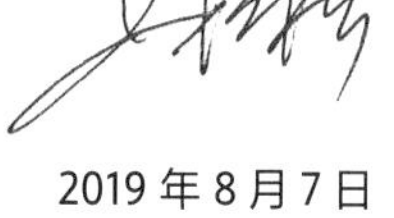

2019 年 8 月 7 日

序

可以实现的理想

我有一个梦想，我希望：

有一天，要将中国的雪山看遍。

有一天，要将中国的江河看遍。

有一天，要将中国的城市看遍。

……

不仅仅是看遍，我更希望能认知它们，同时能将这种认知转化为文字，让更多人喜爱它们。当我将这个梦想与别人分享时，许多人告诉我，这是一项不可能完成的任务，因为中国太大了。

是的，中国很大。但是，再庞大、再复杂的事物不也是由无数个细小的单元组成的吗？大中国不也可以划分为不同的单元吗？

地理就是一个很好的角度。

从陆地地貌类型上讲，它可以划分为 33% 的山地、26% 的高原、19% 的盆地、10% 的丘陵和 12% 的平原。

从行政区划上讲，它可以划分为 34 个省级行政区、334 个地级行政区、2851 个县级行政区、39888 个乡镇级行政区。[①]

从土地利用类型上讲，它可以划分为 38 亿亩林地、33 亿亩草地、20 亿亩耕地、4.7 亿亩城镇村及工矿用地、0.55 亿亩交通运输用地等。其中，0.55 亿亩交通运输用地又可以划分为 13 万千米的铁路、484 万千米的公路、100 万座桥梁……[②]

我的脚步未必能触及中国的每一寸土地，但可以划分的地理单元，让我找到了另一种阅尽中国的方方面面的希望。我只需要像蚂蚁搬家一样，一个地理单元接一个地理单元地进行分析解构，一篇文章接着一篇文章地创作。当然，即便如此，这也不是我一个人有限的一生能完成的事。于是，就有了一群极致世界的探索者来共同完成这个梦想。

从此，梦想变成了理想。

① 数据来源：民政部“中华人民共和国行政区划统计表（截至 2017 年 12 月 31 日）”。

② 以上数据分别来自国家统计局、《新编中国自然地理》、《2016 中国土地资源公报》。

在理想的驱动下，我们不再追求一时应景的“快文”，而是创作有体系、有沉淀、有价值的好作品，即便历经岁月，仍然不失光彩。我们夜以继日地探索，日以继夜地创作，将我们对中国的认知传递给更多的人群，也传递探索的力量。

最终，这些努力将汇集成为一本关于中国地理的百科全书。这真是一件无比幸福的事！

现在，历时三年，我们终于可以将这本百科全书的初步成果呈现给大家——《这里是中国》。它集结了星球研究所目前中国主题文章的精华。

从章节排列上，我们采取了“中国地势三级阶梯”的划分方式。不仅因为这是中国地势的大格局，更因为，今天中国的地理环境从第一级阶梯到第三级阶梯，整体呈现出一种从荒原到人间的变化。我们也希望借此能带领读者体会中国人与中国这片土地的相互作用。

在视觉上，为了追求最佳的阅读体验，我们的地图师和设计师为此付出超过了 1000 小时，为每一篇文章重新制作地图。摄影作品从初选，到优化，再到定稿，也是反复打磨。在这个过程中，摄影师们不厌其烦地配合我们挑选作品，甚至专程重新拍摄图片，最终才得以将 191 位摄影师的 365 幅作品奉献给各位读者。

但是也不得不说，作为我们“阅尽中国”的第一步，这本书还只是个开始，它无法涵盖中国所有山川、地区。它更像一个浩瀚工程的概述，一份对未来要展开的工作的期许。作为我们出版的第一本书，它也一定会有不少缺陷，在此我们只能诚恳接受读者的批评指正。在后续的版本中，我们会不断优化改进。

最后，希望有一天，我们能阅尽中国的方方面面，实现不可能实现的理想。这里的我们，也包括你。

星球研究所所长

耿华军

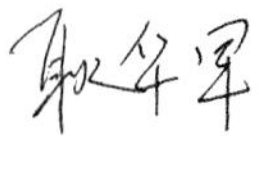

2019 年 7 月 15 日

中国

从哪里来？

中国从哪里来？将往何处去？解答这个问题的角度多种多样，而地质学家的视角更为特别。

类似于宇宙起源于一次大爆炸，现今中国的地理格局则与一次大碰撞息息相关。大碰撞造就了如今地球上最高、最年轻的高原——青藏高原，并影响到中国的地貌、气候、水系、生命等，且这一影响还在继续。

中国及其周围区域地形图 / 图片来自 123RF

答案

- 身为人类，我最好奇的问题是，我从哪里来？将往何处去？
- 而身为中国人，我最好奇的问题会变成：中国从哪里来？将往何处去？
- 解答这个问题的角度多种多样，地质学家的答案或许最为特别，因为他们会从一个行星尺度的宏大视角出发。答案不在掌控中国经济命脉的繁华都市，而在这颗星球上非常突出的一块寒冷高地——青藏高原。
- 我们对青藏高原的了解，始于 40 多年前。当时中国正处于“文化大革命”的混乱之中，一批科学家凭借简陋的装备毅然进入青藏高原，开展了第一次青藏高原综合科学考察研究，他们的足迹遍布高原的角落。
- 40 多年后的 2017 年，作为国家战略任务，第二次青藏高原综合科学考察研究被启动。数千名科研工作者被组织起来做研究，持续时间将长达十余年。这是全球地学界极具影响力的项目之一。
- 凭借这些科学研究，我们不但会从中了解“中国从哪里来”，还依稀会看到“中国将往何处去”。

会是什么？

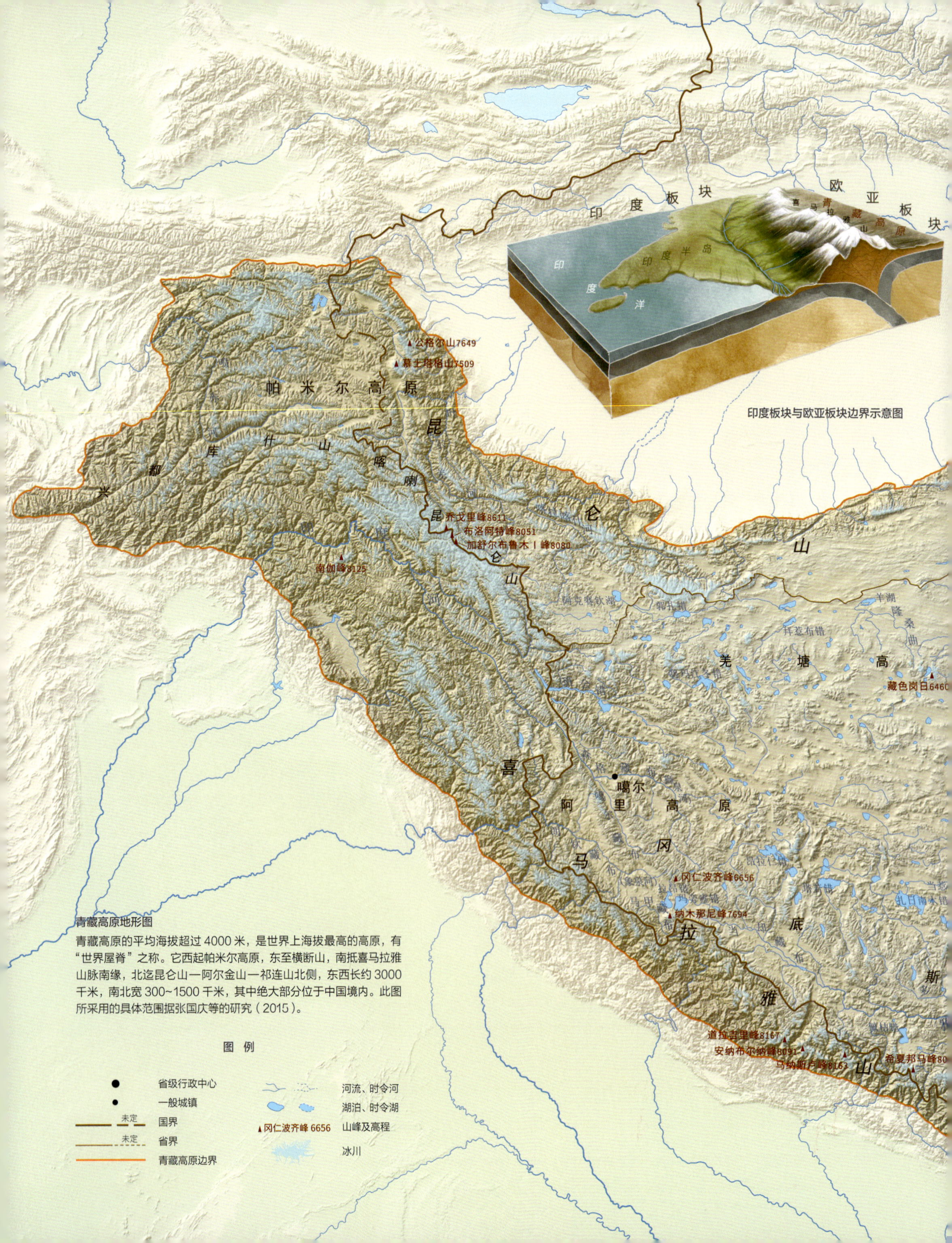

印度板块与欧亚板块边界示意图

青藏高原地形图

青藏高原的平均海拔超过 4000 米，是世界上海拔最高的高原，有“世界屋脊”之称。它西起帕米尔高原，东至横断山，南抵喜马拉雅山脉南缘，北迄昆仑山—阿尔金山—祁连山北侧，东西长约 3000 千米，南北宽 300~1500 千米，其中绝大部分位于中国境内。此图所采用的具体范围据张国庆等的研究（2015）。

图例

- 省级行政中心
- 一般城镇
- 国界（未定）
- 省界（未定）
- 青藏高原边界
- 河流、时令河
- 湖泊、时令湖
- 冈仁波齐峰 6656 山峰及高程
- 冰川

0 100 200 km
N
阿尔金山5798
祁连山5547
祁
连
山
金
山
尔
阿
柴
柴达木沙漠
达
木
盆
地
库木库勒盆地
东台吉乃尔湖
东达布逊湖
北霍布逊湖
托素湖
哈拉湖
德令哈
青海湖
海晏
西宁
海东
共和
同仁
合作
仑
山
可
西
里
山
库赛湖
卓乃湖
西金乌兰湖
乌兰乌拉湖
巴
颜
喀
拉
山
阿
尼
玛
卿
山
玛沁
年保玉则峰5369
唐
古
拉
山
各拉丹冬峰6621
玉树
马尔康
大
雪
山
康定
昌都
那曲
色林错
纳木错
念
青
唐
古
拉
山
拉萨
林芝
山南
日喀则
横
断
山
梅里雪山6740
沙
鲁
里
山
香格里拉
玉龙雪山5596
喜
马
拉
雅
山
珠穆朗玛峰8848.86

壹 大碰撞

类似于宇宙起源于一次大爆炸，现今中国的地理格局则与一次大碰撞息息相关。约 6500 万年前[①]，印度板块与欧亚板块相撞，碰撞速度极快，能量极大，并引发超大幅度的地表隆起。于是，现代地球上最高、最年轻的高原——青藏高原诞生了。

青藏高原平均海拔超过 4000 米，地壳厚度可达 80 千米。其环境之独特，可与地球南、北极并列，被称为“第三极”。

① 有关印度板块与欧亚板块的碰撞时间，目前尚存争议，本书采用中国科学院丁林院士的观点。

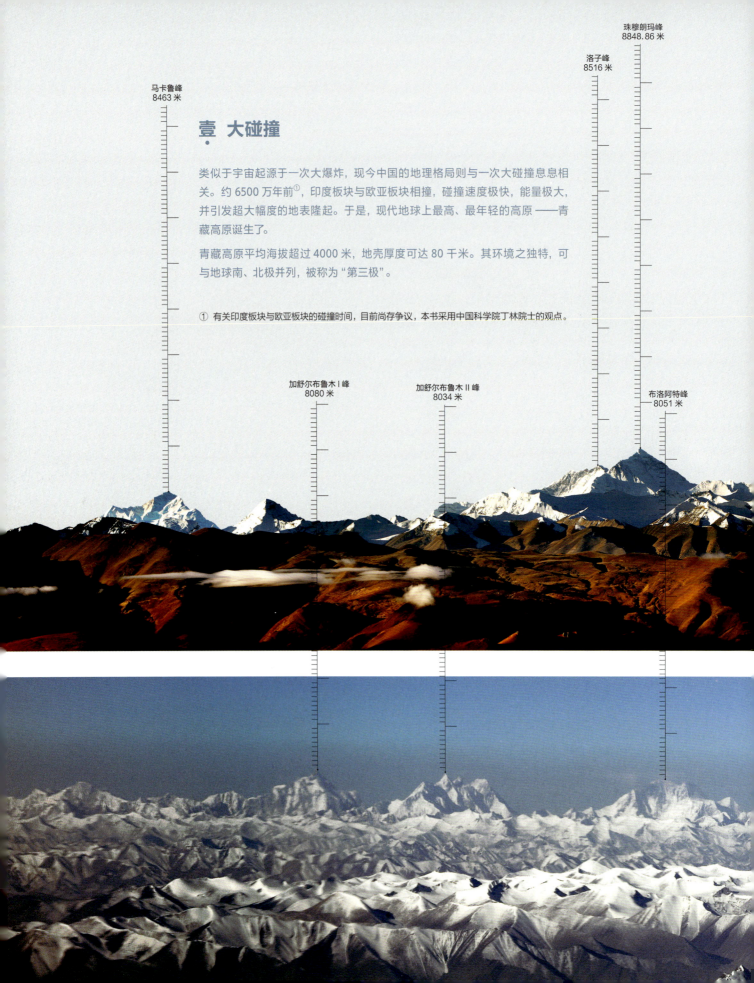

上图　喜马拉雅山脉／摄影　商睿

此图拍摄地点为加乌拉山口。从这里拍摄喜马拉雅山脉，可以将包括珠穆朗玛峰在内的至少四座 8000 米级山峰收入图中。

下图　喀喇昆仑山脉／摄影　温钧浩

此图为喀喇昆仑山脉航拍。从图中可以看到喀喇昆仑山一众山峰，包括四座海拔超过 8000 米的独立山峰。照片拍摄于从喀什飞往阿里的飞机上。

卓奥友峰
8201 米

乔戈里峰
8611 米

珠穆朗玛峰北坡 / 摄影 李健

上图 南迦巴瓦峰 / 摄影 张扬的小强
南迦巴瓦峰位于喜马拉雅山脉东端，属于第一级阶梯。

中图 东川红土地 / 摄影 刘珠明
东川红土地位于云贵高原，属于第二级阶梯。

下图 华北平原 / 摄影 陈俊杰
华北平原，属于第三级阶梯。

在青藏高原上，许多巨大的山脉次第隆起。喜马拉雅山、昆仑山—阿尔金山—祁连山南北夹峙；冈底斯山脉、念青唐古拉山、唐古拉山，居于腹地；兴都库什山—喀喇昆仑山、横断山分立东西两端。这些高大的山脉囊括了地球上 14 座 8000 米级山峰、绝大多数的 7000 米级山峰，以及数不胜数的 5000~6000 米级山峰。因此，这次大碰撞堪称过去 2 亿年最重要的造山事件之一。

其中珠穆朗玛峰高达 8848.86 米，为世界最高峰。乔戈里峰的海拔为 8611 米，为世界第二高峰。世界第十四高峰希夏邦马峰，则完全位于中国境内，海拔为 8027 米。其他声名赫赫的极高山，如位于西藏林芝的南迦巴瓦峰，位于西藏阿里的冈仁波齐峰，位于云南的卡瓦格博峰，位于新疆的慕士塔格峰，位于四川甘孜的贡嘎山，位于四川稻城亚丁风景区的央迈勇峰等，则形成了中国西部的擎天之柱。

然而，大碰撞的“洪荒之力”还没有释放完毕。青藏高原诞生的同时，大碰撞的力量也开始向外围扩散。此前已经有了一定海拔高度的另一些地方也受到挤压，进一步抬升，包括黄土高原、云贵高原、内蒙古高原。

中国四大高原无一不受到大碰撞的巨大影响。至此，中国大地上出现了显著的三级阶梯。青藏高原海拔最高，为第一级阶梯；海拔为 1000~2000 米的内蒙古高原、黄土高原、云贵高原等，构成了第二级阶梯；大兴安岭、太行山、雪峰山以东，大部分海拔在 500 米以下，为第三级阶梯。中国的地理格局就此形成。

三级阶梯的差异，使得中国的地貌景观极富变化。万千山岭、大美山河，就在这三级阶梯上依次显现。可以说，没有大碰撞，就没有今天的中国，更没有因三级阶梯的差异而造成的地貌景观的千变万化。

但是，大碰撞对中国的影响不止于地貌。科学家们发现，作为大碰撞的最大产物，青藏高原的上空生成了一台超级“风机”。它将颠覆原本控制中国的行星风系[1]。

① 行星风系，又称“行星风带”，是在不考虑地形和海陆影响的情况下全球范围盛行风带的总称。

贰 高原“风机”

如果不考虑地形等诸多因素，地球上接近地面的大气层将以一种非常规律的方式流动，这便是行星风系。

在北纬 30° 附近的亚热带地区，行星风系控制下的气流不断从高空下沉至地面。温度越来越高，水汽也越来越不易凝结，难以形成降雨。受此影响，北纬 30° 附近出现了大面积的干旱地带，从北非到西亚，几乎连成一片。如果没有意外，同样位于北纬 30° 附近的中国南方地区，也会比现在干燥得多。

但是“意外”还是降临了。平均海拔超过 4000 米的青藏高原，比平原地区接收到的太阳辐射更多。夏季，高原表面吸收的太阳能不断加热地表上方的空气，相当于将一块巨大的太阳能电热毯放到 4000 米高的大气层中。大气受热上升，地面气压降低，高原开始“抽吸”外围的气流进行补给，一个大型“抽风机”制造完成。南亚季风、东亚季风都因为青藏高原的“抽吸”而加强，并深入内陆。

南亚季风从印度洋呼啸北上，季风裹挟的大量水汽弥漫群山。气流或从山间峡谷鱼贯而入，形成汹涌的水汽通道；或在喜马拉雅山脉南缘聚集，形成大量降水。藏南的墨脱、察隅等地，都是中国降水较丰富的地区。

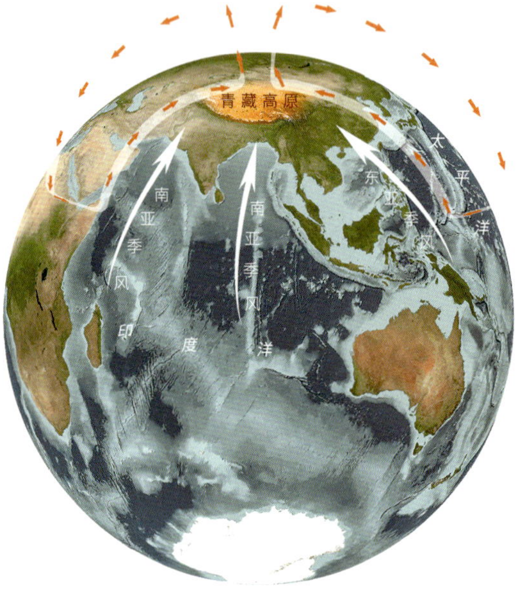

青藏高原对亚洲季风的影响示意图

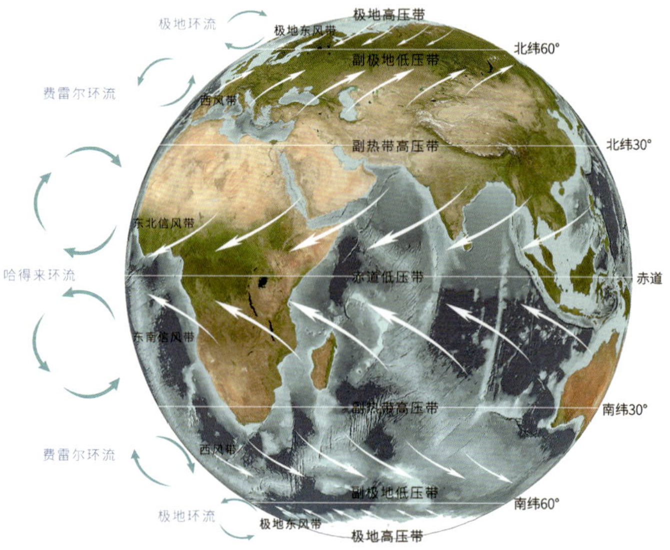

行星风系示意图

藏东南云海 / 摄影 李珩

源于太平洋的东亚季风，势力大大增强，它可以从海洋深入中华腹地，击退行星风系对中国南方的控制。充沛的水汽驱散了北纬 30° 的干旱，一个烟雨江南诞生了。如果没有青藏高原这个巨型“抽风机”，一切或将不复存在。

但大自然是追求平衡的，烟雨江南诞生的同时，青藏高原也阻挡了印度洋水汽的北上。地处内陆而干旱少雨的中国西北地区变得更加干旱，沙漠、戈壁大范围出现。

不仅如此。冬季，强劲的西风也受到青藏高原的阻挡，不得不改变路径。它们吹起西北沙漠中的沙尘，沿着青藏高原北部边缘向东推进，沙尘颗粒在太行山以西、秦岭以北降落，形成了黄土堆积厚度最高达 400 米的黄土高原。

烟雨江南、大漠西北，再加上气候高寒的青藏高原，中国的三大自然区——东部季风区、西北干旱半干旱区、青藏高寒区，就此成形。

高原“抽风机”重塑了中国的气候。一座“超级水塔”又在高原上竖立起来，中国的水系也将为之一变。

左页上图 浙江鼎湖峰 / 摄影 马玉晗

此图拍摄于浙江省缙云县仙都风景区内。鼎湖峰地处中国东南地区，气候湿润，山中水汽充足，云雾缭绕。

左页下图 塔克拉玛干沙漠 / 摄影 赵来清

此图为塔克拉玛干沙漠及生长在其中的胡杨。塔克拉玛干沙漠位于塔里木盆地腹地，因距海较远，加之青藏高原对大气环流的影响，气候极为干旱，年降水量多在 50 毫米以下。极端干旱的气候使得这里的植被覆盖度极低，多为裸露沙山。胡杨一类乔木植被多分布在沙漠边缘及有河水流经的地方。

藏东南冰川 / 摄影 曹铁

叁 “超级水塔”

随着海拔的上升，青藏高原大气层中的水汽凝结，形成了大量降雪。降雪日积月累，压实形成冰川，厚度可达数百米，犹如绝境长城。其长度从几千米到几十千米不等，如一条条巨龙，沿着山谷倾泻而下，又好像树枝一样延伸，漫流无际。

青藏高原究竟有多少冰川？答案是 4 万多条。其覆盖面积约 4.4 万平方千米，比一个台湾岛还大许多，占全国冰川面积的 80% 以上。同时，它也是全球同纬度最大的冰川作用中心。

青藏高原还拥有地球上海拔最高、数量最多的高原湖泊群。面积大于一平方千米的湖泊有 1000 多个，约占全国湖泊总面积的 50%。此外，青藏高原的湖泊类型也极其丰富。论面积，从珍珠般的高山海子，到中国第一大湖——青海湖，应有尽有；论形成原因，涉及构造湖、冰蚀湖、堰塞湖等；论水质，有淡水湖、咸水湖及盐湖。

如此众多的冰川、湖泊，再加上地下水、地表河流，青藏高原化身为一座平均海拔超过 4000 米的“超级水塔”。当水塔的闸门打开时，水流便可以高屋建瓴之势向四周奔流，中国乃至亚洲的水系布局由此奠定。

在中国西北部，石羊河、黑河、疏勒河，流向河西走廊，塔里木河则汇入塔里木盆地。它们各自滋润出许多绿洲。

在中国东部，黄河、长江顺着三级阶梯奔流而下，孕育出中华文明。

下图 八一冰川 / 摄影 吴玮
八一冰川位于祁连山北侧中段，为平顶冰川。

右页上图 青海湖 / 摄影 仇梦晗
青海湖是中国面积最大的湖泊，湖泊面积达 4435.69 平方千米，相当于上海市陆地面积的 2/3。图为青海湖一角。

右页下图 扎布耶茶卡 / 摄影 陆雨春
扎布耶茶卡位于西藏自治区日喀则地区仲巴县境内，拥有丰富的盐类资源。

在中国西南部，澜沧江、怒江、独龙江、雅鲁藏布江、象泉河、狮泉河及孔雀河，流出国门，成为亚洲诸多文明的源泉。

“超级水塔”孕育了超级大河。这些河流蕴藏的水能占到全国的 44%，是世界上河流水能蕴藏量较集中的地区之一。强大的水流切割了山地，还形成了“三江并流”“大拐弯”等奇丽景观。

至此，中国的地貌、气候、水系都已形成，最后该轮到生命登场了。可是，像青藏高原这样的高寒之地，又将如何对生命产生影响呢?

左页图 黄河 / 摄影 许兆超
晋陕交界处，黄河在这里形成了 5 个“S”形大转弯。

下图 发源于青藏高原的主要河流分布图
平均海拔超过 4000 米的青藏高原是众多河流的发源地。这些河流从高原向四周扩散，奠定了亚洲大部分地区的水系格局，黄河、长江、恒河、湄公河、印度河、萨尔温江、伊洛瓦底江等亚洲重要河流均发源于青藏高原。因此，青藏高原也被称为“亚洲水塔”。

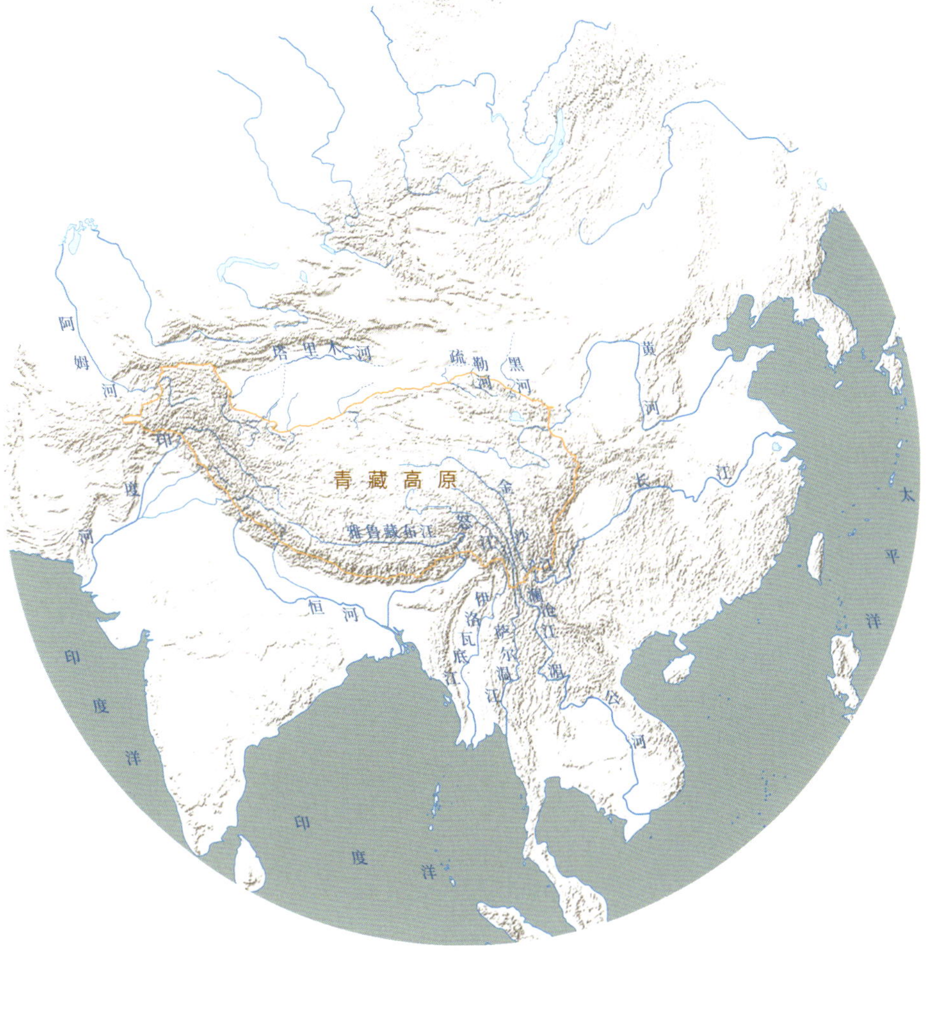

肆 生命之舟

西藏阿里札达盆地，土林沟壑纵横，看起来干旱荒芜，了无生机。

2010 年 8 月 7 日，科学家在这里发现了几块化石，它们属于世界上已知最古老的豹类 ——布氏豹。随后，更深入的研究揭开了一个惊人的秘密：豹亚科动物起源于青藏高原。它们曾走下高原，进入东亚、南亚，演化出了古中华虎、云豹；后又进入美洲，演化出了美洲豹；还进入非洲，演化出了非洲狮、花豹。

此后，更多的化石在札达盆地被找到，包括数以千计的脊椎动物的化石标本。科学家发现，不仅是豹亚科，许多“北极动物”同样起源于青藏高原，而非人们通常认为的北极。

原来，随着青藏高原的隆升，高原上的动物们为适应寒冷的环境，不断演化，譬如长出厚厚的皮毛。距今 258 万年前，第四纪大冰期降临，并持续至今，原本温暖的北极地区变得更加寒冷。但在青藏高原上的动物们早已适应寒冷的环境，包括北极狐、披毛犀在内的动物，顺利从青藏高原扩散到北极，并开辟出了全新的家园。

可以说，起源于青藏高原的动物的迁徙和演化，奠定了第三极和更广阔地区的生物多样性。

如今，在青藏高原广袤的土地上，在众多的垂直山地之间，依然生活着中国 40% 的维管植物、43% 的陆栖脊椎动物，堪称中国生物多样性的基石。这其中就包括布氏豹的姊妹物种雪豹，以及许多青藏高原特有的物种，如藏狐、藏野驴、藏原羚、藏羚羊、野牦牛等。

就连在青藏高原上生活的人群，也在独特的环境中创造出了独特的文化和精神崇拜，成为中华文明中的独特一员。

右页左上图 布氏豹头骨复原 / 制图 Mauricio Antong、曾志杰

右页左下图 决斗的藏羚羊 / 摄影 张强
照片拍摄于可可西里。

右页右上图 披毛犀的起源与扩散示意图
图片由中科院古脊椎所邓涛团队提供（2012）。

右页右中图 札达盆地生物复原图 / 制图 Julie Selan
该图复原了距今 530 万年至 260 万年的札达盆地生物活动场景。

右页右下图 雪豹 / 摄影 次丁
照片拍摄于青海省境内。提示：图中有两只雪豹。

晚更新世末次冰期披毛犀最大分布范围
托洛戈依披毛犀
（中更新世）
4
3
2
泥河湾披毛犀
（早更新世）
青藏高原
1
西藏披毛犀
（上新世中期）

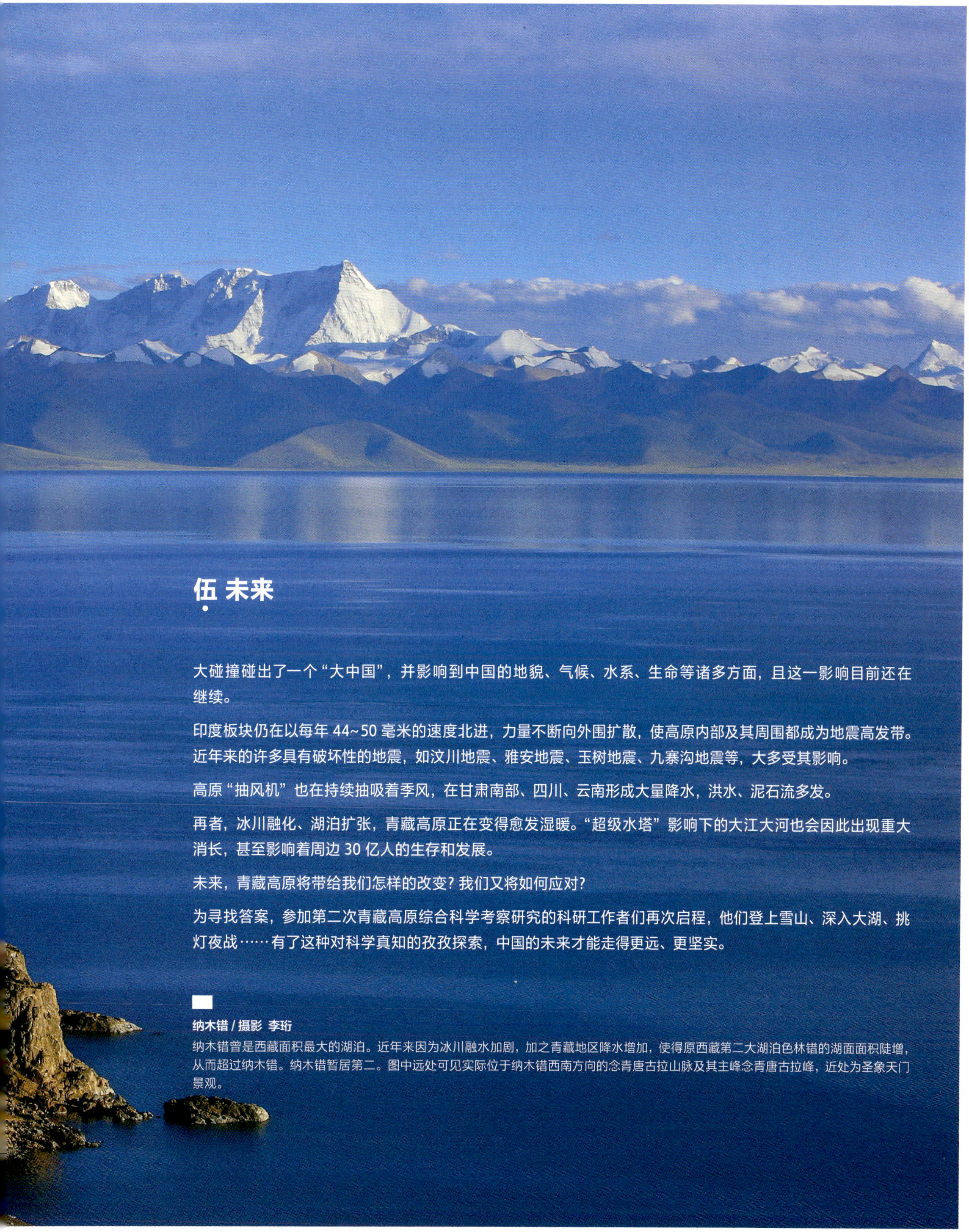

伍 未来

大碰撞碰出了一个“大中国”，并影响到中国的地貌、气候、水系、生命等诸多方面，且这一影响目前还在继续。

印度板块仍在以每年 44~50 毫米的速度北进，力量不断向外围扩散，使高原内部及其周围都成为地震高发带。近年来的许多具有破坏性的地震，如汶川地震、雅安地震、玉树地震、九寨沟地震等，大多受其影响。

高原“抽风机”也在持续抽吸着季风，在甘肃南部、四川、云南形成大量降水，洪水、泥石流多发。

再者，冰川融化、湖泊扩张，青藏高原正在变得愈发湿暖。“超级水塔”影响下的大江大河也会因此出现重大消长，甚至影响着周边 30 亿人的生存和发展。

未来，青藏高原将带给我们怎样的改变？我们又将如何应对？

为寻找答案，参加第二次青藏高原综合科学考察研究的科研工作者们再次启程，他们登上雪山、深入大湖、挑灯夜战……有了这种对科学真知的孜孜探索，中国的未来才能走得更远、更坚实。

纳木错 / 摄影 李珩

纳木错曾是西藏面积最大的湖泊。近年来因为冰川融水加剧，加之青藏地区降水增加，使得原西藏第二大湖泊色林错的湖面面积陡增，从而超过纳木错。纳木错暂居第二。图中远处可见实际位于纳木错西南方向的念青唐古拉山脉及其主峰念青唐古拉峰，近处为圣象天门景观。

11

可可西里：中国最

阿里：荒野文明

横断山：中国极致

九寨沟：毁灭与创

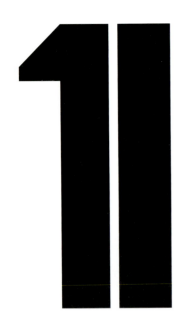

四姑娘山：冰与岩

伟大的荒野

风光最密集的山脉

造

之歌

可可西里

中国最伟大的荒野

11/11

野生动植物们赖以生存的家园所剩无几，荒野在中国寥寥无几。而其中最著名的一处当属位于青藏高原的可可西里。

因为可可西里不仅有藏羚羊，还有其他百禽千兽，且有各种植被，堪称中国现存最伟大的荒野。

而我们要做的是，让荒野永远归荒野！

自从智人踏上这片土地，人类对中国大地的改造便开始了。

持续 4 万年至 6 万年的人口繁衍，村落、城池拔地而起；持续 1 万年的农牧垦殖，耕地、家畜遍布四方；持续百年的现代工业的狂飙突进，公路、铁路通达天下。

然而，我们创造了文明，文明却消灭了荒野。

如今，中国 70%~80% 的植物种类面临生存危机，40% 的哺乳动物处于濒危状态。人们念念不忘的华南虎，或许早已从野外消失。亚洲象更是在 7000 年前就被迫从华北步步南撤，最终只能苟延残喘于云南一隅。

左页图 藏羚羊 / 摄影 吴刚

一只雄性藏羚羊在青海可可西里地区觅食。远处的山峰为可可西里山。

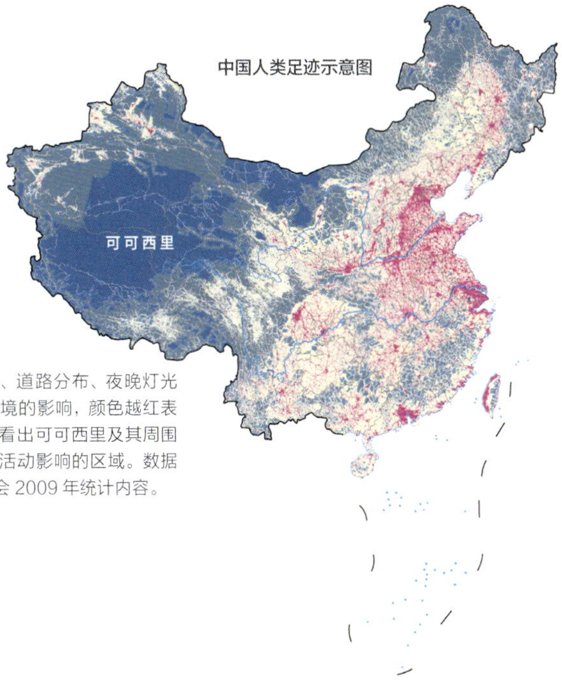

通过城市建设、土地利用、道路分布、夜晚灯光等多个指标衡量人类对环境的影响，颜色越红表明影响越大。由此也可以看出可可西里及其周围地区是中国最少受到人类活动影响的区域。数据来自国际野生生物保护学会 2009 年统计内容。

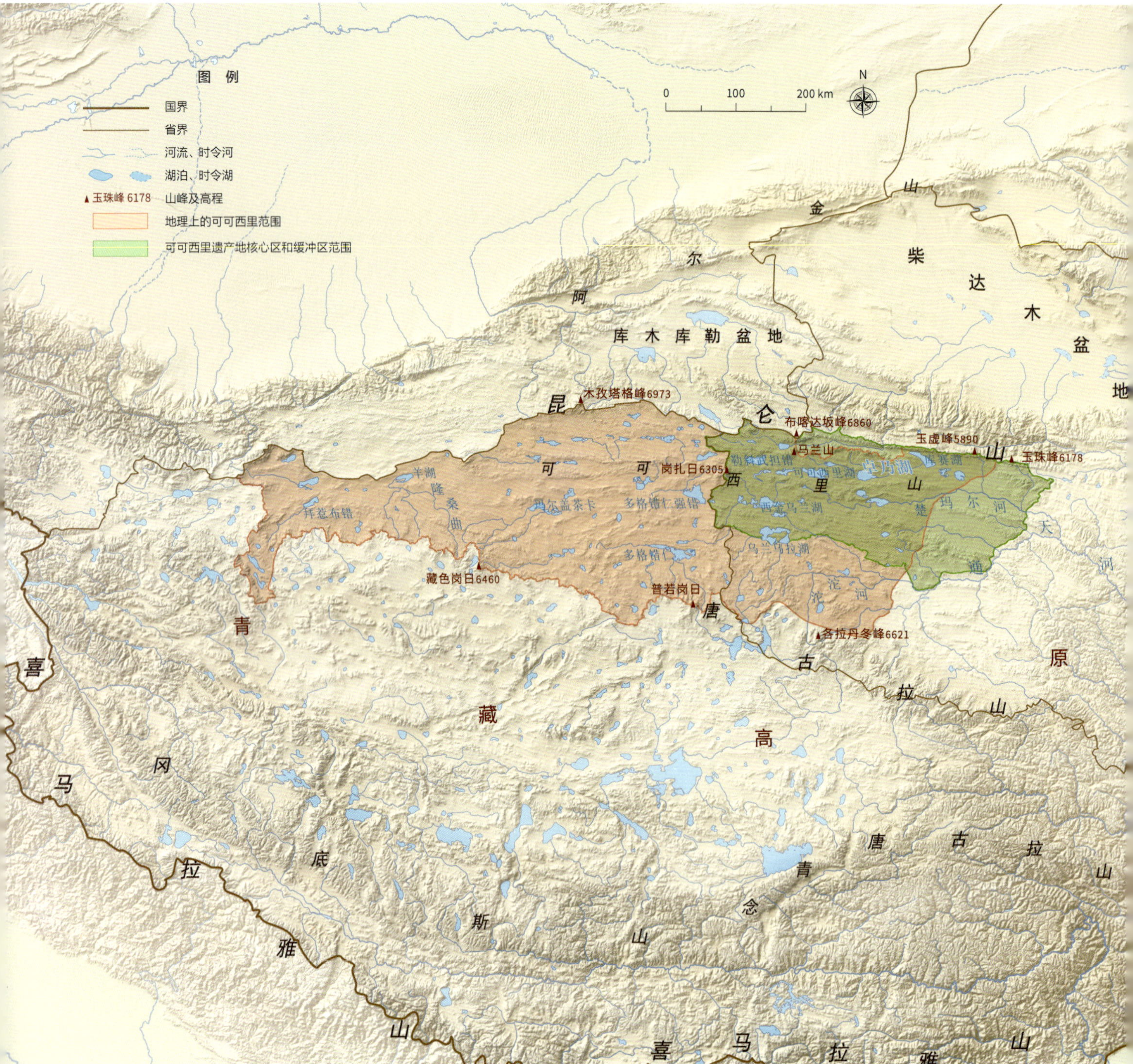
图例
国界
省界
河流、时令河
湖泊、时令湖
玉珠峰 6178 山峰及高程
地理上的可可西里范围
可可西里遗产地核心区和缓冲区范围
0 100 200 km
N
阿尔金山
柴达木盆地
库木库勒盆地
昆仑山
木孜塔格峰6973
布喀达坂峰6860
马兰山
玉虚峰5890
玉珠峰6178
可可西里山
岗扎日6305
勒斜武担错
可可西里湖
卓乃湖
库赛湖
西金乌兰湖
乌兰乌拉湖
楚玛尔河
通天河
羊湖
隆桑曲
玛尔盖茶卡
多格错仁强错
拜惹布错
多格错仁
藏色岗日6460
普若岗日
沱沱河
各拉丹冬峰6621
青藏高原
唐古拉山
喜马拉雅山
冈底斯山
念青唐古拉山

野生动植物们赖以生存的家园所剩无几，荒野在中国寥寥无几。而其中最著名的一处当属位于青藏高原的可可西里。

它声名远播，在中国几乎家喻户晓。这并非因为它的美丽打动了世人，而是因为曾经发生在那里的黑暗往事令人震惊。手持冲锋枪的盗猎者、被剥皮的藏羚羊，以及因反盗猎而牺牲的杰桑·索南达杰，这些便是 20 多年前人们对可可西里的印象。

自 2009 年起，可可西里便没有再发生藏羚羊盗猎案件，并在 2017 年成功入选《世界遗产名录》。当黑暗散去，是时候更多地了解它在阳光之下的动人之处了。

因为可可西里不仅有藏羚羊，还有百禽千兽，且有各种植被，堪称中国现存最伟大的荒野。

左页图　可可西里地形及范围示意图

可可西里在地理意义上包括可可西里山和周边高原夷平面在内的广大区域，总面积约 25 万平方千米。而更广为人知的“可可西里”主要指可可西里国家级自然保护区，它位于青海境内，在昆仑山与可可西里山之间，东边以青藏公路为界，面积约 4.5 万平方千米。2017 年，可可西里入选《世界遗产名录》，遗产地范围在原自然保护区的基础上向东越过青藏公路，扩展到通天河西侧，核心区加缓冲区面积合计约为 6 万平方千米。

壹 诞生

3 亿年前，可可西里所在的地区还是一片海洋。之后的板块运动将海洋关闭，将众多地体拼贴成陆地。约 6500 万年前，印度板块与欧亚板块飞速相撞，青藏高原开始剧烈抬升。熔岩从地底喷涌而出，形成大量火山遗迹。地下水也被加热，在海拔 5000 米处，造就了世界上海拔最高的温泉群。

与此同时，平均海拔为 5600~5700 米的唐古拉山脉隆升于南侧；拥有多座 6000 米级山峰的昆仑山脉东段崛起于北侧；可可西里山、风火山、乌兰乌拉山横亘于中央。

这些大山自西向东平行延伸，山与山之间是宽阔的沉积盆地，峰岭纵横，盆地相间。一片极为广袤的荒野——可可西里，诞生了。

可可西里横跨青海、西藏、新疆，总面积约 25 万平方千米，与英国国土面积相当。即便只计算世界遗产地的核心区和缓冲区的面积，也高达 6 万平方千米，是瑞士国土面积的 1.5 倍。

不过，在人类改造自然的强大欲望之下，仅仅靠面积广大尚不足以让可可西里保持荒野本色，它还需要更多“技能”。

右侧上图 白象山 / 摄影 青木
白象山为可可西里境内火山遗迹，因形似象鼻而得名。其内部有熔岩通道。

右侧下图 马兰山 / 摄影 布琼
可可西里山脉的马兰山，主峰海拔为 6016 米。

首要的“技能”是寒冷。

可可西里地区平均海拔为 5000 米，是青藏高原海拔颇高的地区。相比之下，拉萨市区的海拔仅 3600 余米，西宁市区的海拔甚至不足 2500 米。高海拔造就了一个寒冷的世界，可可西里地区的年平均气温在零下 10 摄氏度和零下 4.1 摄氏度之间，最低气温可达零下 46.2 摄氏度。

寒冷的气候条件让可可西里成了一个天然的冰冻场，永久冻土覆盖了 90% 以上的土地，冻土层厚为 80~120 米。

海拔超过 5500 米的高山之上，则形成了巨大的冰川。布喀达坂峰、木孜塔格峰、普若岗日、格拉丹东峰等成为主要的冰川活动中心。许多冰舌从山顶倾泻而下，长度达几十千米。其高大的冰体更是令人望而生畏。行走其中，犹如面对一堵冰墙。

如此大规模的冰川侵蚀山体的现象，产生了大量堆积物。这些堆积物在极端寒冷的环境中经反复冻融，被分解成不同粒级的沙，再加上地表的其他沙土物质，于是聚沙成塔，形成了连绵的高寒沙丘。

上图 布喀达坂峰南侧冰川 / 摄影 布琼

此图为布喀达坂峰南侧冰川，中间最大、延伸最长的一条冰川与一般冰川末端尖灭不同，其尾部较宽，形似人足，名为“足冰川”。

下图 冰川与沙丘 / 摄影 布琼

在可可西里地区，冰川末端和湖岸边常有许多小型沙丘分布。

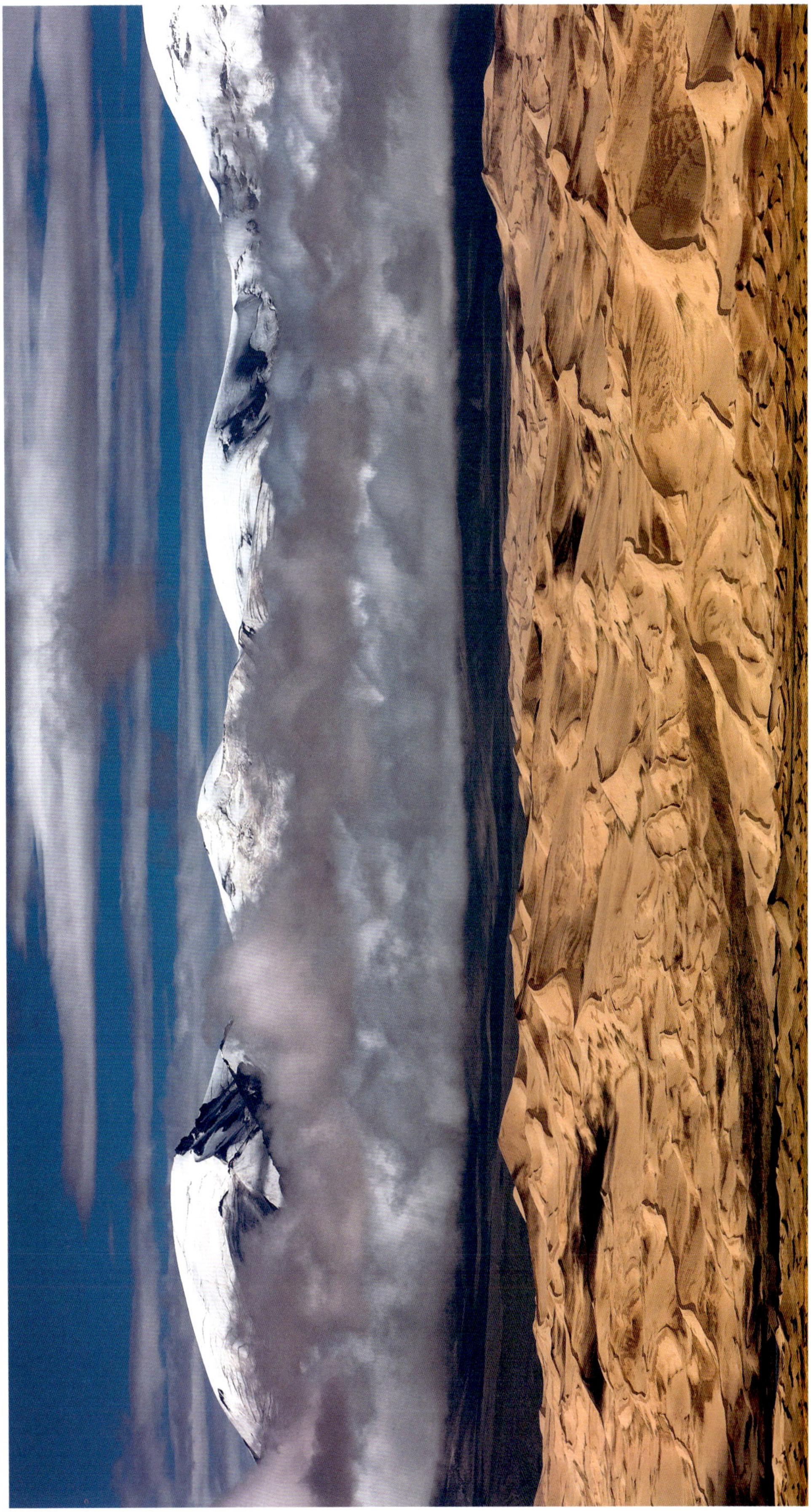

与此同时，可可西里保持荒野本色的第二个“技能”也随之产生，即湖沼化。

高山上的冰雪融水不断向可可西里盆地内流淌，盆地内地势平缓、排水不畅，加之永久冻土阻止流水渗入地下，于是积水成湖。可可西里地区面积超过 200 平方千米的湖泊就有 7 个；一平方千米以上的湖泊总面积达 3825 平方千米，相当于 600 个西湖；一平方千米以下的湖泊总数更是超过 7000 个，湖泊分布极为密集。

这些湖泊大小各异，湖岸或笔直或曲折，加之湖水的深度和矿化度各不相同，使得湖泊呈现出不同的颜色，如浅蓝色、蓝绿色、靛青色等。著名的太阳湖，汇聚了布喀达坂峰、马兰山、巍雪山的冰川融水，湖水深达 43 米，水质清澈。湖岸曲折广阔，犹如海岸。傍晚金光普照，雪峰连绵，湖水如梦如幻。西金乌兰湖中央呈蓝绿色；西侧由近及远，其水色由浅变深；东侧为靛青色；加之盐湖对阳光的折射，湖区上空的云层也被印染成蓝绿色。天光水色浑然成趣，尤为奇异。

湖泊之外更多的地方，则是沼泽湿地。即便有现代交通工具，进入可可西里也并非易事。

可可西里保持荒野本色的第三个“技能”，则与它深居青藏高原腹地的位置有关。

从这里发源的河流，多数是以湖泊为中心的内流水系。只有少数水系流出可可西里区域，或是穿越昆仑山，流向北方干旱的柴达木盆地；或是汇入长江、黄河，成为这些超级大河的源头。这些河流往往水量较小、侵蚀力有限，不像青藏高原边缘的河流，可以切割出海拔较低的河谷。例如，拉萨河谷、黄河上游支流湟水河谷，都是人类生存的良好场所。而可可西里地区没有被河流大规模侵蚀，它地势起伏平缓，相对海拔只有 300~600 米，是“世界屋脊”上保存最完整的高原平台。

寒冷、湖沼遍布、完整的高原平台，拥有这三个“技能”的可可西里地区几乎没有人为改造的痕迹。

现在，舞台已经准备就绪，谁将成为这里真正的主人？

右页上图 勒斜武担湖 / 摄影 布琼

图中湖泊为勒斜武担湖，远处可见布喀达坂峰。

右页下图 楚玛尔河 / 摄影 刘夙培

楚玛尔河为长江三源之一的北源，发源于可可西里山。

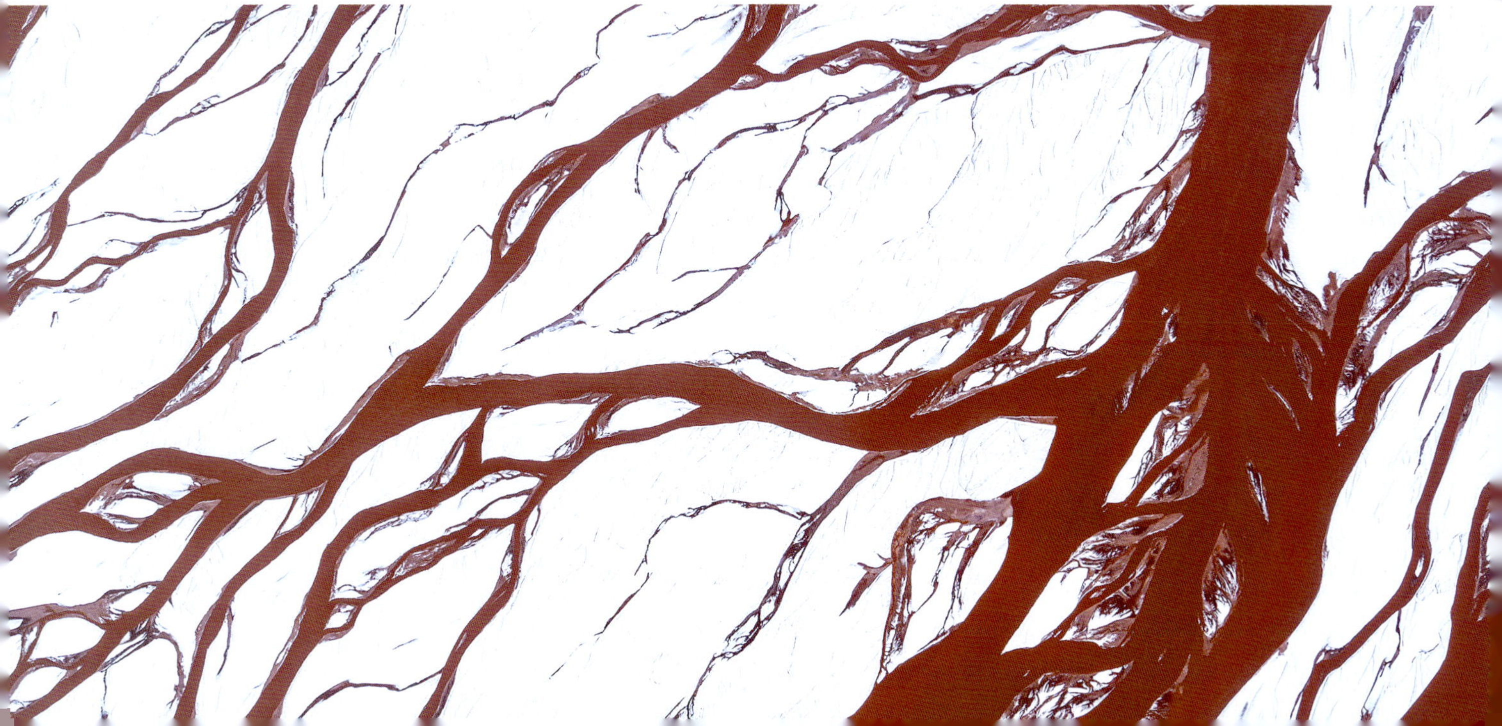

叁 万物生长

垫状植物率先登场，它们是高原生命的先锋。其中簇生柔子草的长相最为喜人，一经生根发芽，便会蔓延成一个巨大的圆形，直径可达 2 米。它的叶丛夹杂了泥沙细土，可以吸湿保温。即便外部温度已降到零下，植物体内温度仍可以保持在 1~2 摄氏度。它还可以促进枯叶腐烂分解，积累有机质，改善土壤，不仅有利于其自身的生长，也可为其他植物的迁入奠定基础。凤毛菊、火绒草、兔耳草、圆穗蓼等植物，纷纷借助垫状植物体内稳定而优越的小环境蓬勃生长。

在可可西里，所有这些植物只有 100 天的生长周期。它们必须在短短两三个月内完成发芽、成长、开花、结籽的全过程。

每年的 6 月，大地还满是荒芜；7 月，几乎是一夜之间，无数花花草草突然从地下冒出，竞相绽放；8 月，植物的种子便已成熟脱落，在可可西里的蓝天下随风飘荡。这期间，即便冰雪突降，许多植物依然会顽强地开花结果。

左页左上图 多刺绿绒蒿 / 摄影 赵新录

多刺绿绒蒿为一年生草本植物，全植株被黄褐色或淡黄色的硬刺，多生长于海拔为 4200~5400 米的高山草甸、石缝或流石滩中，具有耐干旱、贫瘠的特性。

左页左下图 簇生柔子草 / 摄影 赵新录

簇生柔子草为多年生垫状草本植物，地上部分常呈球形，多生长于海拔为 4300~4600 米的高山沼泽、流石滩、岩石缝中，是可可西里地区主要的先锋植物。

左页右上图 毛柱黄耆 / 摄影 秦晖

毛柱黄耆为豆科黄芪属植物，多生长于海拔为 4500~5300 米的高山砂砾地中。

左页右中图 黄芪 / 摄影 赵新录

黄芪为多年生草本植物。在可可西里，其生长季极短，如许多开花植物一样多在傲雪中绽放。

左页右下图 矮火绒草 / 摄影 秦晖

矮火绒草为多年生草本植物，生长于 3500~5000 米的高山上的草滩地、盐湖地和石砾地中，常大片生长。

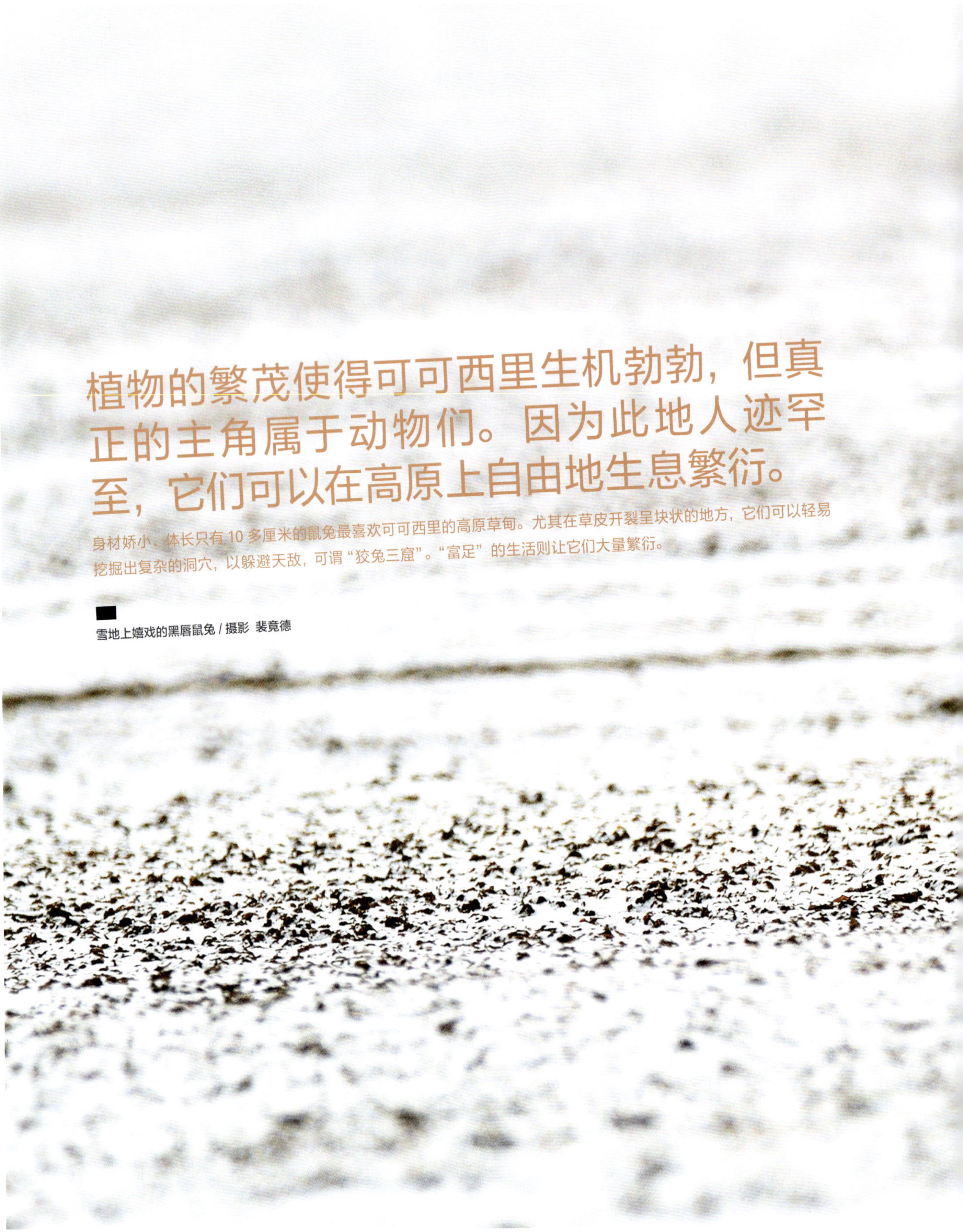

植物的繁茂使得可可西里生机勃勃，但真正的主角属于动物们。因为此地人迹罕至，它们可以在高原上自由地生息繁衍。

身材娇小、体长只有 10 多厘米的鼠兔最喜欢可可西里的高原草甸。尤其在草皮开裂呈块状的地方，它们可以轻易挖掘出复杂的洞穴，以躲避天敌，可谓“狡兔三窟”。“富足”的生活则让它们大量繁衍。

雪地上嬉戏的黑唇鼠兔 / 摄影 裴竟德

相比之下，它们的亲戚，同属兔形目的高原兔的生活则没有了鼠兔的滋润。可可西里缺少可以供其隐蔽的灌木丛，体长如同家猫的它们，数量远比鼠兔少。另一种常见的穴居动物——喜马拉雅旱獭，尤以肥胖浑圆著称。它们以洞穴周围 500 米范围内的嫩草为食，机警敏觉，常直立眺望，一有危险即钻入洞中。

小型鸣禽角百灵，体长只有 15 厘米左右，喜欢将巢穴建在地面上。它们几乎不做长距离飞行，而是在地面捡拾草籽、捕捉昆虫。体形与之相当，同样以草籽昆虫为食物的白腰雪雀，喜欢小群聚集于鼠兔群集处，随时准备利用废弃的鼠洞以作巢穴栖息。而大型涉禽黑颈鹤，则从远方迁徙而来，在可可西里的浅水中啄食植物及鱼类。黑颈鹤通体黑白相间，头顶为暗红色，形态极为优雅，是可可西里最为旖旎的一道风景。

左页上左图 黑唇鼠兔 / 摄影 樊尚珍

黑唇鼠兔，又称高原鼠兔，其上下唇缘为黑褐色，体色为棕黄或沙黄褐色。它们栖息于海拔为 3200 ~ 5200 米的高山草原、草甸带。

左页上右图 高原兔 / 摄影 秦晖

高原兔体毛长而蓬松，毛色灰黄至棕黄，耳尖色深。它们栖息于 2700~5200 米的高寒草原、高原草甸地带的山岩、灌丛、林缘等处。

左页中上图 喜马拉雅旱獭 / 摄影 张强

喜马拉雅旱獭，身体粗壮，四肢短而粗。其前爪发达，适于掘土，多栖息于 3300 ~ 5200 米的高寒草原、草甸地带。图中的几只旱獭正立于洞口，向四周张望。

左页中下图 白腰雪雀 / 摄影 张强

白腰雪雀为文鸟科雪雀属的鸟类，是中国的特有物种。成鸟较之其他雪雀色淡，上背有浓密的杂斑，腰部有白色大块斑，眼先为黑色。它们主要栖息于海拔 3000 ~ 4500 米的高山、草原及荒漠地带，喜欢筑巢于墙洞、废弃鼠洞或地面。

左页下图 黑颈鹤 / 图片来自可可西里管理处

黑颈鹤是全球发现得最晚的一种鹤类，为国家一级保护动物。其头、喉及整个颈部为黑色，仅眼下、眼后有白色斑块，裸露的眼及头顶为红色。它们在青藏高原繁殖，在中国西南部、不丹、印度越冬。

更大型的动物则是有蹄类。

青藏高原上的特有物种白唇鹿，体形巨大而强壮，鹿角长达 1 米，并在顶部有多处开叉。

盘羊，以雄性螺旋状弯曲的角著称，雌性的角则要短小得多，且弯度不大。

岩羊多生活在山地间，喜欢在崎岖地带活动。

藏原羚的臀部拥有两片醒目的白斑，它们奔跑的速度极快且体态轻盈，雪山、荒野都是藏原羚生活的绝配。

喜欢群体活动的藏野驴，外貌高大而健美。它们的毛色呈现深浅不一的红棕色，身体下方和四肢为白色，非常易于辨认。它们擅长奔跑，且有极强的好胜心。奔跑时尾巴在风中飘扬，带起的尘土被远远甩在身后，有一种舍我其谁的狂狷。

体形庞大的野牦牛是可可西里最令人生畏的动物。它的后颈有一处明显的突起，斗篷似的长毛，几乎遮住了双脚。单独活动的野牦牛更易发起攻击。进攻时，它会怒目圆睁，双角向前，尾巴高高甩起，排山倒海般地向你奔来。

右页上图 盘羊 / 摄影 樊尚珍

盘羊又称大角羊，雄雌具角，雄性的角粗大，且呈 360° 的螺旋状弯曲，雌性的角小得多，稍有弯曲。图中左侧为雄性，右侧雌性。

右页中左图 白唇鹿 / 摄影 张强

白唇鹿，青藏高原特有物种，国家一级保护动物。正如它的名字所示，上唇和鼻尖呈白色。身体呈浅黄色、灰棕色或暗棕色，其毛被颜色的变化还与性别、季节及分布地区有关。

右页中右图 奔跑的藏原羚 / 图片来自可可西里管理处

藏原羚，青藏高原特有物种，国家二级保护动物。藏原羚体形较小，四肢纤细，比较醒目的是臀部有棕黄色边缘的白斑，常呈心形。

右页下左图 岩羊 / 摄影 秦晖

岩羊拥有低矮结实的身体和强壮的四肢，能够在岩石众多的地带行走。岩羊两性都有角，雄性的角相对粗大，雌性的较小。

右页下中图 藏野驴 / 摄影 张强

藏野驴，青藏高原特有物种，国家一级保护动物。藏野驴是最大的一种野驴，毛被呈鲜亮的棕色，身体强壮，四肢有力，擅于奔跑。

右页下右图 野牦牛 / 摄影 布琼

野牦牛，青藏高原特有物种，国家一级保护动物。野牦牛为家牦牛祖先，相比于家牦牛，野牦牛体形格外庞大，体形比家牦牛约大一倍，四肢也更为粗壮，同时后颈部有明显的突起。图为一只奔跑的野牦牛，可见其蹄下飞扬的尘土。

卓乃湖藏羚羊群 / 摄影 裴竟德

卓乃湖是藏羚羊的主要繁殖地，每年夏天都有大量藏羚羊从四周迁徙至卓乃湖边产崽。

最耀眼的明星动物当属藏羚羊。

如今，在可可西里地区生活的藏羚羊的数量已经恢复到 6 万只。

成年雄性藏羚羊有黝黑的面部，角的长度可达 60~70 厘米，乌黑发亮，从头顶几乎垂直向上，在雪山下、余晖中都极为突出。人们将其称为“雪域精灵”，可谓实至名归。

为了“爱情”，雄性藏羚羊间常发生激烈打斗。但是即便击败对手，也不代表可以就此获得雌性的欢心，它仍需要用实力完成追逐，直至成功。收获爱情结晶的雌性，将很快与雄性分离，开启中国最后的有蹄类动物大迁徙。它们穿越山谷，跨越人类的铁路线，最终到达梦幻般的卓乃湖。

成千上万的雌性藏羚羊聚集于此诞下小羊之后，再带领小羊返回冬季栖息地。之后，一个新的轮回又将开始。

右页图 藏羚羊 / 摄影 布琼

藏羚羊，学名藏羚，偶蹄目牛科藏羚属，青藏高原特有物种，国家一级保护动物。藏羚羊毛被细而短密，背部和体侧呈暗棕色或黑色，吻部宽阔，鼻腔两侧鼓胀，呈半球形。雄性藏羚羊有直而细长的角，它们常因争夺配偶而发生打斗，头上的角就是主要“武器”。右页上图为藏羚羊幼崽，右页右中图为打斗中的雄性藏羚羊，右页右下图、右页左下图为雄性藏羚羊和雌性藏羚羊在一起的画面。

捕食者的队伍也壮大起来。

猎隼、大鵟等大型猛禽从空中飞临。以大方脸著称的藏狐和形似家猫的兔狲，从地面出击。鼠兔、高原兔、旱獭、角百灵等小型动物，纷纷成为它们的盘中美食。体形更大的猞猁，还会瞄准岩羊和藏羚羊的幼崽。

狼则是可可西里的"终极猎手"。它们利用强大的群体配合围捕一切猎物，捕获成年的藏野驴也不在话下。

棕熊虽然体形更大，却没有狼敏捷，也缺乏群体的配合。从植物根茎到鼠兔、旱獭等小型动物，才是棕熊的主要食物。

因嘴角下生有一小簇黑"胡须"而得名的胡兀鹫，则被排到了捕食者的最末端。它们不直接捕食，而是在空中缓慢飞行，寻找地面的动物尸体。当它们发现尸体后并不会立即上前，而是在外围窥探，确认没有危险后便一拥而上。它们能在短短几十分钟内将一具庞大动物的尸体吃得只剩下骨架。

右页左上图 大鵟 / 摄影 张强
大鵟，国家二级保护动物，为可可西里的留鸟，主要以啮齿目动物为食。

右页左中上图 高山兀鹫 / 摄影 布琼
高山兀鹫是隼形目鹰科的鸟类，多栖息在海拔 2500~4500 米的高山、河谷地区。

右页左中下图 胡兀鹫 / 摄影 张强
胡兀鹫，留鸟，国家一级保护动物。喜欢将小型猎物或者较大型猎物的骨头叼起来摔到岩石上，摔碎后进食。

右页左下图 猎隼 / 摄影 布琼
猎隼，国家二级保护动物，为可可西里的留鸟。猎隼体长可达 50 厘米，相对于其他隼科猛禽，猎隼的羽色更浅。

右页右上图 狼幼崽 / 摄影 张强
狼常成群活动，主要捕食有蹄类动物，也捕食野兔、旱獭等小型动物。图为两只小狼幼崽。

右页右中图 捕食成功的藏狐 / 摄影 布琼
藏狐，青藏高原特有物种。以捕食啮齿目和兔形目动物及地栖的鸟类为生。

右页右下图 藏棕熊 / 摄影 布琼
藏棕熊为青藏高原特有的棕熊地理亚种，国家二级保护动物。图为母熊与幼崽。

肆 荒野归荒野

从鼠兔、高原兔、角百灵等小型动物，到藏羚羊、藏原羚、藏野驴等有蹄类动物，再到猎隼、猞猁、狼等猎食者，动物显然已经成为这片荒野的主人。

这便是可可西里，
中国最伟大的荒野。
而我们要做的是，
让荒野永远归荒野！

藏羚羊 / 摄影 秦晖
照片拍摄于卓乃湖附近，一只雌性藏羚羊兀立于大地之上。

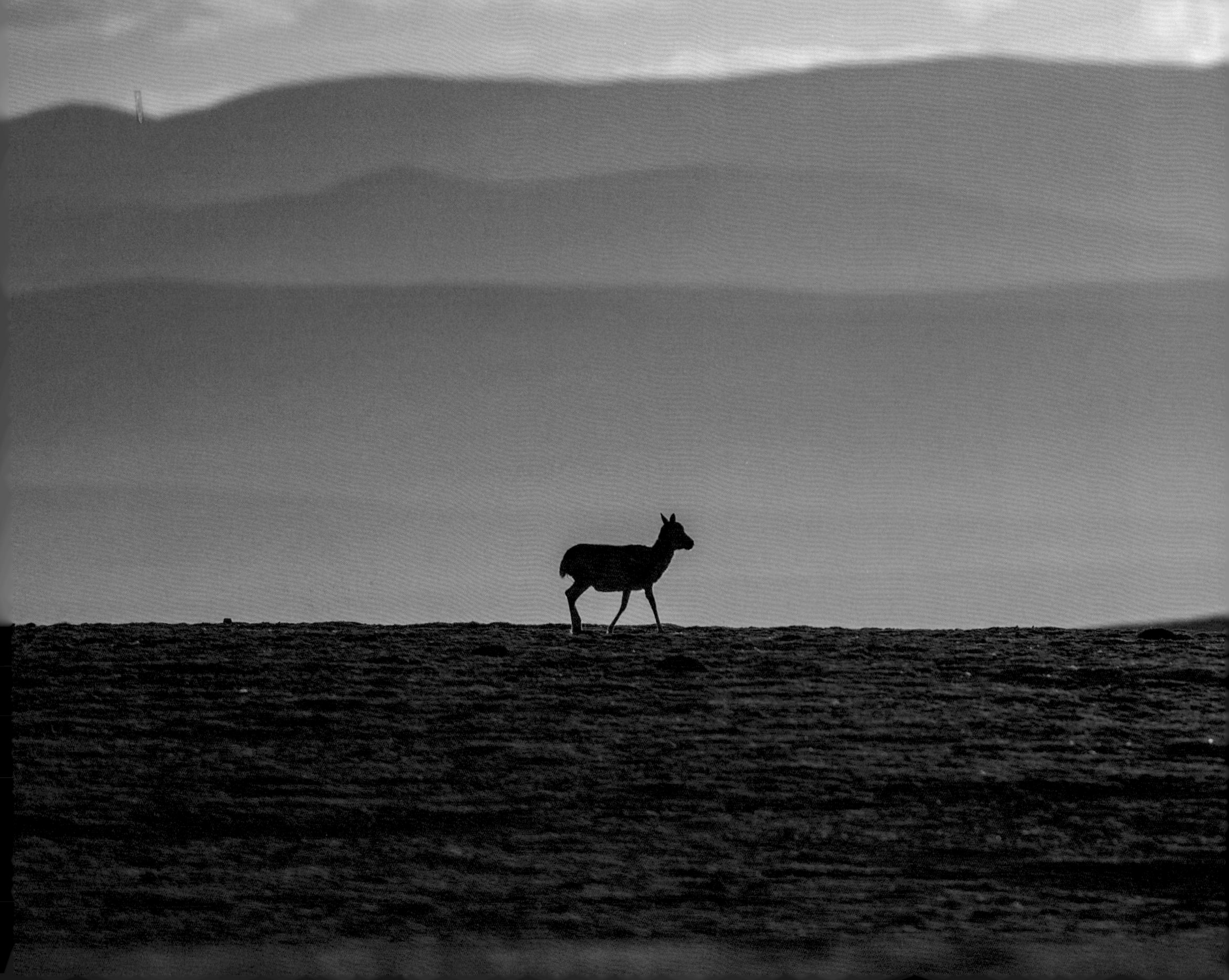

阿里：

荒野文明

2/11

象雄王国与古格王国都已远去。今天的阿里，依然保持着独有的魅力。它拥有中国视宁度最好的星空，拥有中国最独特的动植物，还拥有纯朴的居民……

阿里，它就在荒野中，既荒野，又文明。

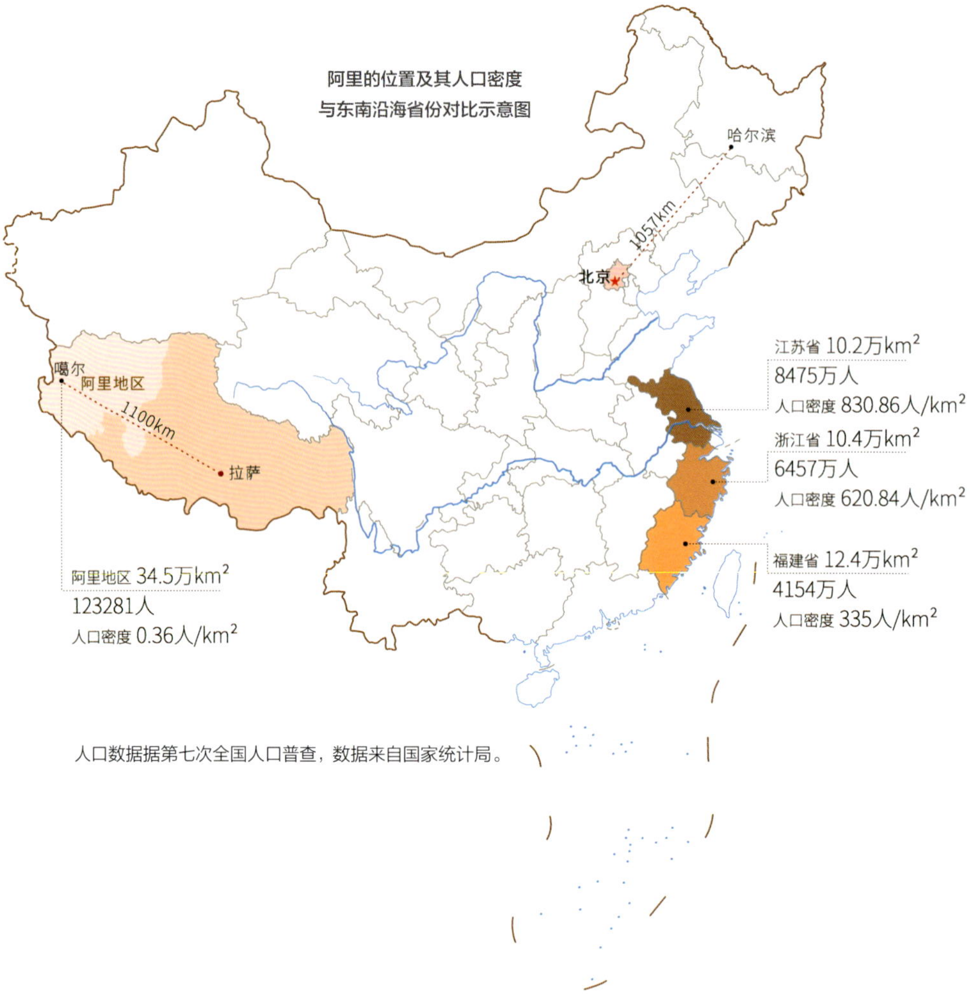

人口数据据第七次全国人口普查，数据来自国家统计局。

阿里在哪里？

阿里作为西藏自治区的下辖地区，处于中国的极西之地。此地对于我们大部分人而言，都显得太过遥远。即便在西藏内部，阿里也依然属于遥远的远方。其行政公署驻地噶尔县狮泉河镇与拉萨的直线距离长达 1100 千米，比北京到哈尔滨的距离还要远。

除了位置偏远，阿里还是西藏平均海拔最高的区域，人称“世界屋脊的屋脊”。过高的海拔导致其生存环境恶劣、人烟稀少。它总面积高达 34.5 万平方千米，比东部沿海苏浙闽三省加起来还要大，人口数量却只有十多万，是世界上人口密度很小的区域。

然而，这样的一片荒芜之地却拥有极致的风光，并且孕育出了神秘而灿烂的古代文明。今日的西藏文化、宗教中的重要仪轨往往与这些古文明密切相关。它们的消亡引发了众多考古学家、宗教学者去孜孜探索，堪称另一个敦煌。

学者们认为，要了解西藏文明，必先了解阿里。

阿里究竟有什么？为什么能影响整个西藏？

我们需要从阿里的三大元素说起，因为它们拥有改天换地的力量。

阿里地区地形图

阿里地处青藏高原西北部，平均海拔在4500米以上，是西藏平均海拔最高的区域。阿里境内群山汇聚，主要的山脉包括喜马拉雅山脉、冈底斯山脉、喀喇昆仑山脉、昆仑山脉，它们的走向大致为西北—东南向，在这些主要山脉之间又有许多次级山脉。著名的山峰有纳木那尼峰、冈仁波齐峰等。

喜马拉雅山脉和冈底斯山脉 / 摄影 孙岩

远处为阿里境内喜马拉雅山脉及该段主要山峰纳木那尼峰，近处为冈底斯山脉及主峰冈仁波齐峰。

壹 山来了

亿万年以来的板块运动，让阿里地区不断隆升。昆仑山脉、喀喇昆仑山脉、冈底斯山脉、喜马拉雅山脉，四条巨大的山脉在此汇聚。

阿里的第一个元素 ——山，登场了。

昆仑山脉耸立于北部，喜马拉雅山脉崛起于南侧。喀喇昆仑山脉从西北向东南延伸，在阿里境内分出两列，一列向东延伸，渐入高原腹地；一列向东南延伸，与冈底斯山脉相接。这些大型山脉排列紧密，冈底斯山脉与喜马拉雅山脉最近处相距仅 70~80 千米，从远处观看两列大山，几乎是平行排列。大型山脉之间又派生出许多次一级的山脉，山连山，山接山。其中，喜马拉雅山脉的支脉阿伊拉日居山脉，因山体中不同颜色的矿物质而呈现出斑斓的色彩，又名五彩山。

右侧上图 夏岗江峰 / 摄影 丁亮
夏岗江峰海拔为 6822 米，位于阿里改则县境内，属冈底斯山脉。

右侧下图 喜马拉雅山脉 / 摄影 柳叶刀
图为阿里普兰县境内喜马拉雅雪山群。雪山、河流阶地和村庄呈阶梯状排列。

左侧图 航拍冈仁波齐峰 / 摄影 向文军

下图 冈仁波齐峰北壁 / 摄影 张扬的小强

在这些高大的山脉中，群峰耸立，其中最为著名的当属冈底斯山脉主峰冈仁波齐峰，海拔为 6656 米。其山体外形富于变化，南侧相对圆润，巨大的岩石沟槽在中间构成了一个显著的十字图案；北侧山体凌厉、陡峭，如同被斧劈一般。如果从空中俯瞰，圆润与陡峭都已经不重要，一条由冰川剥蚀而成的“S”形山脊成为其最显著的特征。它弯曲着向下延伸，薄如刀刃。

贰 水来了

如此密集的极高山使得阿里的第二个重要元素——水，登场了。

成千上万年的降雪（降水）在群山之中积累出大量的冰川，尤其在纳木那尼峰、冈仁波齐峰、隆格尔山周围，以及阿里北部，最为密集。冰川不断消融，向下流淌，再加上地表降水、地下水等诸多补给，阿里孕育出了诸多水系。

那些侵蚀力较弱的水系无法汇入海洋，往往消失在内陆，或者汇聚成湖泊，成为内流水系。内流水系占据了阿里近 3/4 的面积。它们在地表汇聚成大大小小的湖泊，其中面积为一平方千米以上的湖泊有 100 余个，总面积超过 6000 平方千米，是中国湖泊分布颇为密集的区域。

位于冈底斯山脉的群峰之中的扎日南木错，面积超过了 1000 平方千米，为阿里第一大湖、西藏第三大湖。

著名的玛旁雍错与拉昂错，夹峙于冈底斯山脉与喜马拉雅山脉之间。来自周围高山的淡水，较多补给了玛旁雍错。它面积超过 400 平方千米，是同等海拔高度中面积最大的淡水湖。湖泊水面清澈、宁静，周边草原的植被生长茂盛，形成了一处天然的优质牧场。

紧邻的拉昂错恰好相反。它的淡水补给较少，导致湖水矿化度提升，水质苦涩难咽。湖岸植被稀疏，极为荒芜。

倒是玛旁雍错北侧的小湖古加错，风光旖旎，令人惊叹。在朝晖下，雪山与湖水相映，金光布满湖山。

更为殊异的是班公错。它周围山峦起伏，山湖相接，十分壮观。班公错形状狭长，横跨中国边境与克什米尔地区。因为东西两段淡水补给量的不同，东段在中国境内主要为淡水湖，延伸至克什米尔地区的部分则逐渐演变为咸水湖。

其他湖泊也各有特色，如嘎仁错湖岸曲折，龙木错状如葫芦……

右页上图 冰川及冰川湖 / 摄影 向文军

图中左侧冰川为喜马拉雅山脉北公达茨仁冰川，右侧冰川融水在冰川末端汇聚形成冰川湖。

右页下左图 玛旁雍错 / 摄影 姜曦

远处的冈仁波齐峰和近处的羊群连同玛旁雍错一起构成了一幅美丽的画卷。

右页下右上图 古加错 / 摄影 姜曦

朝阳映衬下的纳木那尼峰及其湖中倒影。

右页下右下图 嘎仁错 / 摄影 孙岩

深入湖中的半岛沿岸曲折蜿蜒。

与内流水系相比，外流水系具有更强大的力量。它们撕开地表、夺路向前，再汇聚成更大的河流，最终流入海洋。从冈仁波齐峰周围发源的四大河流都属于外流水系，分别是森格藏布（狮泉河）、朗钦藏布（象泉河）、马甲藏布（孔雀河）、当却藏布（马泉河）。

森格藏布的汉语译名为狮泉河，流入克什米尔之后改称印度河。它发源于冈底斯山脉北坡，海拔大约为 5500 米。之后河流不断切割山体，河谷的宽度从 3000 米逐步扩展到 10000 米左右，海拔也逐渐下降，至狮泉河镇，已降至 4200 米左右。

马甲藏布的切割能力更加强大，经西藏自治区普兰县进入尼泊尔境内，再汇入恒河出海。其源头位于喜马拉雅山脉海拔 5400 米处，至普兰县普兰镇时，河谷海拔已降到不足 3900 米。

最强大的是朗钦藏布，为印度河最大支流萨特累季河的上游。它发源于冈底斯山脉，源头海拔接近 5500 米，至札达县什布奇附近后，河谷海拔只有 2800 米，高差超过 2700 米，切割能力一流。

内流水系造就了遍地湖泊，外流水系造就了深切河谷，两种水系的影响也从此分道扬镳。切割能力较弱的内流水系地区保持了较高的海拔，人类难以在这些地区生存。“北方高地”就此诞生，这便是羌塘。

而外流水系切割出的河谷使得海拔大幅降低，为人类的生存创造了相对适宜的条件。

先民的脚步即将登临，不过在此之前，人类还需要阿里的第三个重要元素。

左页图 象泉河 / 摄影 卡布
象泉河在河谷中蜿蜒分汊，形成曲流，河漫滩、心滩与河水交错相间。

下图 狮泉河 / 摄影 徐永春
此图为狮泉河，一只雕鸮恰好入镜。

叁 土来了

大约 500 万年前，阿伊拉日居山脉与喜马拉雅山脉之间的象泉河流域，还是一片灌满了水的大湖。在此过程中，周边河流带来的泥沙等物质大量沉积在底部，形成了厚达 800 米的沉积地层。

阿里的第三个重要元素 ——土，终于来临。

之后，两侧山脉加速隆升，阻挡了水汽的进入，大湖区域形成了干热少雨的雨影区。湖泊逐渐干涸，大地出露，这便是札达盆地。

象泉河的流水，以及当地短促的夏季降雨，不断冲刷着这些厚厚的土层。原本平坦的高原湖盆沉积被不断切割。大地变得千沟万壑、支离破碎，形成了一种非常独特的地貌 ——土质的丛林，即土林。

土林的相对高度可达上百米，它们或一簇簇蜂拥而上；或一根根笔直挺立；或一层层逐级抬升；或似旋转阶梯盘旋而上，直达雪峰；又或似天然巨墙，巍然而立。无数的土柱、土塔、土墙、土堡聚集在一起，一个从西北到东南绵延 175 千米、宽达 45 千米、面积约 2400 平方千米的超级土林群 ——札达土林诞生了。

就这样，山孕育了发达的水系，水造就了地势低洼的河谷，土形成了气势恢宏的土林。阿里的三大重要元素已经全部就绪。那么，以此为基，先民们将创造出怎样的文明呢?

札达土林 / 摄影 张扬的小强

肆 荒野文明

一两万年前，人类已经踏上了阿里的土地。他们制作石器，将自己的日常生活场景刻画在岩石之上。

公元前 4 世纪，先民们建立起强大的部落联盟，势力范围涵盖今日西藏大部分地区，人称“象雄王国”。他们以条件最优越的象泉河谷为中心，在高原上游牧、狩猎，在河谷地带开垦农田。他们打造黄金面具，从中原引入奢华的织锦。象雄王积累起雄厚的财富，以不容置疑的权势调动万千人力，建造起规模庞大的都城。

但是高原上树木稀疏，缺乏用于建筑的木材，于是土质紧密的土林进入象雄人的视野。他们在土林上挖掘出结构复杂的窑洞，洞套洞，房套房，三室一厅、四室一厅，应有尽有；再配以其他建筑，作为居所、宫殿、庙宇。他们崇拜大鹏金翅鸟（琼鸟），就连都城的外形也是如此，并因此得名“大鹏银城”。

土林之上的都城，具有绝佳的防御优势。象雄王的财富聚于其中。松赞干布的妹妹从吐蕃远嫁而来，她在歌中唱道：

> 我所嫁之地啊，是大鹏银堡寨。从外面看是险峻山崖，从里面看却是黄金与宝石。（金书波《从象雄走来》，有修订）

国王主导了物质生活，精神世界则由神明主导。雍仲本教就发源于冈底斯山脉。信众们在石头上刻写图案、文字，以求福报。今日遍布西藏的玛尼石、玛尼堆的雏形就此诞生。他们赋予雍仲符号①神圣的含义，在宗教仪轨中被不断使用。

他们建立起对神山、圣湖的崇拜。尤其是冈仁波齐峰，因其巨大的十字沟槽与雍仲符号相似，而更受推崇。雍仲本教携带着象雄文明的基因，从冈仁波齐峰周边地区发源的马泉河，即雅鲁藏布江的上游，向东传播，影响力遍布西藏。

象雄王国存续了大约 1000 年。公元 7 世纪，象雄王的妻子，即松赞干布的妹妹，最终引来了吐蕃的大军。象雄王国的辉煌终结了，但是属于阿里的辉煌并没有结束。

① 雍仲符号（“卍”或“卐”）在世界各地的古老文化中都曾出现，早期不分方向。在汉地，它被称为“万字符”，武则天时期确定读音。

右页上左图 阿里岩画 / 摄影 卡布
记录西藏阿里先民日常活动的岩画，拍摄于阿里日土县。类似的岩画在当地还有很多。

右页上右图 黄金面具和丝织品 / 摄影 金书波
出土于西藏阿里地区噶尔县故如甲木墓地的黄金面具和丝织品。丝织品上有“王”“侯”汉字纹样，是青藏高原迄今为止发现的最早的丝织品。

右页下图 大鹏银城遗址 / 摄影 卡布
此图为西藏阿里地区札达县曲龙村大鹏银城遗址航拍图，中间为身躯，两边山体为两翼。大鹏银城的藏语音为“穹隆威卡尔”，“穹隆”意为“大鹏”，“威卡尔”意为“银色的城堡”，所以亦有汉译为“穹隆银城”或“琼隆银城”。其具体位置尚有争议，另一处呼声较高的遗址位于噶尔县卡尔东。

077

公元 9 世纪中叶，吐蕃的权贵们相互攻伐不休，由印度传入的佛教与本土宗教雍仲本教产生了激烈的冲突，吐蕃王朝分崩离析。王子吉德尼玛衮逃至象雄故地建立割据政权，并改称象雄为阿里，意为“领地”。阿里之名正式出现。

吉德尼玛衮分封诸子，其中一子统治了今日阿里地区，这就是古格王国。

象泉河谷、狮泉河谷、孔雀河谷的肥沃土地此时迎来了密集的开发。国王亲自指挥修建水渠，灌溉良田无数。再加上羌塘盐湖里挖不尽的盐，高山中挖不完的黄金，草原上采不完的羊绒……古格王国以这些物产为基础，与邻国开展贸易往来，建立起高原“丝绸之路”。

富裕的古格王室用黄金迎请印度高僧，举办藏区最大规模的法会。佛教在阿里被空前传播。土林之上的建设高峰再次上演，寺庙林立、佛窟遍山。至于佛寺内部的壁画，他们更是不惜重金。艺术设计上则融南亚和波斯的开放、夸张于一体，独具特色，开一代画风。尤其是女性神祇，短袖紧身式的着装，乳房丰满，腰肢纤细，胯部倾斜，肚脐显露，尽显人体之美。

古格的佛教大量吸引了本教的元素，最终取代本教成为优势宗教。山形独特且位于主要河流中心的冈仁波齐峰则成为佛教、本教等宗教共同认定的世界中心，每年从四方而来的朝圣者络绎不绝。

最引人瞩目的当属国都的建设。王城在土林与群峰之中，依山而建。445 间房屋、879 孔洞窟、58 座碉楼、28 座佛塔，全都叠砌在土林之上。其相对高差为 175 米，居高临下，地势险峻，气势恢宏。山顶是王宫所在之地，从山脚到王宫，只有一条人工开凿的暗道，四面悬崖，无遮无拦，是冷兵器时代完美的城堡之一。

不过，辉煌灿烂的古格王国，后来被拉达克所灭，千年古堡逐渐荒废，只留下残垣断壁和无数谜题。

左页图 朝圣者 / 摄影 唐侨
冈仁波齐峰下，一位虔诚的朝圣者双手合十，正在进行叩拜。

上图 古格壁画 / 摄影 卡布
壁画拍摄于阿里古格王城遗址红宫内，其色彩鲜艳、明亮，画风大胆、开放。

古格王城遗址 / 摄影 毛峰

古格王城遗址位于西藏自治区阿里地区札达县象泉河南岸山上，距离札达县城约 18 千米。这里曾是吐蕃王室后裔所建立的古格王国的中心。17 世纪中叶，这里被拉达克入侵者毁坏，现仅存遗址。

伍 今日阿里

象雄王国与古格王国都已远去。

今天的阿里，依然保持着独有的魅力。它拥有中国视宁度最好的星空，拥有中国最独特的动植物，还拥有纯朴的居民……

阿里，它就在荒野中，既荒野，又文明。

左页图 朝圣者 / 摄影 姜曦

在阿里地区普兰县科加寺庙，摄影师与一位可能来自尼泊尔的小姑娘偶遇，她的笑容如阳光般灿烂。阿里就是这样包容着从世界各地赶来的朝圣者。

横断山：

中国极致风光最密集的山脉

3/11

中国的西南部，有这样一处土地，它是山的世界、山的王国，一个『偏跟山过不去』的地方，就连名字都透露着『霸气』——横断山。

横断山面积约 36 万平方千米，其中 98% 为山地。群山之间，还有无数闻名遐迩的人间胜地，九寨沟、黄龙、若尔盖、香格里拉、稻城亚丁、大理、丽江，一个赛一个，声名远播。

在所有的自然景观中，人们总是偏爱山岳。高山仰止，景行行止。一座耸立于地表之上的高山，足以让芸芸众生仰望膜拜。

而当一个地方有成千上万的高山时，又将会是怎样的一番场景呢？

中国的西南部，便有这样一处土地，它是山的世界、山的王国，一个“偏跟山过不去”的地方，就连名字都透露着“霸气”——横断山。

横断山面积约 36 万平方千米，其中 98% 为山地。5000 米以上的极高山、3500~5000 米的高山，更是占到总面积的 73%。贡嘎山、梅里雪山、四姑娘山、玉龙雪山、雀儿山、格聂神山、央迈勇、雪宝顶……一众名山，密集相拥。

群山之间，还有无数闻名遐迩的人间胜地。九寨沟、黄龙、若尔盖、香格里拉、稻城亚丁、大理、丽江，一个赛一个，声名远播。

三条纵穿其中的公路——318 国道、317 国道、214 国道也因此一跃成为中国最知名的景观大道。它们在横断山的任意一处途经点，都有可能让东部一个 5A 景区自愧不如。

横断山为何会聚集如此众多的美景？

右页图　横断山地形及范围示意图

横断山脉指青藏高原东南部一系列呈南北走向的山脉集合。从西向东依次为伯舒拉岭一高黎贡山、他念他翁山一怒山、宁静山（芒康山）一云岭、沙鲁里山脉、大雪山脉、邛崃山脉、岷山山脉，即“横断七脉”。山脉之间则夹有怒江、澜沧江、金沙江、雅砻江、大渡河、岷江及其支流。关于横断山脉的具体范围，尤其是南北界，学者之间存在争议，本文主要依据李炳元《横断山范围探讨》，指那些山顶海拔在 4000 米以上、有深大切割的区域。

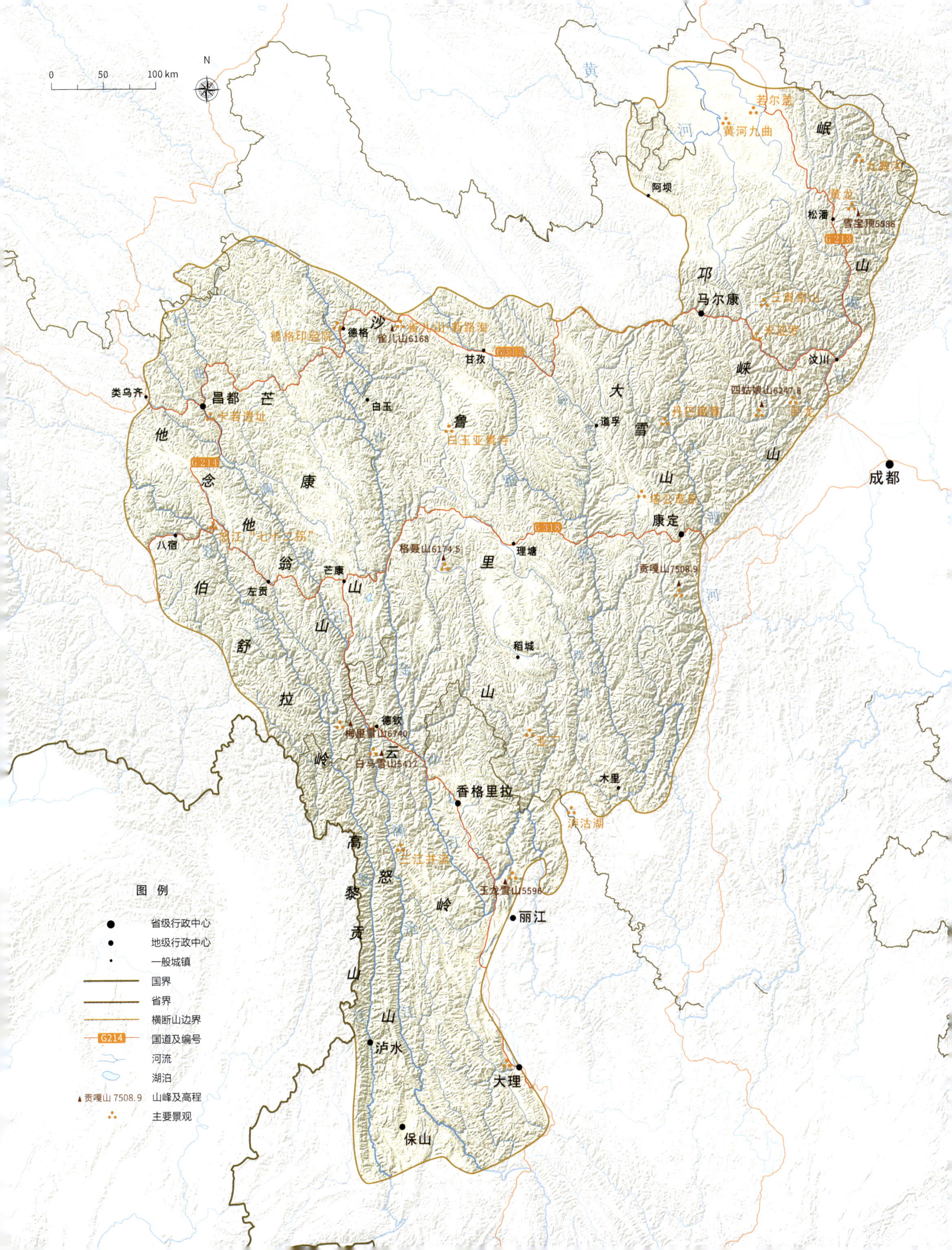

0 50 100 km
N
图例
省级行政中心
地级行政中心
一般城镇
国界
省界
横断山边界
G214 国道及编号
河流
湖泊
贡嘎山 7508.9 山峰及高程
主要景观
黄河
若尔盖
黄河九曲
阿坝
岷山
九寨沟
黄龙
松潘
雪宝顶5588
G213
邛崃山
马尔康
三奥雪山
米亚罗
汶川
四姑娘山6247.8
卧龙
丹巴藏寨
大雪山
道孚
成都
塔公草原
康定
G318
贡嘎山7508.9
德格印经院
德格
雀儿山6168
雀儿山“新路海”
甘孜
G317
沙鲁里山
白玉
白玉亚青寺
类乌齐
昌都
卡若遗址
芒康山
他念他翁山
G214
八宿
怒江“七十二拐”
左贡
芒康
伯舒拉岭
格聂山6174.5
理塘
稻城
亚丁
木里
泸沽湖
德钦
梅里雪山6740
白马雪山5417
云岭
香格里拉
三江并流
高黎贡山
怒山
玉龙雪山5596
丽江
泸水
大理
保山

贡嘎山西坡 / 摄影 南卡

照片拍摄于子梅垭口，从这里可以很好地观察贡嘎山西坡。

壹 造山

6500 万年前，印度板块自南向北与亚欧板块猛烈碰撞，青藏高原被剧烈抬升，并向东西两端释放压力。在东端，它遭到扬子板块的顽强抵抗。“短兵相接”之处，大地互相挤压、紧缩，形成大规模的褶皱与断裂。

这些褶皱便是今天横断山的雏形，它们大致分为七列，从南北方向延伸，包括伯舒拉岭—高黎贡山、他念他翁山—怒山、宁静山（芒康山）—云岭、沙鲁里山脉、大雪山脉、邛崃山脉、岷山山脉，统称为“横断七脉”。

这些山脉的主脊线的平均间距只有约 100 千米，山连山，山接山，摩肩接踵，紧凑至极。

以居于七脉中央的沙鲁里山脉为例，它是横断山脉中最宽大的一脉。从空中放眼望去，几乎全是山，有如一支密不透风的雪山大军。著名的雀儿山、格聂山、海子山、玉龙雪山、哈巴雪山，皆位列其中。

沙鲁里山脉以东的大雪山脉，许多山峰的海拔都超过 6000 米，是横断七脉中海拔最高的一脉。最高峰贡嘎山的海拔为 7508.9 米，同时它也是整个横断山区的王者。

随着海拔的上升，高山上形成了巨大的冰川。在冰川不断退化的今天，横断山脉地区的冰川数量仍多达 1961 条，总面积超过 1300 平方千米，相当于 200 多个西湖。包括著名的海螺沟冰川、燕子沟冰川、明永冰川、雀儿山冰川、玉龙雪山冰川。

如此众多的冰川持续地剥蚀山体，再加上重力、风化等的作用，群峰被塑造得愈发尖削峥嵘，引人瞩目。许多今天声名赫赫的山峰就此成形，包括贡嘎山、四姑娘山、梅里雪山、玉龙雪山、雅拉雪山、央迈勇、夏诺多吉。

右页上图 缅茨姆峰 / 摄影 山风
缅茨姆峰位于卡瓦格博峰南侧，海拔为 6054 米。

右页下图 夏诺多吉 / 摄影 姜曦
夏诺多吉为“稻城三神山”之一，海拔为 5951.3 米。

就连那些不太知名的“配角”也同样精彩纷呈，比如，梅里雪山太子十三峰之一的缅茨姆峰、处于四姑娘山主峰幺妹峰光环之下的婆缪峰、山势奇特的兔儿山等。

横断山脉不仅山形出众，还是中国各大山脉之中观赏雪山倒影的最佳地带。冰川作用在群山之中形成了众多凹地，它们聚水成湖，形成了上千个高山湖泊。

这些湖泊虽然面积不大，但却能很好地与周围的群山相映衬。

例如，四姑娘山区的八角棚海子、羊满台海子，贡嘎山区的冷噶错、里索海等，都能将周围这些极高山的精华浓缩并再现于水中。山峰与倒影相对，亦真亦假，如梦如幻。

右侧上图 幺妹峰倒影 / 摄影 苏铁
幺妹峰北壁倒影，照片拍摄于羊满台海子。

右侧下图 贡嘎山倒影 / 摄影 殷贵远
贡嘎山西侧倒影，照片拍摄于冷噶错。

贰 营水

如果仅仅是数不尽的雪峰，那么横断山脉的风光与青藏高原腹地无异，不过是更加密集而已。然而事实并非如此，因为流水的力量开始显现。

从印度洋吹来的南亚季风，与从太平洋吹来的东亚季风被横断山脉拦截。高山之中云雾蒸腾，大地之上降水增加，加之上游来水、地下水等共同作用，横断山脉北部的一个古湖，在黄河源头于数万年前溯源侵蚀至此后，并未直接消亡，而是缓慢萎缩成水草丰美的沼泽湿地，即若尔盖湿地，并且继续为黄河提供源源不断的水源。

在碳酸盐岩众多的山地，流水将岩石中的碳酸盐矿物逐渐溶解，不断在沿途沉积，形成钙华，钙华层层堆叠犹如梯田。于是，云南香格里拉的白水台诞生了。更为出众的则是黄龙、九寨沟，其钙华景观遍布数条沟谷，声名远播。根据生长在表面的微生物群落的不同，钙华会呈现出不同的颜色，配上周围植物的缤纷色彩，可以幻化出一个极为绚烂的世界。

上图 若尔盖 / 摄影 姜曦

照片拍摄于若尔盖县城附近。这里四周群山环抱，中部地势低平，谷地宽阔，排水不畅，湖泊众多，河流多发育曲流。

下图 黄龙 / 摄影 仇梦晗

黄龙位于四川省阿坝藏族羌族自治州松潘县境内。其最具代表性的景观为钙华景观。

与此同时，更大量级的流水沿着横断七脉之间的谷地流淌，逐渐形成了六条大江——怒江、澜沧江、金沙江、雅砻江、大渡河、岷江，统称为“横断六江”。

其中，怒江穿行于伯舒拉岭—高黎贡山、他念他翁山—怒山之间。从西藏察隅县的察瓦龙到云南怒江傈僳族自治州首府六库，约 300 千米的河道被海拔 4000~5000 米的高山夹峙，谷底与山巅的高差可达 2000~3000 米，这就是怒江大峡谷。峡谷内河床的宽度最窄处仅有几十米，汹涌的江水怒吼、咆哮而过，声震山谷，怒江也因此得名。

论高差，与怒江隔他念他翁山—怒山相望的澜沧江，有过之而无不及。云南省德钦县境内的澜沧江大峡谷，江面海拔约 2000 米，东岸扎拉雀尼峰海拔为 5460 米，西岸云南第一高峰卡瓦格博峰的海拔更是高达 6740 米，峡谷最大高差超过 4700 米。两岸山高谷深，岩石壁立，加上湍急的江水，看上去危险至极。

横断山脉南北走向的山势迫使河流只能沿着山体向南流淌，最终流出国境，使得怒江成为缅甸的重要河流，澜沧江则发展为湄公河。

左页上图 怒江 / 摄影 李珩
图为昌都洛隆县俄西怒江大拐弯。

左页下图 澜沧江 / 摄影 杜鹏飞
图为澜沧江盐井段。

长江第一湾 / 摄影 崔永江

长江第一湾位于云南省西北部的丽江市石鼓镇与香格里拉市南部沙松碧村之间。目前学界认为它主要是由河流袭夺而成，但仍存在争议。

横断六江中的两个已经“就范”，另外四个仍会“听天由命”吗？

若果真如此，中国的江河格局将发生重大改变。我们的母亲河长江也不会是今天这般规模。

扭转乾坤的重担落到了横断六江中水量最大的金沙江身上。

金沙江自进入横断山区后也被山脉挟持。它与怒江、澜沧江平行南流，中间相隔两条山脉，最窄处的三江两山仅约 70 千米，这便是著名的“三江并流”。

有研究认为，约 1.7 万年前，云南丽江石鼓镇附近的山体被一条自南向北流淌的古长江切开，连接至原本向南流淌的古金沙江。于是，金沙江成为长江的一部分，并就此摆脱了横断山脉的控制，调头北上，形成了一个“Ω”形的奇特转弯，即长江第一湾。

之后，古金沙江的源头区域被纳入长江，长江的长度变得更长，声势也变得更加雄壮，逐渐接近今日的状态。金沙江不惧各种巨石的阻挡，冲过 12 千米长的虎跳峡，汹涌澎湃，声回数里。沿途还接纳横断六江的另外三条：雅砻江、岷江、大渡河。

至此，横断山脉地区七脉六江的格局正式形成。

右侧上左图 怒江 / 摄影 在远方的阿伦
照片拍摄于昌都市八宿县邦达镇 318 国道旁边。

右侧上中图 澜沧江 / 摄影 胡澍
照片拍摄于西藏昌都地区芒康县盐井乡澜沧江边。

右侧上右图 金沙江 / 摄影 杜鹏飞
金沙江虎跳峡段。

右侧下左图 雅砻江 / 摄影 温钧浩
照片为雅砻江八衣绒乡段。

右侧下中图 大渡河 / 摄影 夏军民
照片拍摄于飞机航班上，拍摄视角为从北向南，近处可见村庄为开绕村。

右侧下右图 岷江 / 摄影 魏伟
岷江汶川段，沟谷中建筑区为汶川县城区。

叁 横断东西

七脉六江、高山深谷平行相间，这是地球上最壮观、最密集的高山峡谷区。南北走向的高山、汹涌难渡的江河，形成了天然的阻隔，横断东西的交通。

1863 年，太平天国的将领石达开欲率部渡过大渡河进入横断山脉。然而，整支大军在河边受洪水所阻无法渡河，最终被追来的清军消灭。

1935 年，红军强渡大渡河，并夺取泸定桥。之后历经数月，他们翻越二郎山、夹金山，穿过红原、若尔盖的沼泽湿地，在付出惨重代价后才得以走出横断山脉。

不过，交通的阻碍也使得这里保留了相对原始的生态环境。

这里是世界上垂直自然带极丰富的地区之一，从山地森林到高山灌丛，再到亚冰雪带的高寒荒漠。槭树林、桦树林、铁杉林、云杉林、柏木林、杜鹃林，以及各种草甸，都在不同的海拔高度上各得其所。

右页图 横断山植被 / 摄影 秦杰

照片拍摄于 318 国道剪子弯山，拍摄视角为从西向东。图中耸立的雪山为贡嘎山。

动物种类的丰富更加引人瞩目。

1869 年，法国传教士阿尔芒 · 戴维在横断山脉发现了大熊猫。这种“呆萌”的生物迅速激发了全世界的好奇心，近代大批动物学家、捕猎者专门为此来到中国。而且，这种好奇心直到今天依然高涨不消。

1890 年，西方人在横断山脉捕获了滇金丝猴。它们栖息于海拔 3000 米以上的高山暗针叶林带，是世界上栖息海拔最高的灵长类动物之一。

新的物种仍不断被发现。2017 年，中国科学家确认在横断山脉再次发现新物种 ——天行长臂猿。它是中国科学家命名的唯一一种类人猿，但它目前在国内的种群数量还不足 200 只。

其他种类的动物也同样引人瞩目，例如小熊猫、白唇鹿、岩羊、藏狐、黄鼬、黑啄木鸟等。

左页上左图 滇金丝猴 / 摄影 胡秋生
滇金丝猴，中国特有物种，分布在中国川滇藏三省区交界处。图中为一对滇金丝猴母子。

左页上中图 大熊猫 / 摄影 周孟棋
一只大熊猫正在树上“张牙舞爪”。

左页上右图 白唇鹿 / 摄影 张扬的小强
白唇鹿为国家一级保护动物，主要分布于青藏高原的高山草原地区。该图拍摄于四川甘孜州道孚县。

左页下图 天行长臂猿 / 摄影 欧阳凯
天行长臂猿是典型的树栖性灵长类动物，常栖息于中山湿性常绿阔叶林、季风常绿阔叶林、山地雨林中。

横断山脉横断了东西，却也同时开启了南北沟通的通道。

6000 年前，黄河流域的一些古人，沿着横断山脉河谷不断南迁，在之后的演化过程中，慢慢形成了包括藏族、彝族在内的多个族群聚居区。社会学家费孝通将其称为“藏彝走廊”。

此后，雪山之下，藏族人建起寺院，举行盛大的佛事活动，并建起坚固的碉楼，保卫家园；苍山下的白族人，营建出精致的城市，用高耸的佛塔祈求福报；纳西族人遥望着玉龙雪山，筑造起宏大的土司衙署；弱小的独龙族人为防止外族抢掠，兴起女性文面之风……

右页上图 丽江遥望玉龙雪山 / 摄影 孙文军

此图近处为丽江木府和丽江古城，远处为玉龙雪山。

右页下左图 德格印经院 / 摄影 姜曦

德格印经院位于四川甘孜州德格县，是藏区最为重要的印经院。其雕版印刷技艺，在 2009 年入选联合国教科文组织人类非物质文化遗产代表作名录。

右页下右图 独龙族文面 / 摄影 沈云遥

独龙族女性文面的原因有多种，防止外族抢掠只是其中之一。

肆 横断变通途

群山密布、江河纵横、物种丰富、民族多样，这便是横断山脉。

然而，高山险阻限制了外界对它的了解。自然与人文景观如此密集的横断山脉是我们最晚认知的大型山脉。直到 19 世纪下半叶，随着一批西方探险家的进入，横断山脉神秘的面纱才逐渐被揭开。其名字的确切记录则更晚。1900—1901 年，清末地理学家邹代钧在一份地理讲义中首次提及：

> 阿尔泰山系与希马剌亚山系间之高原……有大沙积石山，迤南为岷山，为雪岭，为云岭，皆成自北而南之山脉，是谓横断山脉。（《京师大学堂中国地理讲义》）

今天，横断山脉交通不便的状况已经大为改观。我们的公路穿越沟谷，翻越山岭。越来越多的人开始进入这片山域，或仰望雪山、或俯观深涧……

请在欣赏它的同时，
努力保护好它，
因为它是
中国极致风光
最丰富的山脉。

右侧图 大雪山脉 / 摄影 姜曦
图中远处最高的山峰为贡嘎山。

九寨沟：
毁灭与创造

4/11

如果我们了解九寨沟的形成历史，就会明白，一处风景想要『修炼』到九寨沟的级别，它所要经历的『磨难』是超乎想象的。对大自然而言，一次地震带来的损伤实在微不足道。因为对它来说，一切磨难皆是修炼，一切毁灭皆是创造。

2017 年 8 月 8 日 21 时 19 分，一场突如其来的里氏 7 级地震，袭击了中国著名的旅游风景区——九寨沟。

原本色彩斑斓的多个高山湖泊坝体坍塌，湖水瞬间下泄，几乎干涸。昔日宽近 300 米、有着珠帘水瀑的诺日朗瀑布，变得荒败狼藉，犹如乡野土坡。

从仙界跌落凡尘，九寨沟仅仅用了一天的时间。变化之快，令人唏嘘。人们或为已经饱览九寨沟的风光而庆幸，或为尚未欣赏其美景而遗憾，似乎九寨沟的破败已成定局。

美景真的就此消失了吗?

当然不是。

如果我们了解九寨沟的形成历史，就会明白，一处风景想要“修炼”到九寨沟的级别，它所要经历的“磨难”是超乎想象的。对大自然而言，这点损伤实在微不足道。

一切磨难皆是修炼，一切毁灭皆是创造。

右侧图 诺日朗瀑布 / 摄影 林榕生

诺日朗瀑布形成时间为 21.3 万年前至 18.9 万年前。2017 年 8 月 8 日地震时，该瀑布再次发生严重崩塌。

壹 雏形

九寨沟位于青藏高原东缘，地处青藏高原向四川盆地的过渡地带。4 亿年前，这里还是一片浅海。海水清澈温暖，阳光直射海底。大量古生物在此繁衍生息，一天又一天的光合作用，一代又一代生物死去之后残留的骨骼，使得一种毫不起眼的物质开始在此经年累月地聚积。这种物质便是钙。

钙以碳酸盐岩的形式沉积在海底，亿万年后其总厚度高达 4000 米。在久远的未来，它将是形成九寨沟美景最重要的物质基础。

约 6500 万年前，印度板块与欧亚板块开始碰撞，青藏高原剧烈隆起。到距今 330 万年前，青藏高原的东缘已经隆升到海拔 3000 米左右。一座覆盖着厚厚的碳酸盐岩层、有着平缓山体的高原山地诞生了。这便是九寨沟的雏形。

与此同时，毁灭与创造之神开始降临，九寨沟的未来注定变化无穷。

左页图 岷山山脉 / 摄影 欧阳红
图为九寨沟附近山域，照片拍摄于成都飞往九寨黄龙机场途中。

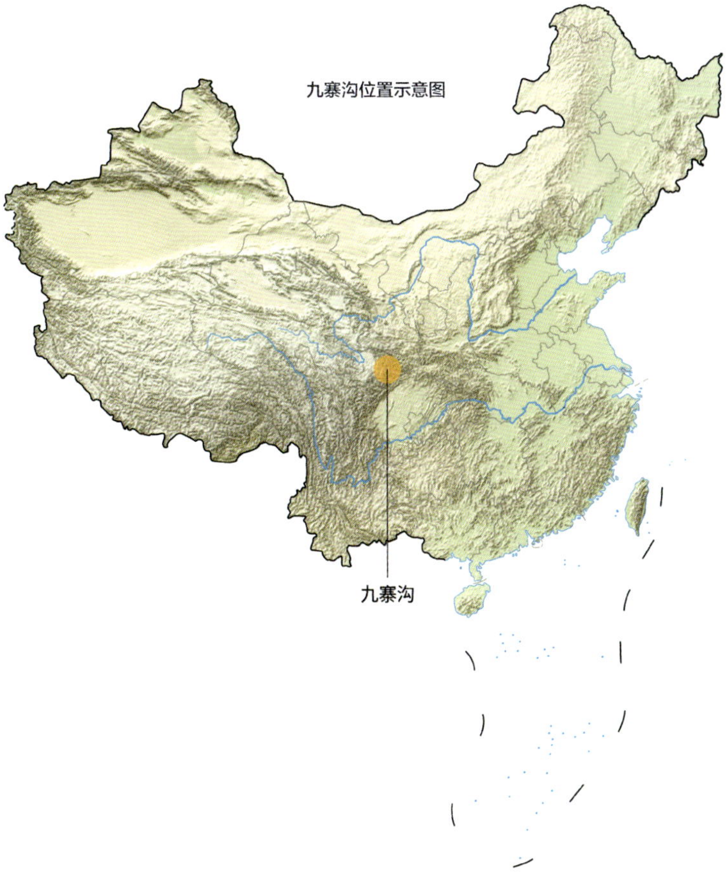

贰 第一次毁灭与创造

首先登场的“毁灭者”与“创造者”是冰川。

260 万年前，冰期来临，全球气温骤降，作为高原山地的九寨沟孕育出了大规模的山岳冰川。冰川对山峰产生强烈的剥蚀作用，山峰平缓的外壳被冰川破坏，一座座山峰开始变得陡峭。其中最重要的山峰有三座，分别是扎依扎嘎山、达戈山、沃洛色嫫山。扎依扎嘎山海拔为 4400 米，其山峰尖削峥嵘，直刺苍穹。沃洛色嫫山海拔为 4114 米，其身姿巍峨，时常雾气缭绕。达戈山海拔为 4106 米，由裸露的石灰岩构成，山势挺拔、雄健。

初步完成对山峰的剥蚀之后，气温上升，冰川消融，一场更大的破坏正在酝酿。

距今 70 万年前，第二次冰期席卷而来。此次形成的冰川规模更大，切割势头更加猛烈。平坦的高原大地被划出一道道高深宽阔的“U”形谷。今天九寨沟景区内的重要沟谷，多数都在此时由冰川侵蚀形成。典型的如则查洼沟，它长近 32 千米，是九寨沟景区内最长的一条沟。其两岸岩壁陡立，最窄处仅 20~30 米，从空中俯瞰，颇有君临长江三峡之势。

右页上图 沃洛色嫫山 / 摄影 张林阳

沃洛色嫫山海拔为 4114 米（亦有海拔数据标为 4136 米）。照片拍摄于树正寨。

右页下图 达戈山 / 摄影 张林阳

达戈山海拔为 4106 米（亦有海拔数据标为 4200 米）。当地传说达戈为男神山，沃洛色嫫为女神山，是一对历经磨难的恋人。照片拍摄于珍珠滩。

冰川侵蚀作用示意图

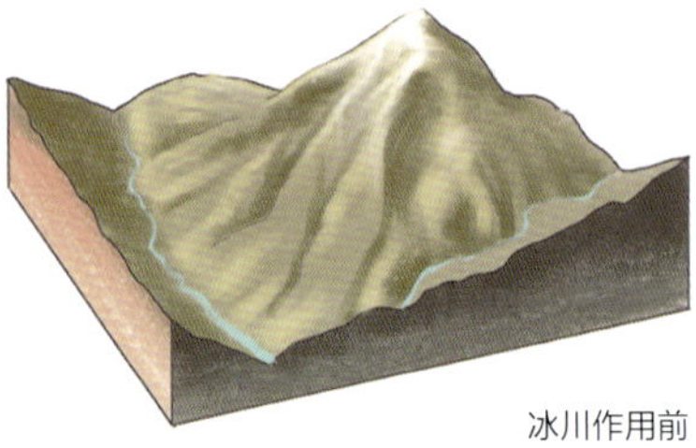

冰川作用前

河流切割山谷，河谷多为“V”形

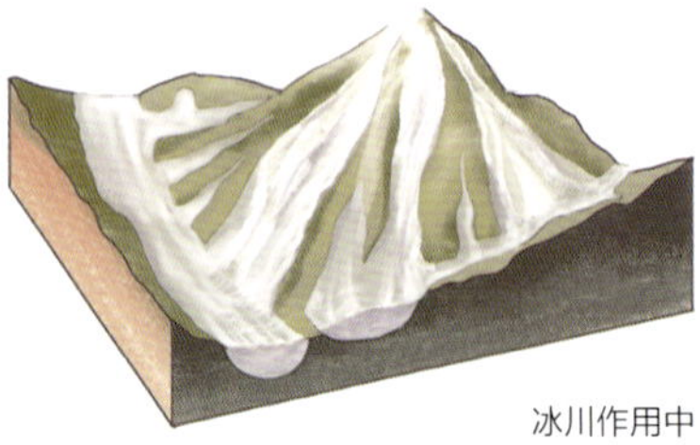

冰川作用中

冰川及冻土对山体进行侵蚀

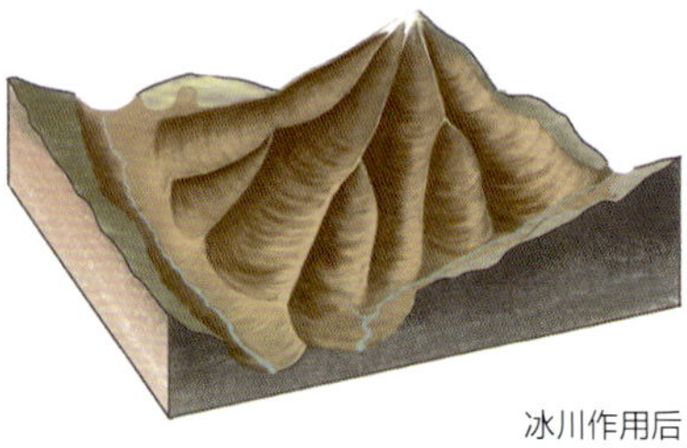

冰川作用后

山体山势嶙峋，河谷呈“U”形

23 万年前，冰川退却，原来覆盖着冰川的山体中出现了多个冰斗湖。例如扎依扎嘎山附近的黑湖，因为湖水较深，在周围白雪的映衬下显得通体漆黑。在海拔更低的沟谷，则形成了多个冰碛湖，最著名的当属九寨沟内最大的湖泊 ——长海。它在丰水期的容积达 4600 万立方米，相当于三个西湖。如此大的一个湖泊在形成的同时，也侵夺了下游古湖泊的水量，造成下游古湖泊干涸消失。可谓有生必有死。

左页上图 冰斗湖 / 摄影 钱玮

九寨沟区域的一处冰斗湖。古冰川侵蚀形成冰斗后，冰川消融退缩，冰斗聚水成湖，即为冰斗湖。

左页下图 长海 / 摄影 龚强

长海形成时间在 23.5 万年前至 19 万年前。图为冬季湖面冰封的长海。

九寨沟景区主要景观分布图

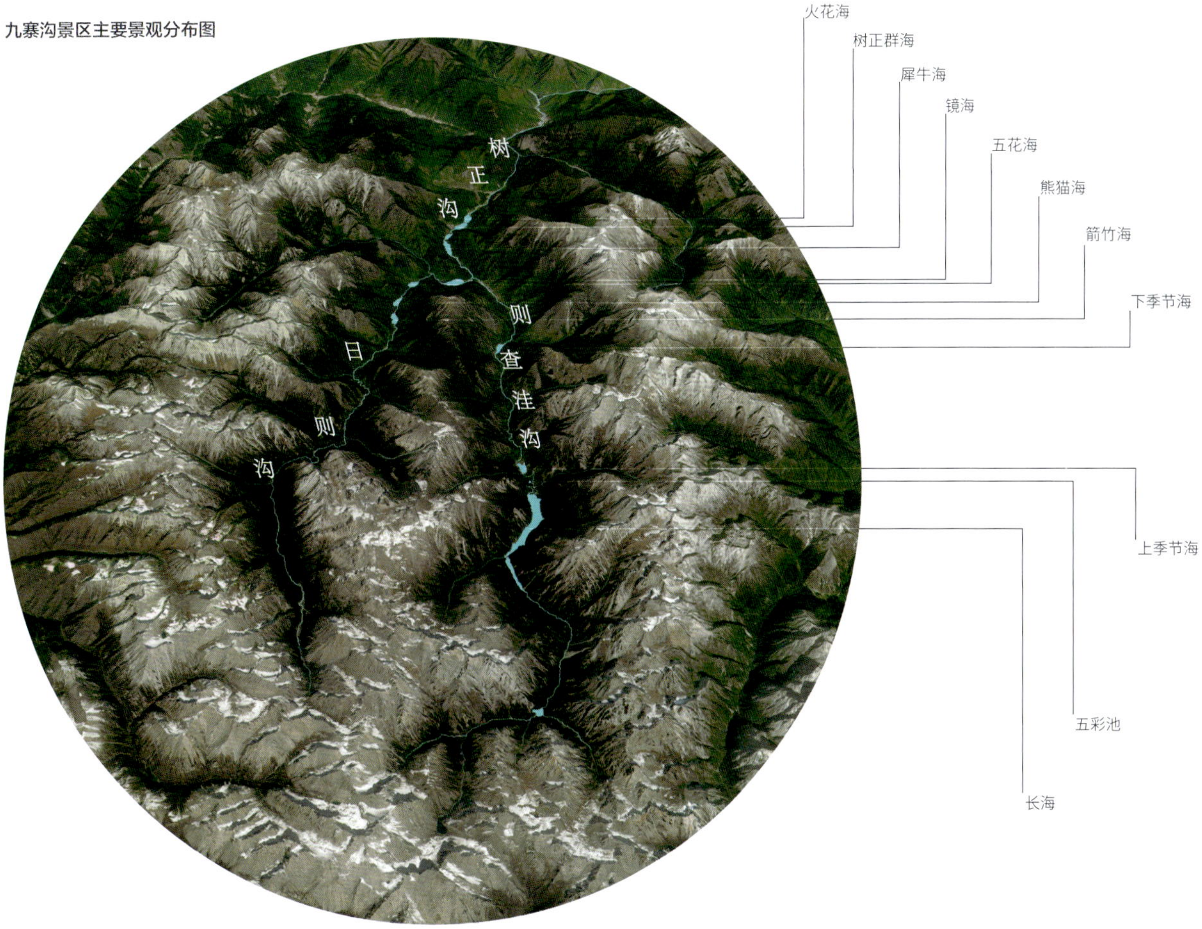

叁 第二次毁灭与创造

被冰川侵蚀过的大地变得异常脆弱，一群比冰川更加“闹腾”的“毁灭者”与“创造者”开始频繁发威。

它们是由地震、重力作用所造成的崩塌、滑坡、泥石流等。

21 万年前，诺日朗南北山体大量崩落，崩滑物质急剧叠加，在谷底水流之处逐渐堆积成了一个微凸的弧形直立崖面。九寨沟内最宽的瀑布——诺日朗瀑布，诞生了。不同季节，诺日朗瀑布被周围的植被衬托得多姿多彩。完全无法想象这样一处美景是因山体崩落而诞生，却又因地震而被毁。

诺日朗瀑布下游的树正瀑布，也同样是由崩塌、滑坡形成。

历经冰川、崩塌、滑坡而遭“毁灭”的九寨沟，一波未平一波又起。

诺日朗瀑布 / 摄影 魏炜

诺日朗瀑布由山体崩塌形成，后期的钙华堆积让它更加动人。此航拍图则带给了我们一个更加难得的视角。

16 万年前，第三次冰期来临。“洪荒之力”层层加码，不但大小沟谷继续加深、加宽，许多地方还形成了大量堆积物堵塞河道的情形。堵塞之处又积水成湖，形成堰塞湖。

号称“九寨沟最美湖泊”的五花海，也在此时因泥石流阻塞河道而形成。至今，两岸均可见泥石流扇伸入湖中。五花海上游的箭竹海，亦由同样的原因形成。

由早期冰川作用而形成的湖泊也逃脱不了被崩落的石块阻塞、破坏的命运。然而命运总是这样奇特，被“破坏”之后的湖泊反而变得比之前更大、更美丽。例如熊猫海，湖水面积达之前的数倍，湛蓝的颜色就连蓝宝石都无法比拟。不过，熊猫海两岸群山夹峙，如若发生山体崩塌，非常容易形成新的堰塞物，从而改变其现状。

左页图 熊猫海 / 摄影 李珩

熊猫海，岩石崩塌阻塞河道形成的堰塞湖，其形成时间为 23.5 万年前至 19 万年前。
此外，阻塞河道的还包括生物钙华堆积物。

堰塞湖形成示意图

山区河谷深邃，两侧坡地陡峭

地震、火山喷发等原因造成山体崩塌、滑坡，崩塌物阻塞河道

受阻塞的河床上游积水，形成堰塞湖。堵塞物容易受冲刷、侵蚀，再次崩塌，产生巨大破坏

肆 第三次毁灭与创造

与冰川、崩塌、滑坡、泥石流相比，另一个“毁灭者”与“创造者”则是润物细无声的，它便是水。

大量的降水使得九寨沟地下的碳酸盐岩地层被破坏，形成了一个极为强大的地下水系统。几乎随处可见被水切出的裂缝或洞口。水顺着溶岩的缝隙流入或流出，流出地表的部分化身为美丽的河流，沿着沟谷将一个个湖泊串联起来。

水流不但为湖泊提供了补给，还带来了上文中提到的重要物质——钙。水将碳酸盐岩中的钙质溶解，在沿途不断沉积，所形成的沉积物被称为钙华。钙华黏附于岩石、湖底，甚至附着于跌落于水中的树木上。

一万年前，钙华沉积逐步进入稳定期。今天我们所看到的九寨沟的钙华，绝大部分都形成于这一时期。小小的钙华积少成多，开始显现出极强的破坏力。它们累积成堤坝，将河流切割得支离破碎，却也创造出了新的风景。最为典型的是树正群海。钙华累积的堤坝在沟谷中形成了大大小小的 23 个海子，紧密相接，连绵 600 余米。秋季层林尽染，究竟是水上长满了五颜六色的植物，还是陆地上布满了碧玉水体，已然无法分辨。

下图 树正群海 / 摄影 曾勇前

此图为树正群海全景。崩塌的岩石及钙华沉积将树正群海分割成许多小湖泊。

右页图 五花海 / 摄影 张坤琨

水底树木为钙华所覆盖。另外，有一个真相：一般家庭烧水壶底的水垢与钙华为同一种物质，美与丑的差别在于它所处的位置。

钙华的沉淀还会形成瀑布。以箭竹海瀑布为例，不断累积的钙华逐渐将河道抬升，从而形成瀑布台基。水流倾泻而下，美轮美奂。落差更大的珍珠滩瀑布也是如此。就连诺日朗瀑布也是因为钙华才得以变得更加壮观。

钙华的色彩还在更大程度上丰富了九寨沟的景观。根据生长在表面的微生物群落的不同，钙华会呈现出不同的颜色，包括淡黄色、黄褐色、灰白色、浅灰色、灰黄色等。

这些颜色不一的钙华沉积在湖底，再加上周围植物的缤纷色彩，幻化出一个极为绚烂的世界。湖底的钙华、藻类、水草、枯木对光的不同反射与吸收，加上蓝天、白云、绿草、彩林映衬，“五花”显然不足以形容它的多彩。

冰川、崩塌、滑坡、泥石流、流水、钙华，这些“毁灭者”与“创造者”就这样合力完成了一件惊世的艺术品的创作。然而，事情还没有结束。

左页图 珍珠滩瀑布 / 摄影 山风

86 版电视剧《西游记》片尾中，唐僧师徒牵马涉水的地方即为珍珠滩瀑布。

下图 箭竹海瀑布 / 摄影 张坤琨

秋日的箭竹海瀑布，金色的树木与蓝色的海子相映成趣，流动的瀑布则使得画面更加灵动。

伍 未来

几十年前，人类带着现代伐木工具进入九寨沟。1968—1979 年的 12 年间，人们每年以超过 10 万立方米的速度砍伐林木。森林整片整片地消失，水土流失、泥石流灾害加剧，沟内的海子有三分之一发生干旱。直到 1978 年建立自然保护区，1992 年被列入世界遗产，九寨沟地区大规模的人类破坏才逐渐被消除。

浩浩汤汤 4 亿年的成长，一边毁灭，一边创造，没有力量可以阻挡九寨沟的日新月异。

今天，一场地震自然无法毁灭九寨沟的美。

未来的九寨沟，一定会有旧的景观消失，也一定会有新的景观诞生。但无论如何，它都将纯净似海，都将如梦如幻，都将万紫千红。

犀牛海 / 摄影 曾勇前
秋天，九寨沟沟谷两岸层林尽染，植被与水中倒影亦真亦幻，构成了九寨沟最迷人的画面。

四姑娘山：冰与岩之歌

5/11

近年来，在四川西部，一处『全新』的峰群以凌厉之势脱颖而出，成为众人瞩目的焦点，它便是四姑娘山。四姑娘山风景优美，人称『蜀山皇后』。在高手云集的登山攀岩界，四姑娘山的名气甚至比珠峰还要响亮。来自西方的登山者、攀岩者喜欢将其称为『东方的阿尔卑斯』或『中国的优胜美地』。

青藏高原与四川盆地的挤压碰撞，在四川西部形成了广袤的高原和连绵的山脉，包括沙鲁里山脉、大雪山脉、邛崃山脉、岷山山脉、松潘高原等，我们将其统称为“川西高原”。

这里高山与峡谷毗连，清泉与激流交汇。从水色甲天下的九寨黄龙，到国宝大熊猫栖息的卧龙自然保护区；从人间净土稻城亚丁，到巍峨的横断山脉最高峰贡嘎山，一众引人入胜的美景在此扎堆聚集。

在群星闪耀之下、层层包围之中，近年来，仍有一处“全新”的峰群以凌厉之势脱颖而出，成为众人瞩目的焦点，它便是四姑娘山。四姑娘山风景优美，被人们认为是四川“第二高峰”，人称“蜀山皇后”。

在高手云集的登山攀岩界，四姑娘山的名气甚至比珠峰还要响亮。来自西方的登山者、攀岩者喜欢将其称为“东方的阿尔卑斯”或“中国的优胜美地”[①]。成功登顶者屈指可数，他们可以因此收获来自全球的赞誉与拥趸。英国登山家米克 · 福勒[②]（Mick Fowler）曾说：

> 我从杂志上第一眼看到四姑娘山的西北壁时，就被这座山峰震撼到了，并陷入了久久的沉思和狂喜……四姑娘北壁是我至今攀登过的最宏伟的路线，四姑娘山也是最具魅力的山峰。（米克 · 福勒《如履薄冰》）

① 优胜美地，一般指约塞米蒂国家公园，位于美国西部加利福尼亚州，是美国国家公园。

② 米克 · 福勒于 2002 年登顶四姑娘山主峰幺妹峰，并因此获得登山界的最高荣誉 —— 金冰镐奖。

左页图 幺妹峰倒影 / 摄影 大川健三
照片拍摄于羊满台海子。

壹时运不济

然而，与人们的认知不同的是，四姑娘山绝非四川第二高峰。它主峰的海拔为 6247.8 米，这个高度甚至无法进入前五名。贡嘎山所在的大雪山脉有许多独立山峰，例如海拔为 6886 米的中山峰、海拔为 6618 米的爱德嘉峰、海拔为 6540 米的嘉子峰、海拔为 6376 米的日乌且峰，都比四姑娘山高。

不但“身高”不足，四姑娘山还长期时运不济。它是川西风景中最被无视的一个，在“冷板凳”上坐了千年之久。当川西各处的风光陆续“功成名就”之时，它依然沉寂寡闻，少人赏识。

右页上图 央迈勇峰 / 摄影 温钧浩
稻城亚丁三神山之一的央迈勇峰，海拔为 6033 米。

右页下图 贡嘎山 / 摄影 南卡
从雅哈垭口拍摄贡嘎山，此时山峰上空正好出现了独特的帽子云。

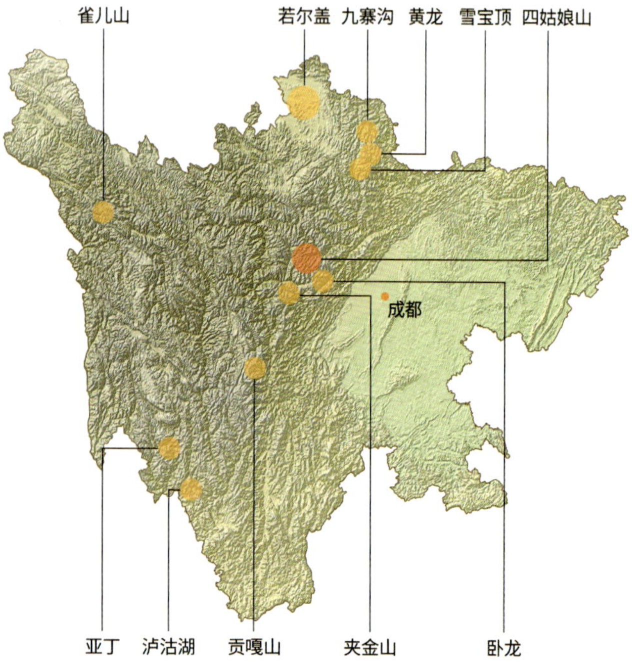

川西地区主要景观分布示意图

上图 成都遥望雪山 / 摄影 尹攀
照片拍摄于 2017 年 9 月 7 日成都郫都区一小区楼顶。朝阳下，四姑娘山主峰幺妹峰一峰独秀，远比其他山峰醒目。

第一次时运不济

1200 年前，诗圣杜甫在成都遥望“西岭”留下了千古名句：

> 窗含西岭千秋雪，门泊东吴万里船。（杜甫《绝句》）

这就像是一句为四姑娘山量身打造的诗句。四姑娘山与成都市的直线距离仅 120 千米，从市区向西眺望，终年积雪的白色巨峰清晰可见。

有此名句，四姑娘山似乎就要扬名立万了。然而杜甫并没有给出“西岭”的具体位置，后人也一直为此争论不休。与成都直线距离约 80 千米的另一座山峰，在之后借势更名为“西岭雪山”，从此名扬海内。

四姑娘山则与诗圣失之交臂。人生的冷暖，只在刹那。

第二次时运不济

19 世纪后半叶，法国传教士在四川发现了大熊猫，这种中国特有的物种及川西山地里丰富的各色动植物，引起了西方生物学家强烈的兴趣。他们的探查遍布四姑娘山周边，但雪峰并没有引起太多关注，反而是东侧紧邻的几个不起眼的山谷开始名声大噪。那便是今日以野生大熊猫著称的卧龙自然保护区。

四姑娘山则再次被忽视。

第三次时运不济

20 世纪 20 年代，西方探险家对川西的考察变得更为全面，各种山峰开始大量进入人们的视野。

“蜀山之王”贡嘎山凭借其高度优势自然受到最多的关注。《国家地理》杂志的著名撰稿人约瑟夫 · 洛克甚至将贡嘎山的海拔错误地计算为 9000 多米，一时间，其“世界最高峰”的名头传遍了世界。

稻城亚丁的三神山，虽然没有高度优势，但凭借柔美的山形，也在此时被探险家记录并向外传播。

而高度、山形皆不占显著优势的四姑娘山，则第三次被外界错过。

第四次时运不济

20 世纪 30 年代，长征中的红军队伍进入川西，接连翻越诸多雪山，包括四姑娘山南部的夹金山、北部的岷山等。这些有着红军足迹的川西山脉，都在红色年代的热血记忆中变得家喻户晓：

> 更喜岷山千里雪，三军过后尽开颜。（毛泽东《七律 · 长征》）

而这一切仍与四姑娘山无关，虽然红军最近的会师地（达维）距离四姑娘山仅 20 千米，但它并不在红军前进的交通要道上。红军会师后随即北上甘陕，四姑娘山注定与革命历史无缘。

第五次时运不济

20 世纪 60 年代，伐木工人带着现代设备进入九寨沟。这里充裕的森林资源可以让工人们以每年 10 万立方米的速度采伐林木。连年大量的采伐最终引起了外界的关注。人们发现，保护九寨沟优美的自然景观，远比采伐森林资源创造财富更为重要。于是，九寨沟抓住机会率先“时来运转”，在现代中国人的自然保护意识的萌芽阶段，成为较早建立的国家级自然保护区之一。

而此时的四姑娘山依然被养在“深闺”，尚不知“自然保护区”为何物。

既非中国传统名山，又不是近代西方探险家的焦点，更与革命历史无缘，大器晚成的四姑娘山将会以何种方式示人？这位神秘的“姑娘”究竟有何迷人之处？

这需要我们从四姑娘山中的两大元素说起。如果将这两大元素独立出来，并不特别出众，但是当它们相互交融、共生共存时，奇迹便会出现。

左侧图 九寨沟五花海 / 摄影 曾勇前

秋季的五花海，五彩的植被与湖中倒影相映衬，一片斑斓。

贰 冰与岩之歌

元素之一：冰

百万年以来，冰期多次降临四姑娘山，使得高原山地上发育了大规模的山岳冰川。

冰川在大地上持续切割，形成密布的“U”形山谷。之后，冰川退却，冰川融水与降水形成的河流继续塑造大地。“U”形谷被流水不断深切，形成“V”形谷。例如长坪沟，从谷底观看，两侧山体呈现出明显的“V”形。

右页图 长坪沟 / 摄影 苏铁

四姑娘山长坪沟，冰川侵蚀形成的“U”形谷，后经流水改造，逐渐趋于“V”形。从图中可以看出，长坪沟沟谷为“U”形套“V”形形式。

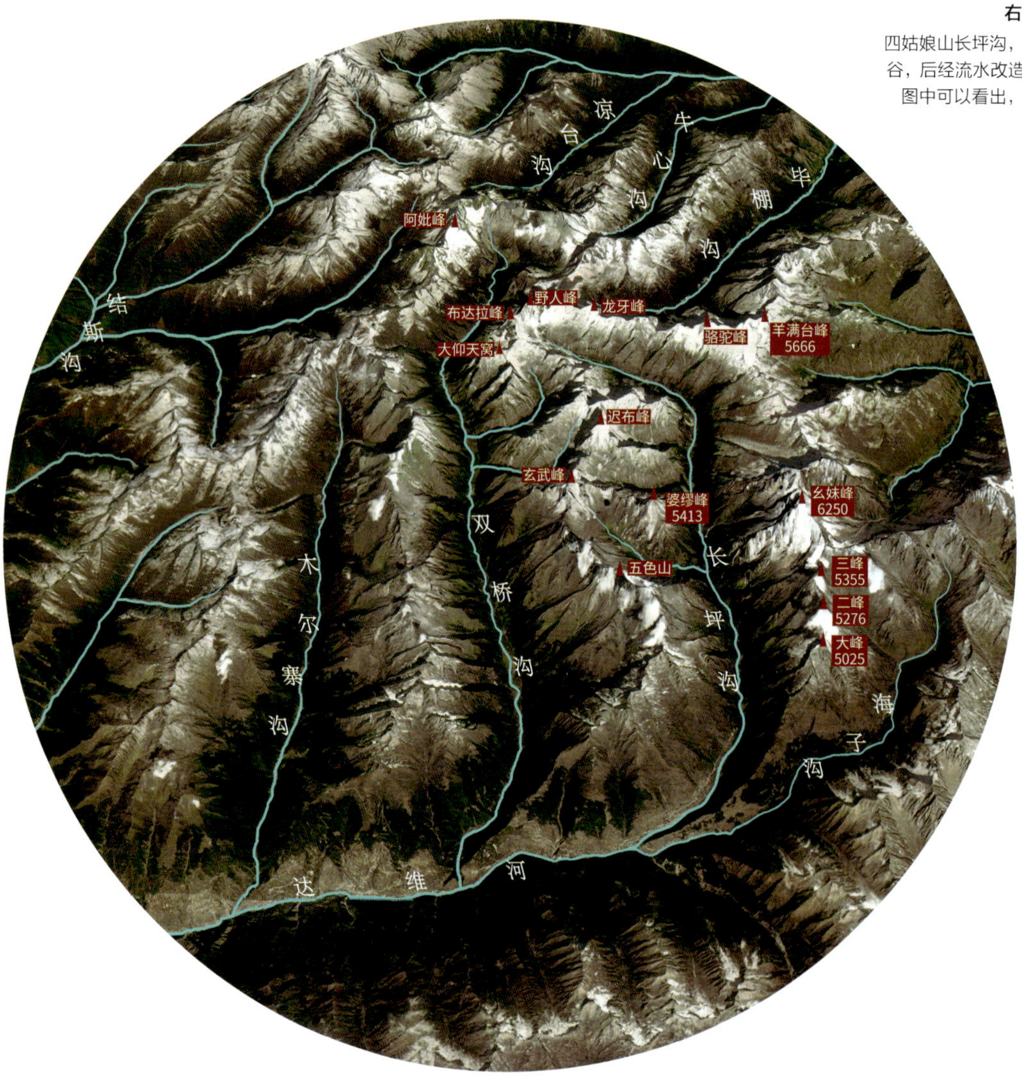

四姑娘山主要沟谷与山峰分布图

“V”形谷往往比“U”形谷显得更加深邃、陡峭。山峰与谷底的相对高差可达 2000~3500 米，形成山高谷深的即视感，或云横山腰，或雾满深谷。

谷内降水丰富，温度适宜，形成了重要的动植物走廊带。其中，国家级保护动物多达 31 种，高等植物有 1000 余种，如血雉、喜马拉雅旱獭、水母雪兔子、西藏杓兰。繁多的物种将四姑娘山的沟谷装点得繁花似锦，清雅别致。

左页上图 双桥沟人参果坪 / 摄影 黄继舟
该处草甸中生长着一种名贵的蔷薇科植物——鹅绒委陵菜，当地人称之为“人参果”，因而此地得名“人参果坪”。

左页下左图 水母雪兔子 / 摄影 大川健三
水母雪兔子与雪莲同属雪莲亚属，当地人也习惯称其为“雪莲”。照片拍摄于海拔 4800 米处，背景为幺妹峰。

左页下右上图 血雉 / 摄影 大川健三
血雉，别名血鸡、松花鸡。血雉的雄鸟大覆羽、尾下覆羽、尾上覆羽、脚、头侧、蜡膜皆为红色，故称血雉。

左页下右中图 喜马拉雅旱獭 / 摄影 大川健三
一只喜马拉雅旱獭似乎在对着小黄花“思考獭生”。照片拍摄于海拔 4500 米处。

左页下右下图 西藏杓兰 / 摄影 黄继舟
兰科杓兰属植物，多生长于深山幽谷之中。

冰川不仅切割山谷，还在 4000~5000 米的山地刨蚀出大量冰斗。当冰川消融，冰斗蓄上水，便形成了冰斗湖。如迟布海子、婆缪海子、白海子。其他类型的冰蚀湖、冰碛湖也屡见不鲜，各种海子可谓星罗棋布。

除了冰川遗留的地貌，沟谷内发达的水系还会在冬季形成壮观的冰瀑，仅双桥沟就有上百条冰瀑。

右页图 迟布海子 / 摄影 大川健三

迟布海子，位于海拔 4600 米处，是典型的冰斗湖。

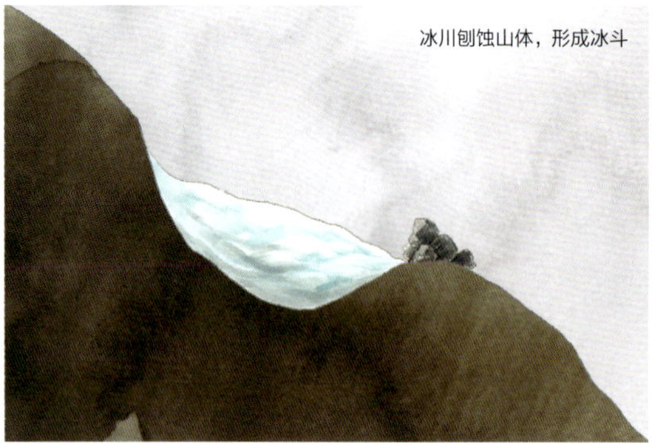

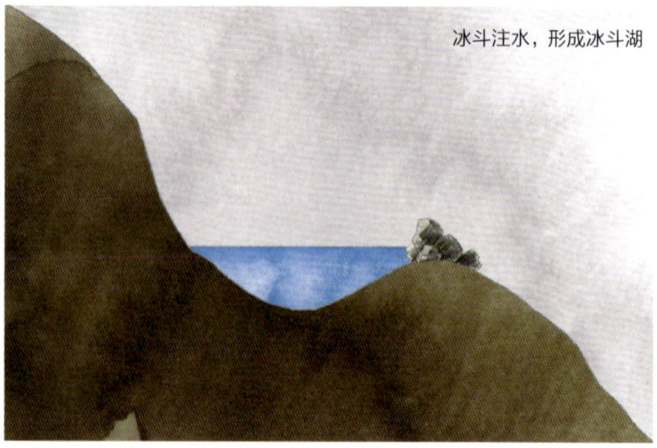

冰斗湖形成过程示意图

元素之二：岩

青藏高原的剧烈抬升，使得大量岩石从地表露出，其中一种由地下岩浆在高压下形成的岩石，质地坚硬，色泽美丽，名为花岗岩。

四姑娘山的主体由花岗岩构成，它含有丰富的钾钠元素，经过风化后容易形成酸性土壤，有利于植被生长，创造出多种独特的地理现象。

有一种红色藻类在四姑娘山沟谷的花岗岩上密集生长，形成了大面积的红石景观。原本作为落叶灌木的沙棘也“疯吃猛长”，长成了高大的乔木，树高可达 10 米以上。

水中溶解了过量矿物质，甚至会干扰鱼类代谢，令其难以繁殖。四姑娘山的某些沟谷内几乎没有鱼类生长，就连人工放养的鱼类也无法存活。

右页上图 长坪沟沙棘林 / 摄影 石耀臣

与很多地方的沙棘植株多为灌木不同，四姑娘山地区的沙棘植株多为乔木，图中沙棘林和马匹形成对比，可以清楚地感受到沙棘植株的高大。

右页下图 毕棚沟球溪红石 / 摄影 苏健

在南方高海拔地区，一种橘红色藻类常会附着在岩石上，形成红石滩。

花岗岩带来的最重要的景观，则非花岗岩峰群莫属。

冰川强大的剥蚀，加上风化，将山峰外围脆弱的岩体切削殆尽，余下以花岗岩为主体的山体坚硬、刚强地耸立天际。四姑娘山区域内海拔为 4500 米以上的山峰，几乎全是峥嵘、尖削的角峰。如龙牙峰、鹰嘴岩、野人峰、迟布峰、布达拉峰、羊满台峰、骆驼峰，或飘于天际，或浮于云海。

最突出者当属婆缪峰。无论从哪个角度观看，人们都会被它醒目的山体所吸引。它可与白云握手，可与蓝天比高，可与秋叶同欢，可与白雪话冬。

除了花岗岩山峰，其他变质岩石所形成的山峰也同样精彩。

比如，阿妣峰与马特洪峰极为相似。位于长坪沟和双桥沟之间的五色山最为殊异。在漫长的地质演化过程中，原本水平的地层被巨大的力量弯曲，形成一个向斜构造。不同的地层又有着不同的颜色，呈现出灰白、灰黄、浅绿、紫红、灰黑五色的半圆弧，一圈圈，一环环，排列出规则的数十层结构，在太阳的照耀下呈现独特的幻彩。

如此众多的岩峰聚集在四姑娘山区域，各个峥嵘万千，各个桀骜不驯，这是何等恢宏的气势！

左侧左图 白云下的婆缪峰 / 摄影 石耀臣

左侧中图 青松掩映下的婆缪峰 / 摄影 毛峰

左侧右图 雪后婆缪峰 / 摄影 毛峰

五色山 / 摄影 黄继舟

五色山是岩层在地质活动中受挤压变形弯曲形成的褶皱，是一个典型的向斜构造。

冰与岩的交响曲

有了冰，有了岩，冰与岩的交响曲即将启幕。

20 世纪 90 年代，日本摄影师大川健三来到四姑娘山。这里的极致风光让他很快决定要用一生来拍摄和推广四姑娘山。

随后，更多的摄影师也加入进来，“蜀山皇后”的美逐渐向外传播。其美景最大的特点在于冰川、河流塑造的海子与形态各异的岩峰共同绘成的倒影。

沟谷中的湖泊，可以映出完整的山体，加上天光彩云，可谓如梦如幻、如痴如醉。

左页上图 隆珠错晨雾 / 摄影 高江峰
隆珠错为双桥沟内一处湖泊。清晨时分，山峰与倒影相映，如梦如幻。图中主要山峰为大、小仰天窝。

左页下图 四姑娜错晚霞倒影 / 摄影 高江峰
四姑娜错为双桥沟内一处湖泊。画面中主要的山峰为阿妣峰。

海拔 4000 米以上的冰斗湖更为精彩，如此高的海拔可以将 5000 多米的岩峰拦腰截断，只将顶峰映入湖面。而那些岩峰的精华之美，恰恰就在于顶峰的形态多姿。同时，站在这样的高度，会让观赏者有种与山平齐的错觉。

当冰雪满山，倒影升级为雪山倒影。

冰与岩的交响将达到极致中的极致。整个世界都化作了冰雪世界，连照片本身仿佛都是一捏即碎的晶莹冰体。

海拔 6250 米的幺妹峰倒影，更是跳出了 5000 米岩峰的美景竞争，直接幻化为仙境，或妩媚多姿，或纯净超然。

右侧上图 婆缪峰倒影 / 摄影 大川健三

右侧下图 八角棚海子 / 摄影 苏铁

八角棚海子位于海子沟沟谷南侧山坡上，在这里可以拍到幺妹峰南壁倒影。

叁 攀登殿堂

在冰与岩造就的雪山倒影被摄影师们发现时，登山者、攀岩者、攀冰者也注意到了四姑娘山的独特之处。

这里的岩峰与美国著名的攀岩圣地——优胜美地类似，但四姑娘山的海拔更高，山峰的选择也更多，堪称“岩石的殿堂”。正如米克 · 福勒所言：

> 我们如同置身于优胜美地和阿尔卑斯霞慕尼的混合景色中，只是这里的气势要雄伟得多。（米克 · 福勒《如履薄冰》）

1983 年，美国人首登海拔为 5413 米的婆缪峰。之后，岩壁攀登越来越活跃，各国的攀岩高手争相到访，陆续在骆驼峰、牛心山、布达拉峰等完成首登。最引人瞩目的婆缪峰，到 2014 年，已经被开辟出 9 条攀登路线。

最热门的景观自然属于从北到南一字排开的四座山峰：幺妹峰、三姑娘山、二姑娘山和大姑娘山。其中大姑娘山、二姑娘山、三姑娘山的攀登难度都不大，属于入门级山峰。

真正的挑战在于幺妹峰。它身姿峥嵘，脊如刀刃，三个壁面都堪称冰与岩的完美组合。其中，西北壁是一个近乎垂直的花岗岩大墙，沟槽内的冰雪极不稳定；南壁有冰川，冰川破碎，裂隙极多，岩石也风化严重，极易剥落；东壁在三个面中的冰川最多，加上山脚沟谷交通不便，极难接近。

右页左图 攀登羊满台 / 摄影 阿左
攀登者正在投入一场高难度的攀登活动中。

右页右图 双桥沟冰壁 / 摄影 阿左
双桥沟的众多瀑布在冬季冻结，形成冰瀑，也成了冬季攀冰运动的天堂。

攀登玄武二峰 / 摄影 阿左

此图拍摄于玄武二峰攀登途中，图中右侧山尖上有攀登者。

然而，这一切并没能阻止登山者的脚步，反而吸引了众多优秀的登山者。自 1981 年日本队从东南山脊首登成功，已有 12 支队伍完成了对幺妹峰的攀登。而这些攀登成果几乎都成为登山界的经典案例。

其中，最为著名的当属 2002 年英国人米克 · 福勒完成的难度极高的西北壁攀登，他也因此获得当年的金冰镐奖。中国人的首登则来得稍微晚一些，由马一桦等人于 2004 年完成。不过，最激励国人的还是周鹏、严冬冬在幺妹峰南壁上成功开辟的“自由之魂”线路。可以说，这次攀登点燃了中国阿式攀登①的星星之火。有意思的是，2011 年，一支法国登山队再次成功挑战北壁后，将登顶路线命名为“你好漂亮”。

① 阿式攀登，即阿尔卑斯式攀登，通常指在高山的环境下，由一个人或两三个人的小队来爬山，以轻便的装备、快速的行进速度前进。

下图 四姑娘山 / 摄影 王鹤

四姑娘山的幺妹峰、三姑娘山（三峰）、二姑娘山（二峰）、大姑娘山（大峰）从左向右依次排开，海拔分别为 6247.8 米、5355 米、5276 米、5025 米。

右页上图 幺妹峰西北壁 / 摄影 苏铁

幺妹峰西北壁是一块陡直的花岗岩壁，攀登极为艰难。

右页下图 幺妹峰南壁 / 摄影 欧阳凯

幺妹峰南壁是幺妹峰最为常见的一个壁面。面上岩石组合可以隐约看出一张“人脸”形象。

是的，四姑娘山，你好漂亮！

幺妹峰东壁 / 摄影 黄继舟

从成都遥望幺妹峰，看到的即为这一面。

2

伊犁：遥远西部的一

罗布泊：楼兰生死五

甘肃：愈多元愈美丽

西安：鲜衣怒马一千

成都：烟火人间三千

梵净山：红尘孤岛

个角落
千年

年
年

伊犁：遥远西部的一个角落

1/2

高大的天山，在伊犁形成了一个朝向西方的喇叭口，一个超级集雨器诞生了。就这样，本应干旱的伊犁，在西风带来的水汽的帮助下，成了新疆乃至亚洲内陆水资源条件最好的区域之一。伊犁也就成了一个经营西域的关键命门。

今日的新疆地域广大。

一条天山横亘中央。塔里木盆地、准噶尔盆地分立两侧，昆仑山、阿尔泰山南北夹峙。从高山、沙漠、草原，到河流、湖泊、绿洲，地貌之丰富、物产之多，全国无出其右。

为拥有这块热土，中国人努力了 2000 多年。从西汉张骞，到东汉班超、班勇，再到唐朝名将苏定方、高仙芝，无不为经营西域费尽心血。

然而，强盛如汉唐，西域仍然避免不了降而复叛、叛服不定。甚至在宋元明三朝的数百年间，中央政权基本失去了对西域的有效治理。

如果这种状况长期持续，中国也许将永远失去西域。危急之秋，一个经营西域的关键命门出现了。

它就是伊犁。

公元 1755 年，清朝乾隆皇帝派遣大军进入伊犁河流域。随后数年间，整个西域渐次重归。之前历朝历代从未重视过的遥远的伊犁，居然改写了历史。今日中国的西北版图就此奠定。法国历史学家勒内 · 格鲁塞在其经典著作《草原帝国》的结尾写道：

> 乾隆皇帝对伊犁流域……的吞并，标志着中国在历经 18 个世纪之后，实现了班超时代就制定的目标，即定居民族对游牧民族、农耕地区对草原的还击。

可以说，如果没有清朝当年对伊犁雄心勃勃的经营，就没有今日之新疆。完成“旷世武功”的乾隆皇帝也颇为得意。他在官修文献中明定“伊犁”[1]之名：

> 犁庭扫闾，一统西域。

遥远的伊犁真的有这么厉害吗?

① 伊犁之“犁”定名于清代官方编修的《钦定西域同文志》，取意“犁庭扫闾”，闾音 lǘ，即犁平敌人的庭院，扫荡敌人的街巷。但也有学者认为这种说法缺乏足够的依据，伊犁应与其古代的其他名称“伊列”“伊里”一样，仅为古代少数民族语言音译。

伊犁乾隆御笔格登山纪功碑 / 摄影 赖宇宁

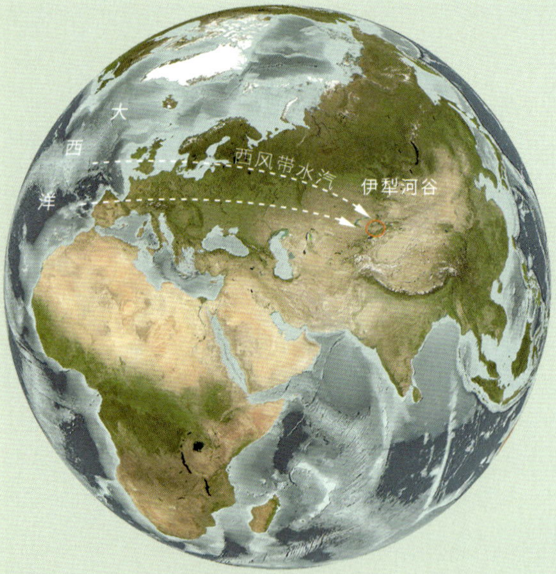

伊犁河谷水汽来源示意图

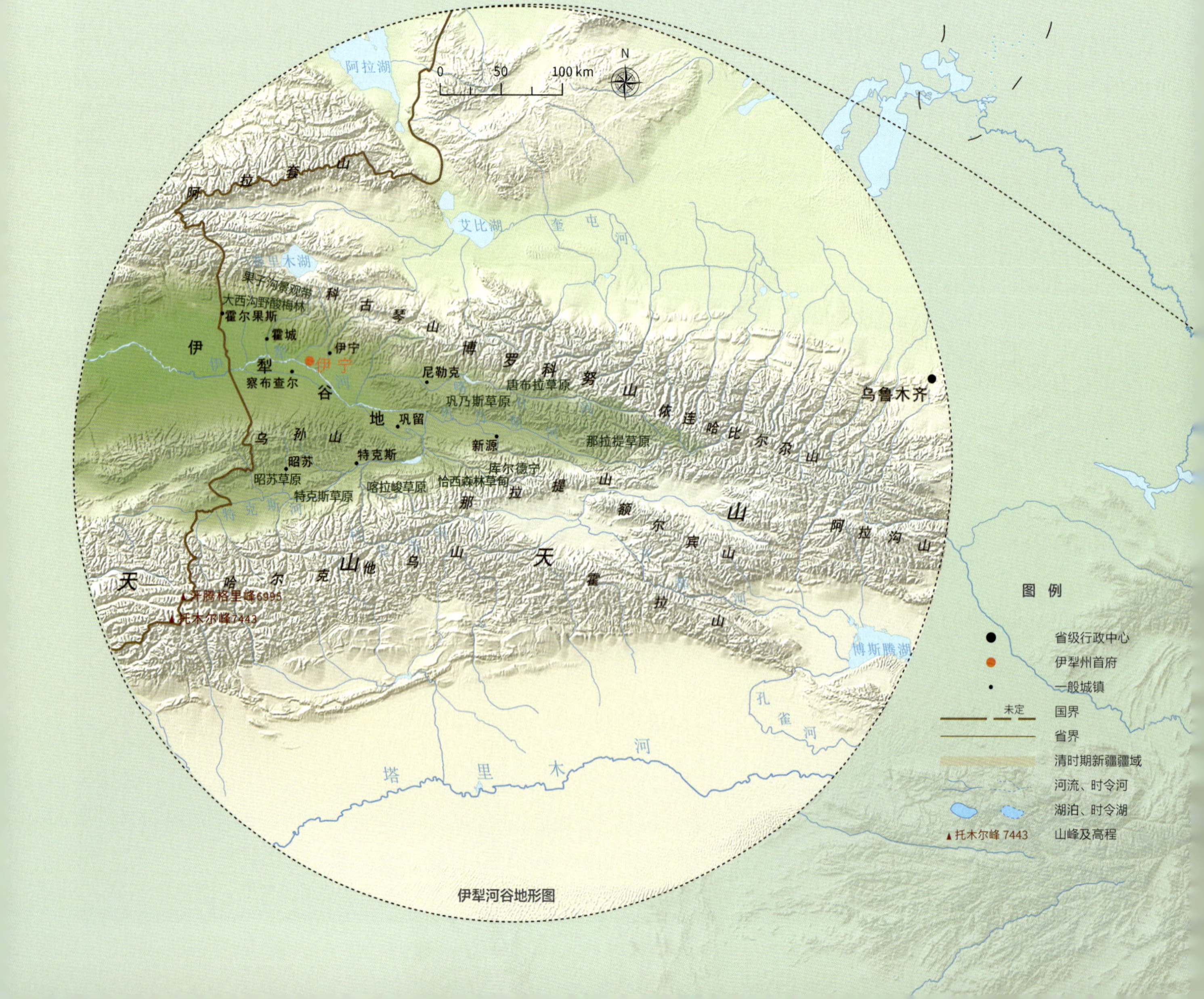

伊犁河谷地形图

伊犁所在的欧亚大陆腹地远离海洋，气候干旱。但天山主脉、支脉在伊犁形成了一个开口向西的喇叭口。随西风而来的水汽进入喇叭口后，在迎风坡形成大量降水。区内年降水量可达 600~800 毫米。在丰沛降水的滋润下，该区域气候湿润，植被繁盛。伊犁一改干旱面貌，成为亚洲大陆腹地有名的水草丰美之地。

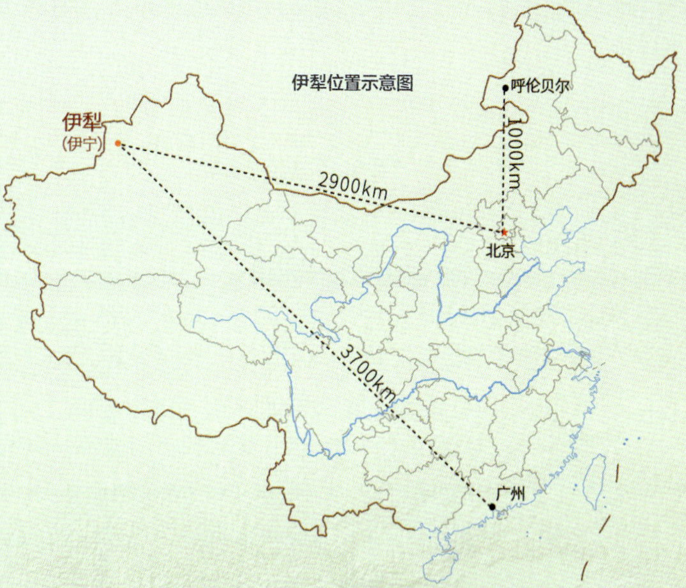

伊犁位置示意图

清代伊犁新疆疆域范围示意图

壹 超级集雨器

从地图上看，伊犁位置遥远。它偏居中国西北边陲，与北京的直线距离约为 2900 千米，是同样以草原闻名的呼伦贝尔与北京直线距离的 3 倍。它与地处东南、人口密集、经济发达的广州的直线距离更是高达 3700 千米，两者还恰好连成了一条贯穿中国大陆的对角线。在新疆内部，伊犁同样位置偏西，不比今日首府乌鲁木齐居中辖制。

但当我们跳出行政区划，从一个完整的地理单元——伊犁河流域着手，便会发现其中的奥秘。

伊犁河流域，三面被天山主脉、支脉所挟。这些山脉海拔多在 4000 米以上。位于伊犁北侧的科古琴山，高低起伏，逶迤连绵。博罗科努山更加巍峨，苍茫一片。东南侧的那拉提山，主峰喀班巴依峰海拔为 4257 米，山形如角，直刺苍穹。

最为险峻的山脉当数伊犁南侧的哈尔克他乌山。古人为沟通天山南北开拓出数条古道，夏特古道便是其中之一，它沿途翻越哈尔克他乌山的众多垭口，遍历冰川、激流。

南北两侧的山脉与东侧的依连哈比尔尕山会合，形成群山之结。其山势更加陡峭，加之岩层疏松，泥石流、滑坡时常发生。著名的独库公路穿越其中，曲折而艰险。

这些高大的山脉从北、东、南三面合围，形成了一个朝向西方的喇叭口。一个超级集雨器诞生了。

右页上图 喀班巴依峰 / 摄影 马俊华
此图为从库尔德宁远眺喀班巴依峰。

右页下图 夏特古道 / 摄影 杨思航
此图拍摄于夏特古道中，远处雪山为哈尔克他乌山。夏特古道始凿于西汉，全长 120 千米，有考证认为玄奘西行曾走此道。

175

伊犁所在的欧亚大陆腹地，由于受南部青藏高原的阻挡，印度洋的水汽难以到达，因此形成了大面积的沙漠。伊犁的西部却是平坦的欧洲平原、欧亚草原，来自北冰洋、黑海、里海，甚至相距超过 5000 千米的大西洋水汽，可以一路前进，直达伊犁。

当水汽进入山谷，超级集雨器便开始发挥作用。迎风坡每年的降水量可达 600~800 毫米，大量降水在高山上以固态形式留存，形成冰川。在海拔较高处，冰川融水常形成湖泊。它们散落在群山之间，水质纯净，颜色湛蓝，犹如宝石一般。

群山之中也因此发育出众多河流。它们从高山上奔腾而下，一路穿越森林，流经草原，切出峡谷，拓为宽谷，最终汇聚成新疆水量最丰沛的河流 ——伊犁河。河水一路滔滔西去，在哈萨克斯坦从巴尔喀什湖西部注入。因为伊犁河水量巨大，甚至让巴尔喀什湖呈现出“西淡东咸”的奇特现象。

就这样，本应干旱的伊犁，在来自大西洋等处水汽的帮助下，成了新疆乃至亚洲内陆水资源条件最好的区域之一。

左页图 伊犁河 / 摄影 马俊华
伊犁河在中国境内年地表径流为 158.7 亿立方米，占全流域径流的 70%。

下图 月亮湖 / 摄影 刘灵波
位于特克斯县乌孙古道上的月亮湖，又被称为“天堂湖”，由古冰斗积水而成。

喀拉峻“人体草原”/摄影 都文明

喀拉峻一处河谷坡地草原高低起伏，在阳光的照耀下，明暗交替，如俯卧的“裸体背部”，分外妖娆，被当地人直呼为“裸体岛”。

贰 水草丰美

充足的水汽，加之伊犁河谷地形既深且窄，容易形成外部寒冷、内部温暖的“逆温带”，使得该区域草木极为繁盛。

著名的雪岭云杉，其最大胸径可达 2.2 米，高度可达 60 余米，树龄超过 300 年。它仅凭一个树种之力，就在天山北坡形成了一条长度超过 1000 千米的森林带，全国独一无二。

喜温的野生苹果、核桃、杏在此大量繁殖。伊犁也成了中国野生果树资源最丰富的地区之一。

树木不能生长的地方，草原开始肆意蔓延。从高山草甸到山麓林缘草甸，从起伏和缓如人体曲线的坡地草原，到平坦的河谷稀树草原……它们遍布山谷与平原，形成了中国最为密集的草原景观，如那拉提草原、特克斯草原、喀拉峻草原、昭苏草原等。

水草丰美的伊犁很早就成了古代游牧民的放牧之所。塞人、乌孙、突厥、蒙古准噶尔部皆曾以伊犁为中心建立起强大的草原政权。

天山以南的塔里木盆地则没有这样优异的水汽条件，只能凭借雪山融水，在盆地边缘形成一个个独立分割的绿洲小国。

而天山以北的游牧政权，可以翻越天山，攻入绿洲，将南部小国各个击破，反之则完全不可行。绿洲城邦往往势力弱小，无力北上。正所谓：

> 北可以制南，南不可制北。（龚自珍《龚定庵全集类编之西域置行省议》）

但是汉代、唐代，因为农业经济的相似性，都将经营西域的重心放在天山以南。中央政权强盛时尚可对天山以北羁縻抚绥，一旦式微，中央帝国多年经营的心血便会在游牧政权南下的铁蹄中灰飞烟灭。

右页上图 雪岭云杉 / 摄影 赖宇宁

雪岭云杉主要分布于俄罗斯及中国新疆，是当地森林的主要建群种。它们苍劲挺拔，绵延高耸，犹如矗立山间的城墙。

右页下图 新源野果林 / 摄影 李学亮

伊犁地区的天山沟谷间有许多野果林，包括野苹果林、野杏林、野核桃林、野李林、野樱桃林等。

昭苏县马场 / 摄影 赖宇宁

叁 改造伊犁

到了清代，对游牧民族了解至深的乾隆皇帝，显然看清了这一点。经营西域，必先经营伊犁。一场对伊犁天翻地覆的大改造开始了。

第一，造城。

清王朝以惠远城为核心营建了伊犁九城，形成了当时新疆最宏大的城市群。到访的外国探险家马达汉[1]曾给予惠远极高的评价：

> 惠远城是我看到过的最整洁、最美丽的中国城市。城市设计得很好，笔直的街道宽敞而漂亮。（转引自吴孝成《外国人眼中百年前的伊犁》）

第二，屯田。

伊犁草原气候温和湿润，土壤肥沃，宜牧宜农。乾隆没有将伊犁仅仅当作一个军事重镇，而是提出了一个雄伟的经济目标，即实现衣食财赋"与内地无异"。

在这种政策的推动下，北疆垦区迅速发展起来。到 1820 年，农田便已超过 120 万亩[2]。

伊犁草原土地肥沃，阡陌交错，从此变成了农业高产区。直到今天还是新疆有名的"粮仓"。

第三，移民。

清王朝曾从全国各地征调移民来充实伊犁，包括厄鲁特蒙古、满族、锡伯族、汉族、从南疆来的维吾尔族（塔兰奇）等。这些新移民爱国意识极强，伊犁因此成为一个非常独特的移民社会——民族杂处，共融共通。各民族的融合度远高于其他地方，这一点对现在伊犁的社会稳定依然有着重大的作用。

造城、屯田、移民，长期建设之后，清代的新疆最终形成了以伊犁为核心的稳定行政区，它得以真正牢固地融入中华版图。

此时的伊犁河谷，不仅是整个天山地区的交通枢纽，更是整个新疆的腹心地带。这种核心地位一直保持到了清朝末年，直到俄国占领伊犁以外的中国领土，伊犁从新疆核心变为边防一线，新疆的政治中心、经济中心被迫迁移至迪化（今乌鲁木齐）。新疆的伊犁时代宣告结束。

① 马达汉是一名芬兰探险家，他曾于 1906 到 1908 年出访亚洲，为俄国刺探情报。马达汉为他在华期间的中文名，其本名为卡尔·古斯塔夫·埃米尔·曼纳海姆。

② 一亩约为 666.67 平方米。

左页上图 惠远古城钟楼 / 摄影 赖宇宁
惠远位于今伊犁霍城县，此图为惠远古城钟楼。

左页下图 伊宁农田 / 摄影 赖宇宁
伊犁平坦的河谷地带，大地被不同的农作物分块填充，好似一个巨大的调色盘。

肆 今日伊犁

今天的伊犁，仍然是一个遥远的地方。

作家王蒙曾于“文革”期间“下放”伊犁十余年，再回到北京之后，他回忆起伊犁的往事。文章的开头便是：

> 在遥远的伊犁……

以演唱新疆歌曲闻名的歌手刀郎也在其代表作品《新阿瓦尔古丽》中唱道：

> 远方的人请问你来自哪里，你可曾听说过阿瓦尔古丽，她带着我的心，穿越了戈壁，多年以前丢失在遥远的伊犁……

不过，这并不妨碍大家对伊犁的向往，向往它的风光秀丽、物华天宝。

同时，它的交通日益便捷，与东部联系日益紧密。北京、上海、广州都已开通飞往伊犁的航线，高速公路、特大桥梁也连接起伊犁内外。

此外，它拥有中国最独特的城市，拥有中国优质农产品最好的生产条件，拥有全疆最大的陆路口岸，还拥有政策极为优惠的经济开发区。

那颗西域雄心正在重新澎湃。

伊犁已不再遥远。

右侧图 果子沟大桥 / 摄影 赖宇宁

果子沟大桥是连霍高速的组成部分，为连通伊犁河谷与北疆的控制性工程。果子沟大桥是一座双塔双索面钢桁梁斜拉桥，大桥全长 700 米，主跨达 330 米，主塔高度分别为 209 米和 215 米。

罗布泊：

楼兰生死五千年

2/2

罗布泊位于新疆东南部，深居亚欧大陆内陆。这里遍布荒漠，异常干旱。极目四望，往往寸草不生，自然环境极为恶劣，是名副其实的『死亡地带』。

然而就是这样的『死亡地带』，却拥有极其强大而神秘的吸引力。『小河公主』、『沙漠王子』、楼兰、鄯善……一切故人、故城、故事，都吸引着无数的探险家和科学家，他们甚至为之付出了生命。

188

1972 年 7 月 23 日，美国陆地卫星 1 号（Landsat 1）发射升空。它逐一扫描地球表面，两年时间便扫描了全球陆地的绝大部分。这是人类历史上第一次以如此宏观而高清的视角观察我们所居住的星球，许多鲜为人知的神秘角落也被一一展现。

中国西部的一只“大耳朵”尤其引人瞩目。它长约 60 千米，宽约 30 千米，明暗相间的半环状线条，一圈一圈地向中心收拢，被誉为“地球之耳”。

人们既不知其为何物，亦不知其由谁人造就，只知其所在之地名为罗布泊。

罗布泊位于新疆东南部，深居亚欧大陆内陆。这里遍布荒漠，异常干旱。极目四望，往往寸草不生，自然环境极为恶劣，是名副其实的“死亡地带”。

然而就是这样的“死亡地带”，却拥有极其强大而神秘的吸引力。

从 1876 年俄国探险家普尔热瓦尔斯基进入罗布泊地区，到 1901 年在此沉睡千年的古城被瑞典探险家斯文 · 赫定发现，再到 1964 年中国在此成功试爆第一枚原子弹。无数的探险家、科学家为之着迷，甚至付出生命。

民间关于它的传言更是数不尽数，真假难辨。以至于此地成为玄幻小说、盗墓文学中的热门地点。

罗布泊究竟有什么？它那难以抗拒的吸引力又来自何方？

右页上图 罗布泊遥感影像 / 图片来自 NASA

20 世纪 60 年代，科罗纳（Corona）卫星也曾拍摄到“地球之耳”，但画面不够清晰，没有引起太多关注。此图由陆地卫星 1 号拍摄于 1972 年 10 月 3 日。中国人第一次知道这张照片是在 1980 年地理学家夏训诚访美期间。

右页下左图 红山古墓 / 摄影 鲁全国

红山古墓位于孔雀河下游，曾遭遇盗墓。

右页下右图 余纯顺墓 / 摄影 文兴华

1980 年，生物化学家彭加木在罗布泊失踪。1996 年，探险家余纯顺在此地迷路，脱水而亡。两人的遇难在当时影响极大。此图为位于罗布泊中心地带的余纯顺之墓，经过此处的人们会在墓前放上饮用水，以示祭奠。

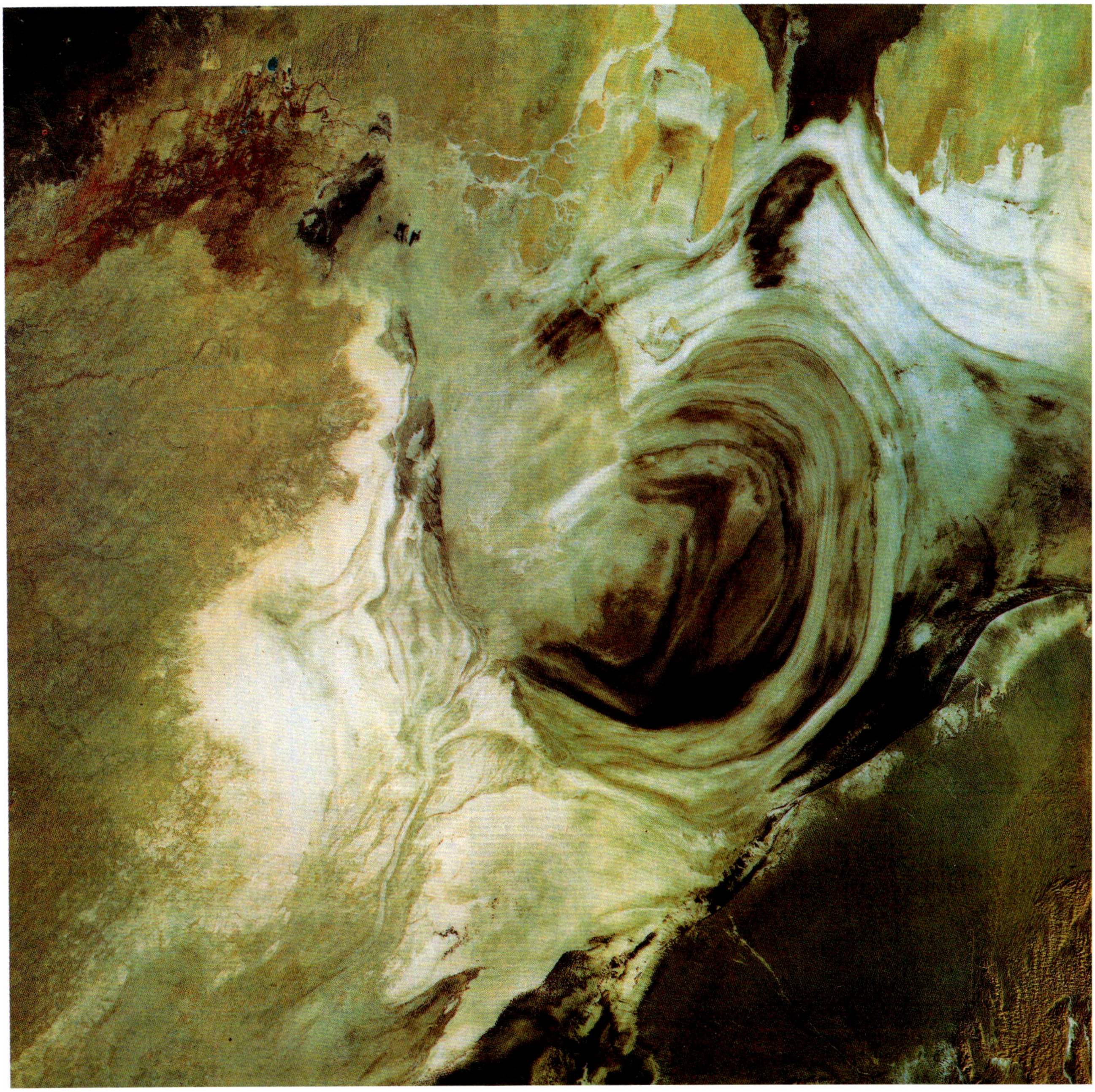

余纯顺之墓

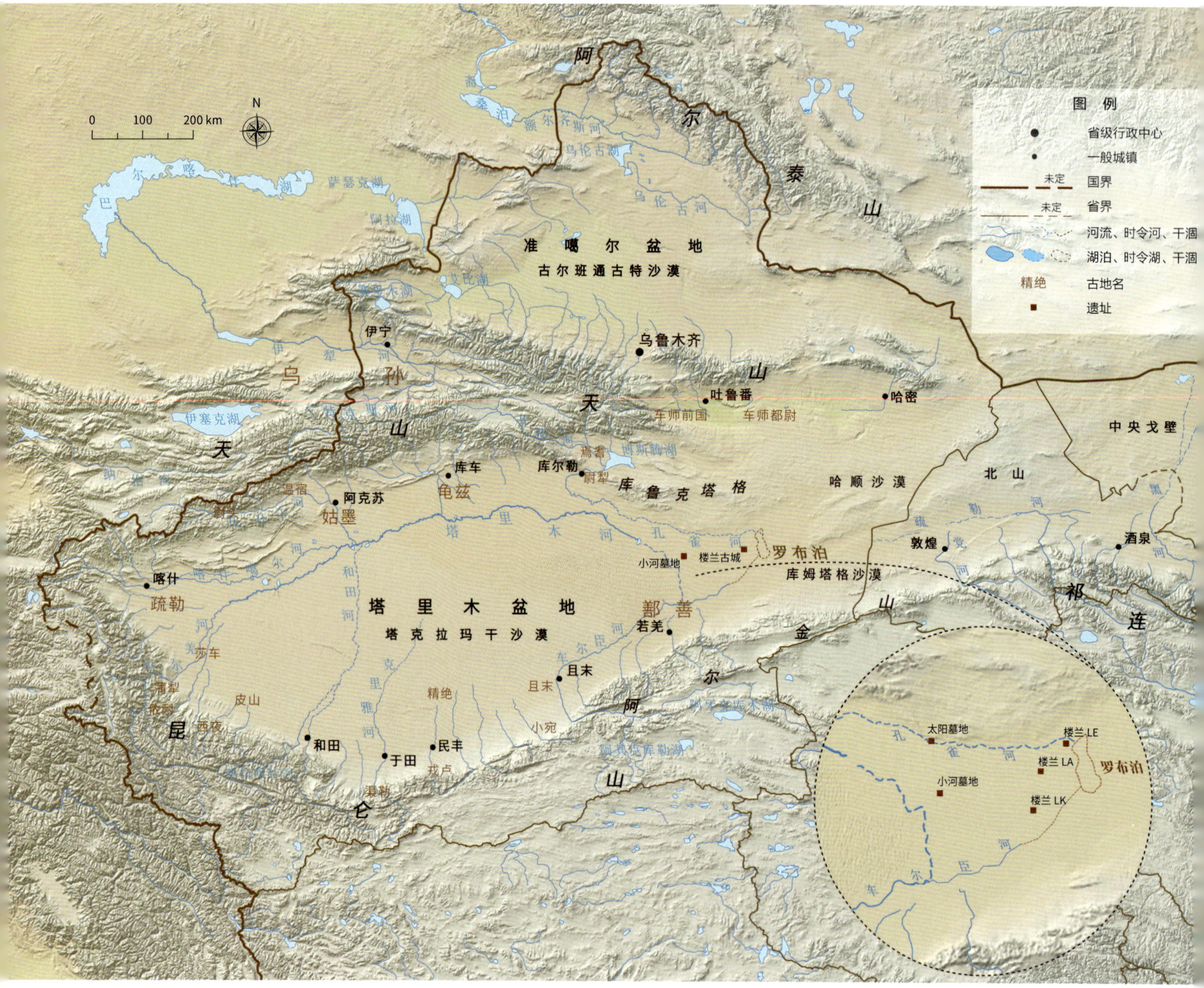
0 100 200 km
N
图例
省级行政中心
一般城镇
未定
国界
未定
省界
河流、时令河、干涸
湖泊、时令湖、干涸
精绝
古地名
遗址
阿尔泰山
准噶尔盆地
古尔班通古特沙漠
乌伦古河
乌伦古湖
额尔齐斯河
斋桑泊
巴尔喀什湖
萨瑟克湖
阿拉湖
艾比湖
伊宁
伊犁河
乌鲁木齐
乌孙
天山
吐鲁番
哈密
车师前国
车师都尉
伊塞克湖
焉耆
博斯腾湖
库车
库尔勒
尉犁
龟兹
温宿
阿克苏
姑墨
库鲁克塔格
哈顺沙漠
北山
中央戈壁
敦煌
酒泉
塔里木河
孔雀河
小河墓地
楼兰古城
罗布泊
库姆塔格沙漠
喀什
疏勒
塔里木盆地
塔克拉玛干沙漠
和田河
鄯善
若羌
莎车
且末
车尔臣河
精绝
蒲犁
皮山
西夜
和田
于田
民丰
戎卢
小宛
扜弥
昆仑山
阿尔金山
祁连
阿雅格库木湖
太阳墓地
楼兰 LE
楼兰 LA
楼兰 LK
罗布泊

壹 聚水成泊

众所周知，天山、昆仑山等大型山脉合围阻挡了水汽进入新疆内陆。群山夹峙之中的塔里木盆地，形成了面积极为广阔的沙漠和荒原。盆地最东缘的罗布泊亦是其中之一。

然而，与人们惯常的印象不同的是，今日被称为“死亡地带”的罗布泊，曾经是连绵荒漠中最湿润的地方。

其中的关键便是它位于塔里木盆地的最低洼处。那些从四周山脉中孕育出的河流，包括孔雀河、车尔臣河，以及中国最大的内陆河塔里木河，甚至还可能包括源于祁连山的疏勒河，纷纷向罗布泊奔涌而来。

左页图 罗布泊及其周围环境示意图

罗布泊位于塔里木盆地东部，是整个盆地中最为低洼处。曾经，盆地里的河流，如孔雀河、塔里木河、车尔臣河等，都汇聚到罗布泊处，并形成湖泊。其周围则形成绿洲。后来因为环境及上游用水激增，河流下游断流，湖泊干涸，绿洲消失。仅存留一些古遗址。

这些遗址尤以小河墓地和楼兰古城最为出名。

小河墓地位于罗布泊地区孔雀河下游河谷以南约 60 千米的荒漠中，西南距若羌县城约 150 千米，是罗布泊地区著名的文化遗址。1934 年，瑞典考古学家贝格曼首次在此处发掘墓葬 12 座。2002—2005 年，新疆考古队对其进行了全面的发掘，出土了大量文物，包括以“小河公主”为代表的众多干尸。

楼兰古城为古代“西域三十六国”之一的楼兰国的都城，位于干涸的孔雀河下游、罗布泊西北的干三角洲上。楼兰古城遗址（LA 城，即通常说的楼兰古城或楼兰故城）最早由瑞典探险家斯文 · 赫定于 20 世纪初偶然发现并公之于众。之后，众多探险家接踵而至，其中斯坦因于 1906 年和 1914 年到楼兰进行大规模考察，并将楼兰遗址逐个编号（LA、LB……编号后被沿用）。20 世纪 80 年代以来，中国考古学家对楼兰进行了大量考察、发掘。但一百多年来，关于楼兰国都究竟在哪里，LA 城是否为楼兰国都，一直存在争议。

流水在罗布泊的荒野大地上冲刷出绵长的峡谷，或狭窄如一线天，或宽阔如阳关大道。诸水汇流，最终形成了名副其实的罗布“泊”——一个超级大湖。

罗布泊湖面广阔，面积最大时可达一万平方千米，是今日中国最大的湖泊青海湖的两倍有余，与同样诞生于荒原之中的乌尤尼盐沼——著名的玻利维亚“天空之镜”的面积相当。

那些有幸得见中国“天空之镜”的古人，想必一定会感到非常震撼。中国史籍《汉书》中，曾记载了罗布泊当年的盛况：

> （罗布泊）广袤三百里，其水亭居，冬夏不增减。（《汉书·西域传上》）

事实上，诸水汇流所形成的不仅仅是罗布泊，而是一个庞大的湖泊群，包括喀拉和顺湖、台特玛湖、柴鲁特库勒湖等几十个大小湖泊。被水滋润的罗布泊及周边区域，河网纵横，湖泊密布。

有了水，生命也开始绽放。

原本黄沙漫漫的河流两岸，也变得生机勃勃，绿意盎然。

罗布泊地区的森林覆盖率高达 40%，接近现今中国森林覆盖率的两倍。美丽的胡杨，或独木自赏，或成行成排，或与一波清水相映，浑似江南水乡。

水草丰美，自然吸引包括候鸟在内的各种动物前来栖息。直到今天，罗布泊地区有记录的鸟类仍有 151 种、爬行类 17 种、鱼类 11 种、哺乳类 33 种。最著名的当属野生双峰驼，这是一种比野生大熊猫还要稀少的动物，在罗布泊的种群数量占全世界的 60% 以上。

有了水，有了丰富的动植物，罗布泊最绚烂的绽放，将由人类创造。

右页上图 新疆沙雅县境内的塔里木河两岸胡杨林 / 摄影 陈炜

塔里木河是中国最大的内流河，也是塔里木盆地最主要的水源，河流催生了沿岸绿洲，也造就了一片片生机勃勃的胡杨林。

右页下图 大西海子水库 / 摄影 赵来清

大西海子水库位于塔里木河下游。该水库是后来罗布泊彻底干涸的原因之一，曾饱受诟病，现在成为一座专用于生态供水的水库。

贰 先民与楼兰

公元前 3000 年，西方欧罗巴人的一支——吐火罗人（Tokharian），开始向东方水草丰美之地迁徙。他们看到罗布泊绿洲繁茂，胡杨成林，便在此定居下来。

公元前 2000 年，罗布泊的先民们已经掌握了灌溉技术、制铜技术、纺织技术，开始大规模地开发他们的家园。此为罗布泊的“青铜时代”。

他们从东方引入黍，从西方引入小麦，在绿洲中开垦出大面积的农田。他们饲养牛、羊，缝其皮为鞋靴，纺其毛为衣裳。

右页上左图 古墓沟出土的草编小篓 / 摄影 刘玉生

古墓沟出土的草编小篓，纹样清晰、美观，且非常结实、耐用。小篓内盛有小麦粒（这也是我国已知最早的小麦之一）、粟米粥干。黍起源于中国华北，并经欧亚草原，向东欧传播；小麦起源于西亚，经新疆向中原传播。罗布泊正是东西方文明的交会地带。

右页上中图 小河墓地出土的毛制毡帽 / 摄影 刘玉生

小河墓地出土的毛制毡帽，即便在今日也相当时尚。更为关键的是其羊毛、毛绒品质甚佳，可以纺 70 支以上的细毛纱，比现今许多羊毛产品都更优异。

右页上右图 小河墓地出土的皮靴 / 摄影 刘玉生

小河墓地出土的皮靴，一般用牛皮或猞猁皮缝制。

右页下图 小河墓地出土的木雕 / 摄影 刘玉生

195

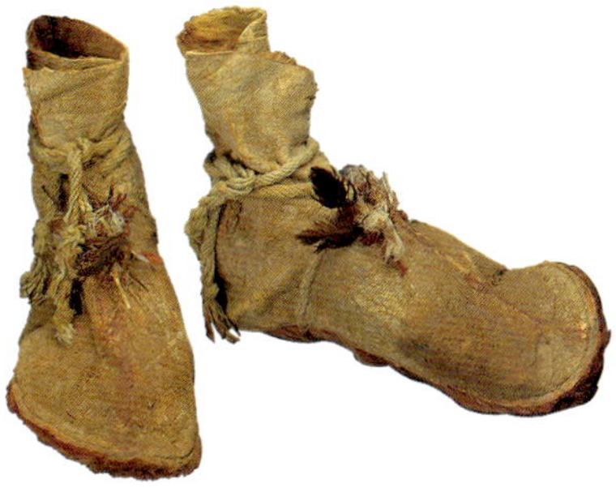

他们信仰灵魂不灭。以保护好祖先灵魂的寄寓之所为头等大事，并频繁举行隆重的原始宗教仪典。

充足的胡杨木为他们提供了最佳的原材料，包括制作真人大小的木俑，打造数量众多的船形木棺。在耗费了数千株胡杨木之后，木俑、木棺、立柱层层堆叠，在大地上竖立起一个巨大、高耸的“死神宫殿”。“宫殿”共分为5层，由不同时期的棺木堆叠而成。再加上自然积沙，形如一座小山。他们的祖先乘着船形棺木，面向沙海，踏上黄泉之路。

与此同时，吐火罗人还与周边的东方人杂居，生下相貌俊美的混血儿。其中有一位女性尤以美貌著称。她白肤栗发，高鼻深目，头戴尖顶毡帽，帽顶斜插禽鸟翎毛，人称“小河公主”。“小河公主”生活于3500~4000年前，遗体保存完好，历经数千年而不腐。其长长的睫毛，如一排幼松般挺立，更是令人赞叹不已。

当我们完全打开棺木，揭开“小河公主”身体外包裹的毛毯后，景象更是令人惊奇。其修长的身材，毡帽、皮靴、腰衣及各种细节装饰，无不尽显时尚之感，完全无法想象这是数千年前人类的衣着审美。

左页上图 小河墓地 / 摄影 刘玉生

小河墓地整体由数层上下叠压的墓葬及其他遗存构成，外观为在沙丘比较平缓的沙漠中突兀而起的一个椭圆形沙山。沙山堆放了许多船形棺木，每个棺木上都竖有胡杨木桩。其中棺上立柱者，象征男根，代表墓中为女性；棺上立扇形木者，象征女阴，代表墓中为男性。男根、女阴立木高3~5米，体现出罗布泊早期的生殖崇拜。

左页下左右图 “小河公主”遗体 / 摄影 刘玉生

“小河公主”出土于2003年罗布泊西南的一条古河道旁，棺木由胡杨木制作，呈船形。其面部敷有奶酪状物质。出土时，此情景无不令考古队员惊叹。

然而，无论先民的生活是悲是喜，他们的故事都在 3500 年前戛然而止，在之后的很长时间内也都杳无音讯。

直到公元前 176 年，一个西域小国突然现身西汉史籍。匈奴冒顿单于在给汉文帝的信中，夸耀自己武功之盛，顺便提到了小国的名字：楼兰[①]。

> （匈奴）以天之福，吏卒良，马彊力，以夷灭月氏，尽斩杀降以下。定楼兰、乌孙、呼揭及其旁二十六国，皆以为匈奴。（出自《史记·匈奴列传》，这是史籍中首次出现楼兰之名。楼兰是汉代人的音译，既是族名，也是国号。）

楼兰是一个中国人耳熟能详的名字，后世与它有关的诗词皆脍炙人口。

王昌龄诗云：

> 青海长云暗雪山，孤城遥望玉门关。黄沙百战穿金甲，不破楼兰终不还。（王昌龄《从军行七首·其四》）

李白诗云：

> 五月天山雪，无花只有寒。笛中闻折柳，春色未曾看。晓战随金鼓，宵眠抱玉鞍。愿将腰下剑，直为斩楼兰。（李白《塞下曲六首·其一》）

收到单于书信的 50 年后，即公元前 126 年，张骞带回了楼兰的“实测报告”：

> 楼兰、姑师邑有城郭，临盐泽。（《史记·大宛列传》）

盐泽即为罗布泊，而楼兰便是“小河公主”的后裔们所建立的新国家。汉时朝廷兵出玉门关，将匈奴势力渐次逐出西域，沟通东西方的丝绸之路也正式开启。

控制了罗布泊水源的楼兰，更是其中的枢纽。中央在楼兰设置西域长史府，将罗布泊地区正式纳入管辖范围。为保障西域安全及丝绸之路的畅通，从汉朝起，中央还动用数十万人修筑汉长城，经罗布泊直抵最西端的轮台。

① 楼兰为史书记载的“西域三十六国”之一，存续时间为公元前 2 世纪至公元 6 世纪。公元前 77 年，楼兰王尉屠耆将都城南迁至扜泥城（今若羌县城附近），改国名为鄯善。之后，鄯善国先后统一了小宛、尼雅、精绝、且末等塔里木盆地东南部小国，成为西域主要的强国之一。为方便起见，全书统一称为“楼兰”。

右页上图　楼兰三间房遗址 / 摄影　文兴华

三间房遗址，其墙体极厚，推测其为西域长史府重要资料的存放处。

右页下图　米兰佛塔遗址 / 摄影　文兴华

米兰佛塔遗址为楼兰国法藏部僧团寺院。佛塔造型独特，塔基呈方形，塔身为圆柱形。

五星出東方利中國
五星出東方利中國

楼兰王国也借助中央之威扩张势力范围，逐步占领且末、尼雅、小宛、精绝诸国。到东汉中期，楼兰王国已基本统一塔里木盆地东南部，楼兰的鼎盛时代到来了。

作为东西方文化交流的通道，楼兰成了一个“国际化”的都市群。它东西融汇，兼容并包，颇似 20 世纪的香港。

他们接纳来自印度的佛教，建立起巨大的佛塔，又融合希腊艺术，为神佛添置天使的翅膀，成为著名的“有翼天使”。他们将希腊酒神的宴饮场面请进佛教的极乐世界，端着的酒器却充满贵霜帝国的形制。他们喜爱来自蜀地的上等织锦，也不会拒绝大胆、开放的罗马艺术。

左页上图 “五星出东方利中国”织锦 / 摄影 刘玉生

著名的“五星出东方利中国”织锦，产自蜀地，出土于尼雅遗址，距今超过 1000 年，色彩依然艳丽，8 个汉字清晰可辨。

左页下左图 楼兰壁画墓宴饮图 / 摄影 刘玉生

楼兰壁画墓，学者推断是由来自贵霜帝国的新移民建造。

左页下右图 楼兰古道出土的钱币 / 摄影 刘玉生

图为在罗布泊附近的楼兰古道发现的唐代“开元通宝”。

与“小河公主”对应的“沙漠王子”，生活显然更加富足，其陪葬品之丰富、精致，保存之完好，足以蜚声世界。

各种文化交会、生活富足的楼兰人，不禁发出这样的呼喊：

> 大地不曾负我，须弥山和群山亦不曾负我，负我者乃忘恩负义之小人。我渴望追求文学、音乐以及天地间一切知识，世界仰赖这些知识。（出自尼雅佉卢文书，佉音 qū。）

然而，楼兰人对知识的追求显然未能继续。公元 6 世纪，楼兰国逐渐从历史上销声匿迹。到了公元 645 年，唐玄奘途经此地，眼见繁华散尽，亦是相当惊讶：

> 城郭岿然，人烟断绝。（出自《大唐西域记》，描绘的是且末与楼兰之间的景象。）

为什么会这样？

右页图 “沙漠王子”/ 摄影 刘玉生

尼雅遗址 8 号墓出土的“沙漠王子”，据推测为末代精绝国王。其陪葬有大量精品织物，“五星出东方利中国”织锦也出土于此墓。

203

叁 水去人散

楼兰消失的原因是多样的。包括外敌入侵、丝绸之路改道，甚至突发的鼠疫，但其中最主要的原因应该是自然环境的恶化。

与日俱增的人类活动，破坏了本就脆弱的生态环境。胡杨死亡，植被大规模减少，有 40% 的森林覆盖率的环境一去不复返。上游来水减少，河道干涸，湖泊面积也日益缩小。与此同时，荒漠的面积却在与日俱增。

罗布泊周围常年大风肆虐，吹起飞沙走石。再加上周围山地突发的雨洪，不断侵蚀着脆弱的地表。地表出现了大面积的土丘、沟谷，形成了雅丹地貌。罗布泊的雅丹地貌总面积广达 3000 平方千米，是中国第二大雅丹地貌分布区。它们或如万舰齐发，或如荒原孤岛。

右页上图 白龙堆雅丹 / 摄影 王隽斌

白龙堆雅丹，位于罗布泊东北部，南北长约 80 千米，东西宽约 20 千米。白龙堆的土台以砂砾、石膏泥和盐碱构成，颜色呈灰白色，在阳光的映照下，常闪烁银光，似鳞甲般，远望如一条条白色巨龙蜷伏在大漠之中，故名白龙堆。

右页下图 龙城雅丹 / 摄影 钱玮

龙城雅丹，位于罗布泊北部，高约 6~20 米，由常年盛行某一方向的大风侵蚀而成，外形酷似龙。

罗布泊盐湖 / 摄影 徐树春

罗布泊虽然已干涸，成为不毛之地，但其地下是富含硫酸钾等矿物质的卤水层。人们从地下抽取卤水，重新汇聚成面积广阔的人工盐湖。

右侧图 干涸的罗布泊 / 摄影 李学亮

干涸的罗布泊，大地龟裂，犹如枯黄的落叶撒满大地。

环境的恶化立即引发连锁反应。农田、牲畜的产量日益降低，军队的口粮也不得不大幅缩减。在楼兰王国繁盛期间，一般吏士每人每日的粮食供给为 1 斗 2 升，最少时曾减到 6 升。即便如此，上级仍在不断要求压缩口粮。于是，人口开始流散，原本繁华的城池逐渐荒废，楼兰也在历史的记忆中变得越发模糊不清。

到 20 世纪后半叶，人们对塔里木盆地的开发愈发强劲。我们修建大坝，拦蓄上游河水，浇灌出一片片农田绿洲。1961 年，那些原来流向罗布泊的诸多河流，塔里木河、孔雀河、车尔臣河等下游河道全部断流。到 1972 年，罗布泊完全干涸。在这个过程中，不断消退的湖水在湖边留下了一道道新的岸线，岸线不断收缩，直至湖心。我们前面所提到的那只大耳朵便因此形成了。

现在，“小河公主”、“沙漠王子”、楼兰……一切故人、故城、故事都已经一去不返。

下一个千年，有水的罗布泊又会创造什么?

甘肃：愈多元愈美丽

3 / 2

如果我们用更宽广的视角来审视甘肃，就会发现甘肃并非像大众认为的那样是一个偏远且荒凉的「拉面省」，而是中国最多元、最包罗万象的省份。各种截然不同的自然风光、水火不容的动植物都在这里会集，各种历史、文化、民族、宗教也都在这里交会。愈多元愈美丽。

祁连山镜铁山段 / 摄影 邱建军

在很多人的印象中，甘肃是一个偏远的西部省份。它有着大片干旱的土地、漫天的风沙，以及荒凉的边关。从我国的行政区划图上看，它似乎正在努力向西方延伸，渐渐远离东方腹地。

除此之外，你一定还有一个印象，就是所有关于甘肃的旅行指南都会浓墨重彩地介绍如何才能吃到一碗正宗的兰州牛肉面。从 1915 年回族人马保子制作出第一碗面算起，兰州牛肉面的历史不过刚刚百年，推荐牛肉面的文章却早已经浩如烟海。

相比之下，能深入、全面地解读甘肃的文章则寥寥无几。因为从庞杂的信息中梳理脉络并深入思考是非常困难的，但不加思考的惯性思维，以及制作不加思考而罗列信息的指南，却很容易。大众眼中的甘肃 ——一个偏远且荒凉的拉面省就这样形成了。

而在星球研究所看来，甘肃是中国最多元、最包罗万象的省份。各种截然不同的自然风光、水火不容的动植物都在这里会集，各种历史、文化、民族、宗教也都在这里交会。对它来说，愈多元愈美丽。

这一切都要从甘肃的形成说起。按照地理分区，甘肃可以分成四个区域。每一个区域的形成都是一篇地理与历史共同织就的史诗。

左页图 永泰古城 / 摄影 程伟刚

永泰古城位于甘肃白银市景泰县，现存城址为明代遗存，是明政府为防御北方的少数民族入侵而修建，建成后即成为军事要塞。

壹 黄土高原

公元前 1960 年前后，周人的先祖不窋因夏朝朝政混乱，遂率领周部落避开混乱的中原，来到当时被视为戎狄之地的甘肃庆阳进行耕织、繁衍。《史记 · 周本纪》记载：

> 不窋失其官而奔戎狄之间。

甘肃的第一个地理区域 ——陇东、陇中黄土高原，出场了。

这片黄土高原包含了今天的兰州、定西、庆阳等诸多地方。陇山在它的中部崛起，把这片高原分割成陇东、陇中等更小块的区域。这里虽然也有我们常见的因流水冲刷而形成的千沟万壑，但其顶部却是或大或小的平地。加上平均厚度为 50~80 米的易耕种黄土，这里很早就成了"沃野弥望" 的良田。典型的如位于庆阳的董志塬，虽然水土流失导致它的面积不断缩小，但直到今天，其塬面面积依然高达 700 多平方千米，被称为"天下黄土第一塬"。

夏天，海拔 800~2000 多米的陇山阻挡了东来的水汽，让这里获得相对较多的降水。黄土高原也一改"黄土本色"，变得绿意盎然。

迁移至此的周部落带来了先进的农业生产技术，在这片黄土上获得了用武之地。周部落也得以逐步发展壮大，先是从庆阳扩展到陕西岐山，之后又从渭河流域开启了武王伐纣的序幕。最终，羽翼丰满的周部落建立了中国最后一个世袭奴隶制王朝 ——周朝。

中国历史上曾多次上演边缘征服中心的王朝更替，甘肃的机会不止一次。

右页上图 庆阳西峰 / 摄影 陈明
此图为庆阳西峰区的一处黄土峁。

右页下图 董志塬 / 摄影 许兆超
董志塬位于庆阳市中南部，在泾河北岸、马莲河和蒲河之间。塬面面积达 700 多平方千米，是黄土高原上面积最大的塬。此图为董志塬一角。

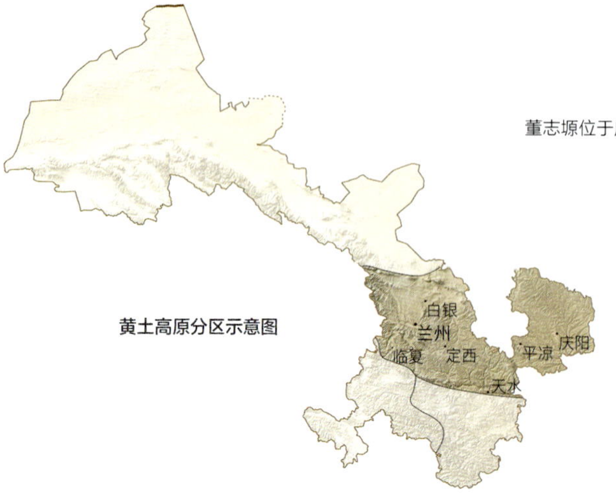

黄土高原分区示意图

定西黄土地貌 / 摄影 王宏宾

图为黄土墚地貌，图中公路正沿着黄土墚向远处延伸。

贰 陇南山地

公元前 890 年前后，嬴氏部落的首领嬴非子因养马能力出众，被周孝王分封到秦，专门负责在秦给王室养马。当时的秦并非指陕西，而是指位于今天甘肃天水市清水县境内的区域。

至此，甘肃的第二个地理区域——陇南山地，出场了。

陇南山地大致包括渭水以南，临潭、迭部一线以东的山区，覆盖陇南市、天水市和甘南藏族自治州的部分区域。

在这里，秦岭由东而来，岷山山脉由南而来，大山交会，重峦叠嶂，山高谷深。所以该区的自然景观尤为丰富。今天，在这块并不大的区域里有三个国家级自然保护区、一个省级自然保护区、三个国家森林公园和两个国家湿地公园。以位于陇南市宕昌县的官鹅沟为例，其区域内绿水青山对峙，相映成画，好似人间仙境。

陇南山地位置偏南，降水充沛，不仅植被极其丰富，还孕育出了诸多河流。美丽的白龙江在甘肃境内流淌了450 千米，是陇南的母亲河。而陇南的另一条重要的河流西汉水，曾将一对秦人情侣分隔两岸。相思之情化作《诗经》中的名句"蒹葭苍苍，白露为霜，所谓伊人，在水一方"，千古流传。

这些河流冲出大山，在河谷两侧及山峦的平缓处滋养出茂盛的牧草。秦人的牧场在这里可以饲养出良马，而良马又可以装备出一支强大的军队，再加上秦人长期与西戎争战，逐渐形成了比中原地区战斗力更强的武装力量。

陇南山地还盛产食盐。作为当时最重要的经济资源，食盐为秦国提供了极多的财富。

正是依靠陇南山地的哺育，秦人在其后的 600 余年间逐渐扩大领地，直至扫灭六合，建立中国第一个中央集权制王朝——秦朝。

左页图 官鹅沟瀑布 / 摄影 胡卫东

官鹅沟国家森林公园位于甘肃省陇南市宕昌县城郊。此图为官鹅沟景区内一处瀑布。

陇南山地分区示意图

叁 河西走廊

秦朝建立了中国的雏形，而继承秦朝疆域的汉朝却一直面临西北强邻匈奴的骚扰。经过几代帝王的韬光养晦，实力渐强的汉朝开始着手攻克匈奴。

此时，汉武帝从俘虏处得知匈奴在西域有一个不共戴天的敌国——大月氏。他决定招募勇士前往西域联合大月氏，以“断匈奴右臂”。

公元前 139 年，张骞应召前往。但在当时，西域对汉朝人来说犹如一块严实的墙壁，没有人知道墙壁之外的情况。因而司马迁将张骞出使西域的壮举称为“凿空西域”。

于是甘肃的第三个地理区域——河西走廊，出场了。

河西走廊位于黄河以西。巴丹吉林和腾格里这两大沙漠在它的北侧伺机南下，空气稀薄的青藏高原、干旱的柴达木盆地则在南侧寸步不让，再加上祁连山、合黎山、龙首山等夹峙，形成了一条宽度从几千米到近百千米不等的狭窄走廊。在汉代，从中原前往西域，除了选择这条窄窄的走廊，几乎无路可选。

河西走廊降雨稀少，非常干旱。从空中俯瞰，大地干渴龟裂，如同被火焰烧灼。

右页图 张掖航拍 / 摄影 焦潇翔
从空中俯瞰，大地干涸，红色沉积岩如同燃烧的火焰。

河西走廊分区示意图

幸运的是，走廊南侧便是高大的祁连山。飘浮在云端的雪山与干旱的走廊形成了强烈的对比。

祁连山长达 800 千米，平均海拔超过 4000 米，高大的山体截住了富含水汽的云团。祁连山的东段降雨丰富，山上生长着茂密的森林。祁连山的北麓，还拥有总面积高达 2.4 万平方千米的祁连山草原，草场广阔，野花遍地。

世界著名的军马场——山丹军马场便位于此处，它自西汉起就已是规模宏大的军马基地。为争夺这处宝地，历史上各部落曾在这里发生过无数次战争。

战败的匈奴被迫放弃祁连山草原，连吟唱的歌曲中都透露出悲伤之情：

亡我祁连山，使我六畜不蕃息；失我焉支山，使我嫁妇无颜色。

祁连山山谷中还孕育出众多的冰川，目前我们已知的冰川就超过 3000 条，储水量约 1320 亿立方米，是北京密云水库最大库容量的约 30 倍。其中最大的山谷冰川是位于甘肃省肃北县境内的透明梦柯冰川，“梦柯”蒙古语意为永恒。其冰面景象丰富，雪峰高大险峻，还有宽大的粒雪积累区。辽阔的雪原一望无际，目光所及之处都是纯净透明的世界。

左侧上图 祁连山脉 / 摄影 李春

照片拍摄于甘肃张掖裕固族自治县境内。

左侧下图 山丹军马场 / 摄影 叶长春

山丹军马场位于河西走廊中部，祁连山冷龙岭北麓的大马营草原。这里地势平缓，水草丰美，西汉以来就是有名的军马养殖地。

航拍透明梦柯冰川 / 摄影 陈剑峰

冰川融水和山区降雨在山谷间汇集成河，包括石羊河、黑河、疏勒河、党河等，它们形成了流向河西走廊的多个水系。

其中最大的河流——黑河，是仅次于塔里木河的中国第二大内陆河，也正是古人所说的“弱水三千”。它从祁连山中孕育而生，一路穿越绿洲、盐泽、沙漠，直到内蒙古额济纳旗的居延海，所以其下游也被称为额济纳河。

党河则是灌溉敦煌平原的唯一一条河流，没有它就没有敦煌文化。位于敦煌的渥洼池，硬是在戈壁沙漠的边缘营造出一片水乡泽国。

这些河流流向河西走廊，在干旱的土地上滋养出一连串的绿洲。祁连山北麓的武威、金昌、张掖、酒泉正是建立在一个个绿洲之上。

一连串绿洲的存在，让张骞和后来者可以沿着绿洲进入西域。汉武帝也正是在这些绿洲中设置了武威、酒泉、张掖、敦煌四郡，合称“河西四郡”。绿洲也为这些郡县提供了农耕文明的生存基础。在南北两侧游牧民族的长期夹击下，河西四郡能长期被中原王朝牢牢控制，也与这一点有关。

打通了河西走廊，中原王朝不再蜷缩一隅，开始与广阔的外部世界展开密切交流。这种交流在唐代达到了顶峰，也带动了河西走廊经济的发展。当时的凉州（武威）一跃成为河西最大的城市，整个河西地区的存粮甚至占到全国的 1/3，可谓富甲全国。

一个开放的大国创造了绚烂的文明。这时的河西走廊，不是边关而是通衢，不是荒芜之地，而是帝国施展雄心壮志之地。

右页上图 肃南自治县马蹄寺附近草场 / 摄影 李春
大雪后，金黄的草地和白雪相互映衬，色彩格外鲜明。

右页下图 敦煌渥洼池 / 摄影 姜鸿
渥洼池位于敦煌市区以南，远处雪山为阿尔金山。

肆 甘南高原

又过了数百年，时间到了元朝建立的前夜。窝阔台次子阔端从三面兵临吐蕃，阔端邀请西藏活佛萨迦 · 班智达来到凉州。经过会谈，双方约定吐蕃归附蒙古。作为交换，阔端皈依藏传佛教。此后，藏传佛教得以走出青藏高原，开始向蒙古高原乃至全国扩展。这次会盟被称为“凉州会盟”。

这时，甘肃的第四个地理区域——甘南高原，出场了。

甘南高原位于青藏高原的边缘。汉唐时，它的一部分就已纳入中原王朝的郡县，但直到元朝，它才被整体纳入中央政府管辖。

岷山、西倾山、积石山、秦岭在甘南会聚，使得这里山地众多，且山形独特。其中处于高原东部边缘一侧的舟曲、迭部山高峡深，气候温润，森林密布。山下隐藏着多个鲜为人知的小村落，如扎尕那，这里时常云雾缭绕，宛如世外桃源。相对居于高原腹地的碌曲、玛曲则气候高寒，草原广阔。草原上的河曲曲折缠绕，令人流连忘返。

元朝取甘州（张掖）、肃州（酒泉）之名建立甘肃行省，甘南则在清代正式划入甘肃。至此，黄土高原、陇南山地、河西走廊、甘南高原四大区域构成的甘肃主体基本成形。

左页图 甘南玛曲草原 / 摄影 左雪兰

玛曲位于甘肃西南部，是青藏高原的一部分。这里地势平缓，河流多蜿蜒曲折。

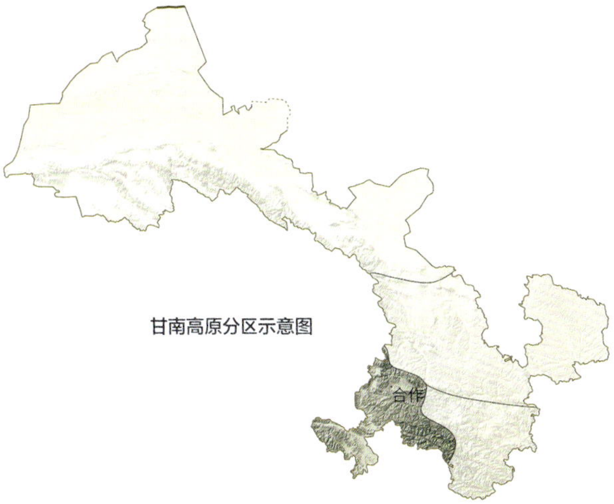

甘南迭部县扎尕那 / 摄影 朱金华

甘肃省，简称“甘”或“陇”，省名取甘州（今张掖）和肃州（今酒泉）二地首字而成。甘肃位于中国西北部，面积约43万平方千米。甘肃地处第一级阶梯与第二级阶梯的边缘，为青藏高原、黄土高原、内蒙古高原三大高原的交会地。区内地势复杂，地貌景观多样，高山、盆地、平原、沙漠、戈壁等兼而有之。加之位置特殊，故成为众多中国地理区划的交会带。

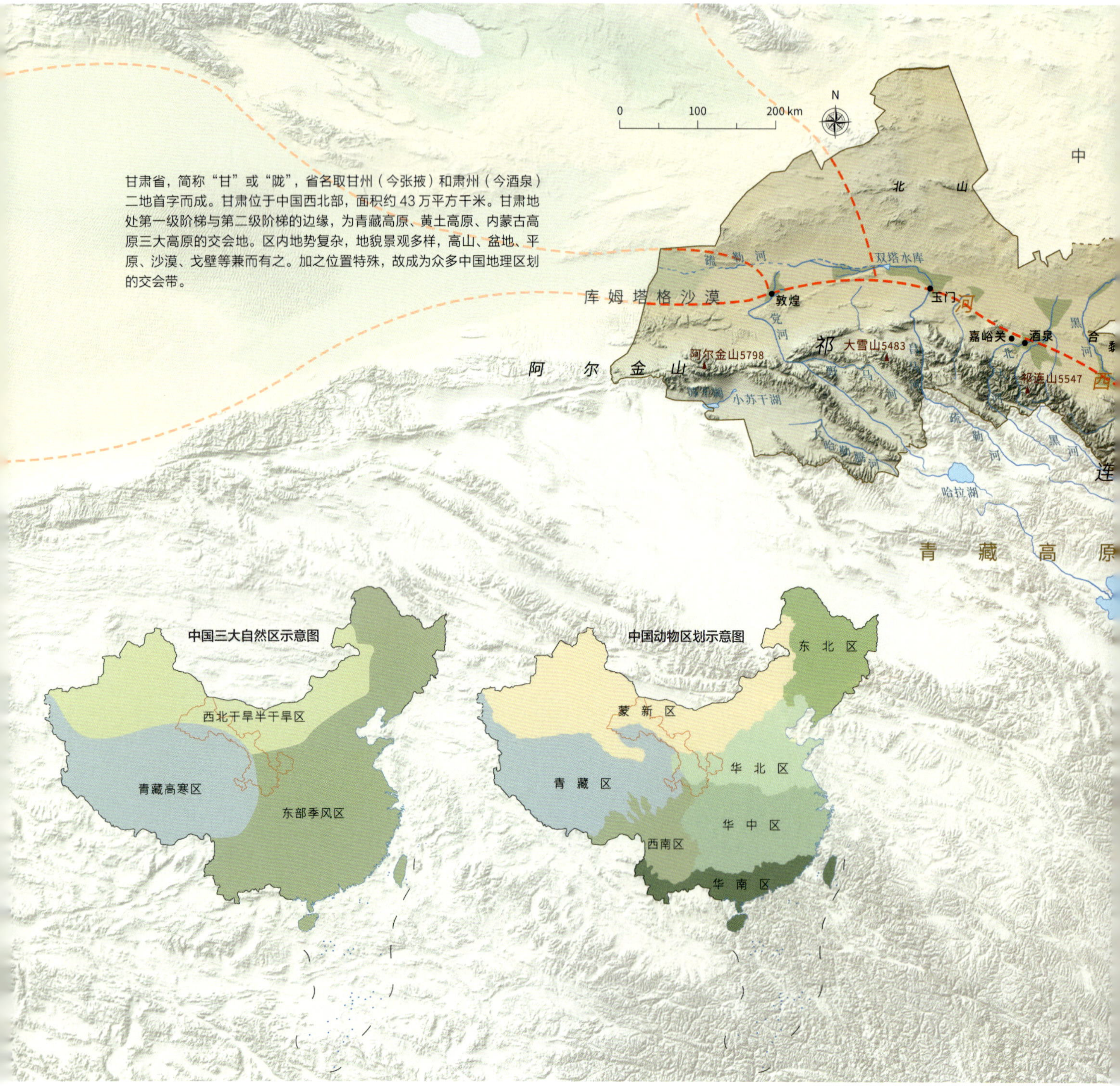

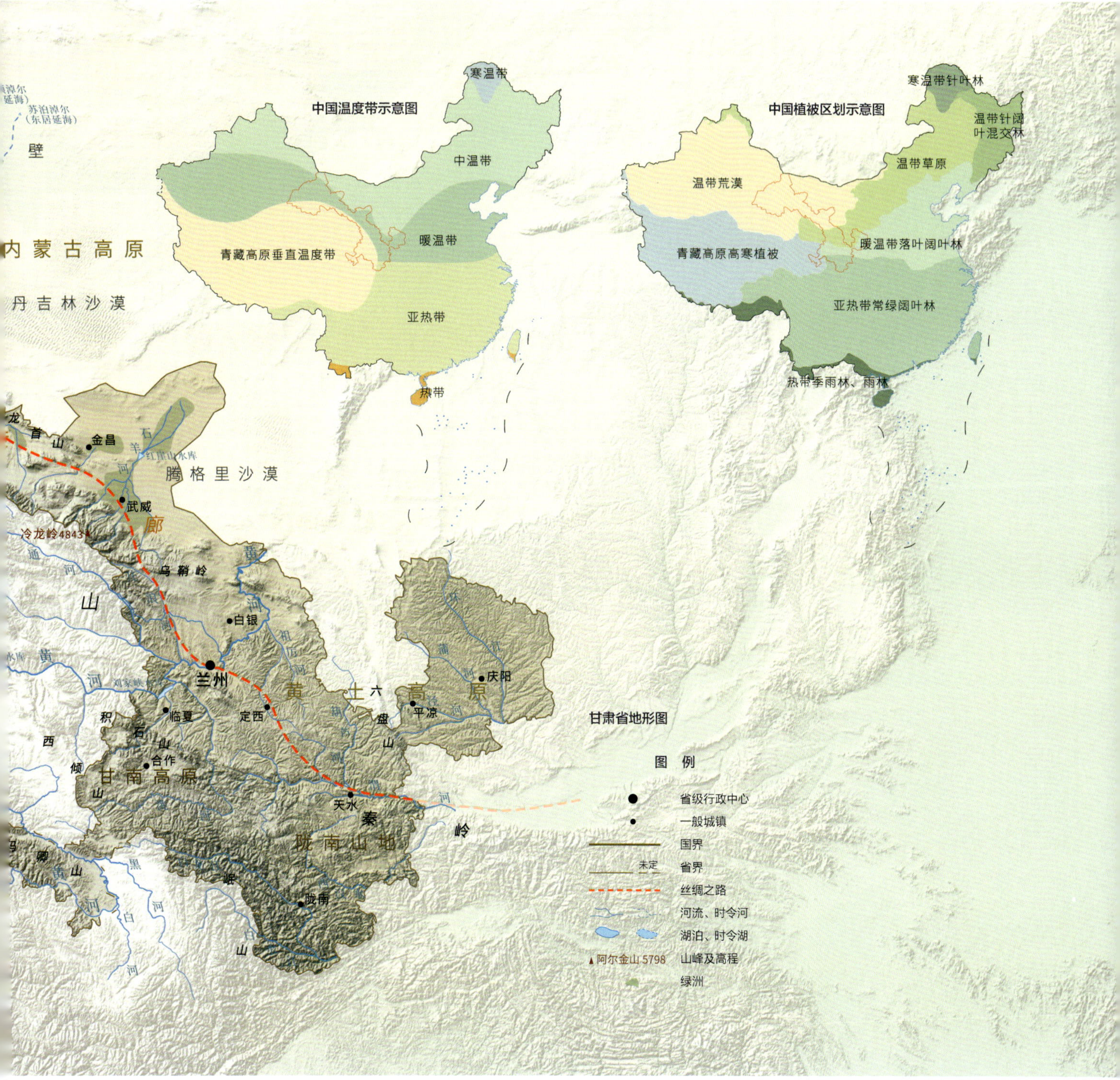
中国温度带示意图
寒温带
中温带
暖温带
青藏高原垂直温度带
亚热带
热带
中国植被区划示意图
寒温带针叶林
温带针阔
叶混交林
温带草原
温带荒漠
暖温带落叶阔叶林
青藏高原高寒植被
亚热带常绿阔叶林
热带季雨林、雨林
苏泊淖尔
(东居延海)
壁
内蒙古高原
丹吉林沙漠
腾格里沙漠
金昌
红崖山水库
武威
廊
冷龙岭4843
乌鞘岭
白银
兰州
刘家峡
临夏
定西
黄土高原
六盘山
平凉
庆阳
积石山
合作
甘南高原
天水
秦岭
陇南山地
陇南
图例
省级行政中心
一般城镇
国界
未定
省界
丝绸之路
河流、时令河
湖泊、时令湖
阿尔金山 5798
山峰及高程
绿洲
甘肃省地形图

伍 愈多元愈美丽

如果我们用更宽广的视角来审视甘肃，那么它在中国的独特性将一目了然。

这种独特性就体现在博大的中国里有着非常多的不同点，这些不同点都在甘肃交会、碰撞、融合。甘肃已经完全不是偏远的西部省份，而是一颗通达四方的“中国之心”。

例如，中国的三大自然区划，东部季风区、西北干旱半干旱区、青藏高寒区，都在甘肃交会。

四大温度带，中温带、暖温带、亚热带、青藏高原垂直温度带，也在甘肃交会、共存。

五大植被区划也在甘肃交会、共存。从金色的胡杨林，到绿色的冷杉、云杉，再到低矮的戈壁草丛等，种类繁多。

五大动物区划同样在甘肃交会。就连国宝大熊猫也在干旱荒凉的甘肃找到了栖息的乐土，它们分布在甘肃的 7 个自然保护区，包括白水江国家级自然保护区、尖山大熊猫自然保护区等。

各种自然区划的交会让极其丰富的地貌在甘肃共存——从单调的敦煌雅丹到绚烂的张掖丹霞，从高山到峡谷，从草原到沙漠。

左页图 甘肃张掖国家地质公园 / 摄影 仇梦晗

甘肃张掖国家地质公园位于祁连山北麓，是丹霞地貌与彩色丘陵景观的复合区，具有很高的科考和旅游观赏价值。

丰富的地理环境连接四方的通道，也让甘肃成为一个民族大走廊。不同的生活方式，不同风俗的多个民族，都在甘肃的土地上融合共存。

道教、佛教、藏传佛教、伊斯兰教等多种宗教各放异彩。因为此处没有一个优势宗教，也让各门各派都获得了相对宽松的环境。这里既有道教圣地崆峒山；也有藏传佛教格鲁派六大寺院之一的拉卜楞寺；还有遍布甘肃各地的佛教石窟，如莫高窟、麦积山石窟。中国四大石窟，甘肃独占其二，石窟文化不可谓不丰富。

这些环境和人类一起创造了多元的甘肃。

右页上图 麦积山石窟 / 摄影 胡澍

麦积山石窟位于天水麦积区麦积山上。与其他石窟以壁画、雕塑闻名不同，麦积山石窟以泥塑冠绝于世，被誉为“东方雕塑陈列馆”。

右页下图 莫高窟 / 摄影 张世宏

莫高窟位于敦煌市东南 25 千米处的鸣沙山东麓断崖上。此图阁楼是莫高窟的标志性建筑，也是莫高窟的第 96 窟，人们习惯上称“大佛殿”，其间有由石胎泥塑彩绘而成的弥勒佛坐像。

然而，从宋朝开始，中原王朝便失去了对河西走廊的控制。另外，航海技术也在此时飞速进步，海上丝绸之路逐步取代了陆上丝绸之路的地位，甘肃已经不再是通衢。到了明朝，朝廷在包括甘肃在内的广大北方地区建造起“豪华版”长城，其人力、财力耗费之大远超汉唐。然而，越是强大的长城，越证明了国家的衰弱。中央之国已日薄西山，甘肃成了肃杀的边关。

甘肃逐渐远离了开放的大舞台。曾经在开放时代富甲全国的甘肃陷入落后、贫穷中。到近现代，欧洲人从海上袭来，中国的海洋文明重新开启，甘肃这个内陆省份则完全与此无缘，其人均 GDP（国内生产总值）连续多年在全国垫底。

甘肃的未来在哪里？我想是“一带一路”的大机遇。因为历史已经证明，愈向西愈美丽，愈开放愈美丽，愈多元愈美丽。

夕阳映照下的嘉峪关关城 / 摄影 邱建军

西安：鲜衣怒马一千年

4/2

每个人心中都有一个西安。或是秦皇的兵马俑，或是汉唐的长安城，又或是明清的古城墙。

但西安又并非只是一座高高在上的古老帝都，而是一座鲜活的城市。它历经无数次城毁人失，却总有一种力量，让它焕然一新。

每个人心中都有一个西安。或是秦皇的兵马俑，或是汉唐的长安城，又或是明清的古城墙。

这个位于中国腹地的城市，王朝更迭无数，古迹遗留遍地。它们共同赋予西安一个深刻的标签 ——古老。

然而，事实可能截然相反，似乎鲜活才更能代表今日的西安。

今日的西安，参与“抢人”大战，2018 年前三个月其落户人数高达 21 万，直逼 2017 年全年的总量。它关注温情的小事，要求所有机动车在斑马线前礼让行人。同时，一批又一批的网友赶往西安，喝着豪气干云的摔碗酒，吃着书卷气十足的毛笔酥。传统西安美食的创新能力也令人刮目相看。

西安是古老还是鲜活？它究竟是一个怎样的城市？

在星球研究所看来，西安并不只是一座高高在上的古老帝都，而是一座鲜活的城市。

它历经无数次城毁人失，却总有一种力量，让它焕然一新。

右页图 月全食序列 / 摄影 李文博

照片拍摄于 2018 年，下方建筑为西安古城城墙。月亮变化序列由多张照片合成。

西安古称长安、镐京，现为陕西省省会。在古都西安长达3000多年的建城史中，以唐昭宗天祐元年（904年）迁都洛阳为界，可大致分为两个大的发展阶段。前期从西周以迄于唐，先后为西周、秦、西汉、隋、唐等十三个王朝或政权的都城，是西安最为灿烂的历史阶段。后期从唐末，历经五代、宋、元、明、清、民国至今，可称之为西北重镇发展期。

建都西安地区的王朝有十朝、十三朝、十七朝等多种说法，本文采用历史学家牛致功教授等提出的“十三朝”之说。

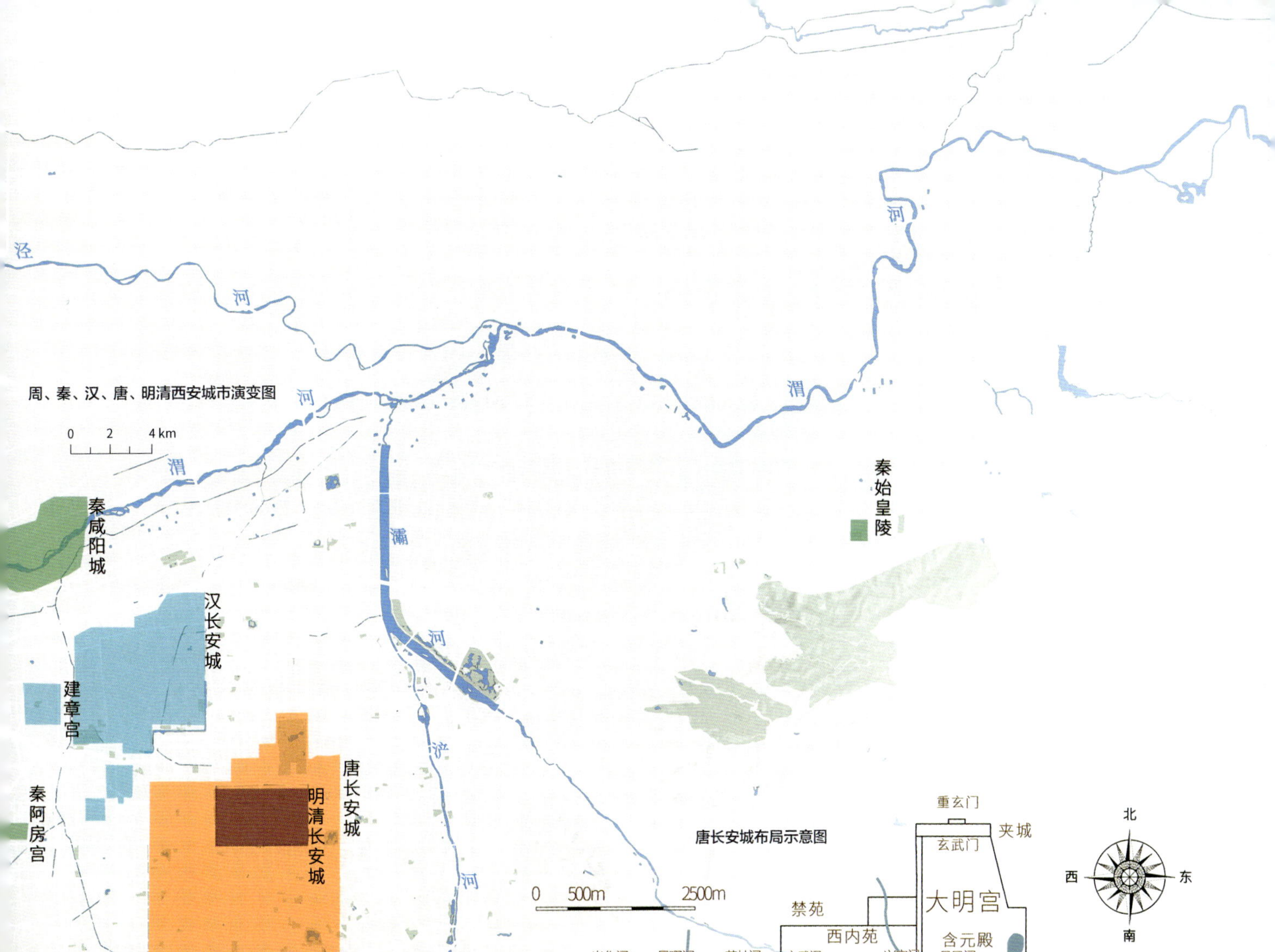

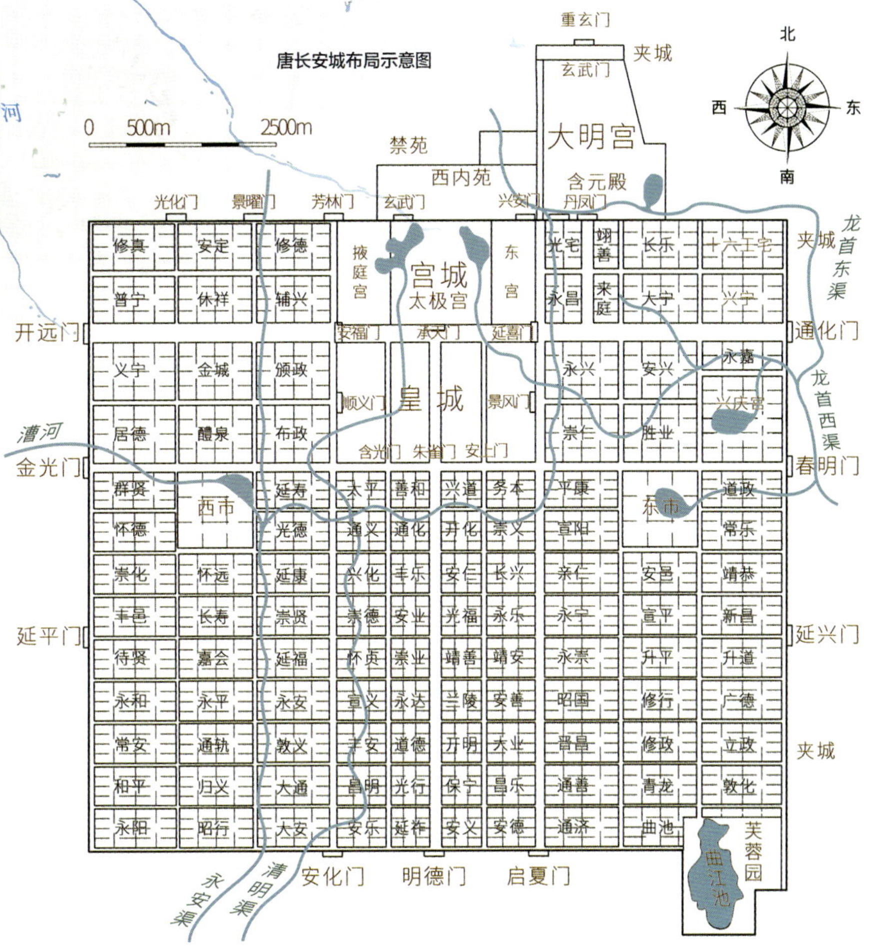

西安及周围地区地形图

西安位于关中平原中部，南依秦岭、北临黄土高原北山。此地平原土地肥沃，易于耕种，很早就成为人类活动中心。同时，平原四周皆被群山环绕，对古人而言，只要守住主要的交通要塞，便可形成坚固的防线。由此，居于关中腹地的西安在很长一段时间内都是历代统治者建都的首选。

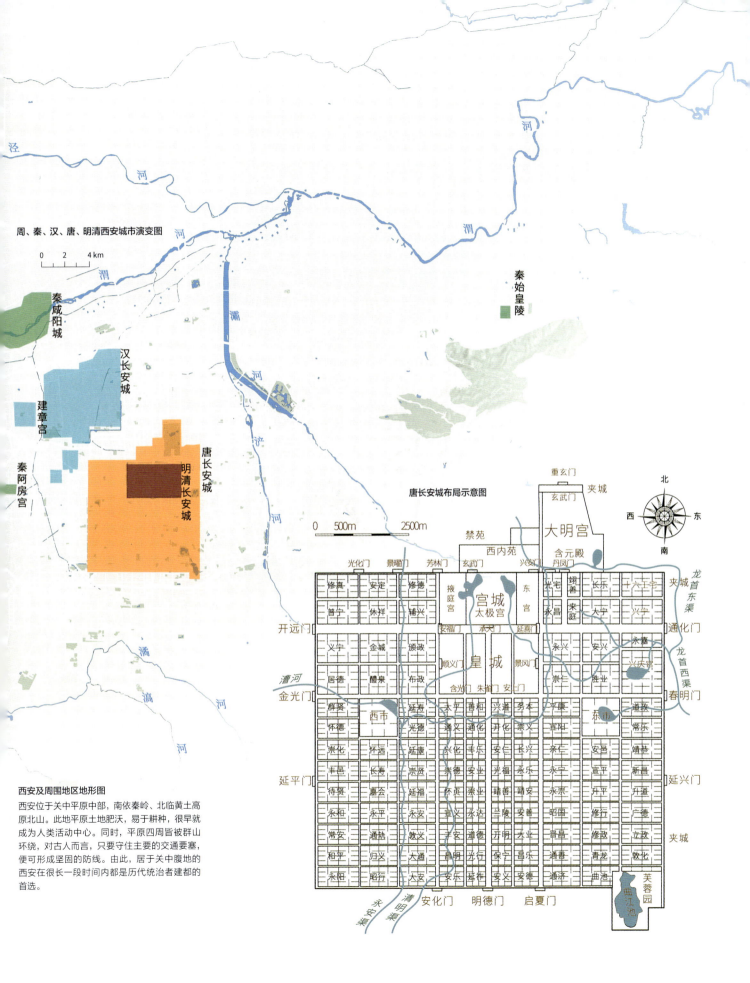

壹 初生

首先，我们需要刷新对西安的基本地理格局的认知。它不是纯粹的平原，而是一半山地，一半平原。山在平原前，巍峨耸立；平原在山脚下，缓缓铺陈。

千百万年前，今天秦岭北部的地层发生断裂。断层北部持续下陷，断陷形成关中盆地，南部则不断隆升，崛起成为秦岭山脉。太白山、翠华山、终南山、骊山、华山从西向东连绵展布。高山、云海，波澜壮阔，蔚为大观。

山地中孕育出大量水系，水系切穿山体形成峡谷。秦岭面向关中盆地的一侧，诸多峡谷依次并排而立，如同群龙吐水，这就是“秦岭七十二峪”。流水冲出大小峪口，流向关中盆地。盆地内湖沼遍布，河流纵横，沣河、涝河、潏河、滈河、浐河、灞河等，再加上北部的泾河，共同注入渭河，统称为“长安八水”。

从周边山地涌出的河流水系，在漫长的地质年代里，带来大量泥沙。它们不断堆积，使得关中盆地的沉积物厚达数千米。于是，号称“八百里秦川”的关中平原诞生了。西安人的舞台将在这片肥沃的土地上展开。

右页上图 终南山下的长安区 / 摄影 刘帆

此图拍摄于西安市长安区韦曲南智慧新城小区楼顶。

右页下图 “泾渭分明” / 摄影 陈团结

图中左侧为渭河，右侧为泾河。渭河是黄河最大的支流，泾河是渭河的支流，二水在西安市高陵区相汇，由于含沙量的不同，呈现出一清一浊的状态，且有明显的界限。早期，发源于黄土高原的泾河携沙量大，而表现为“泾浊渭清”。现在，由于渭河上游人类活动加剧，携沙量增加，同时由于渭河流域土壤所含矿物的影响，水色呈赤黄色，所以现在“泾渭分明”的现象依然存在，但已是渭河颜色深，而泾河浅。

贰 鲜衣怒马

约 6000 年前，早期的一批“西安人”，居住在浐河、泾河等河流的两岸。他们有着近似现代南方人的相貌，成年男性的平均身高可以达到 170 厘米。他们所使用的器具简单而朴素。他们是渔民、猎手、野果采集者，对鱼有着神秘的崇拜。他们生产力低下，备受疾病、野兽、部落敌人的威胁，儿童夭折的悲剧频繁发生，成年人的寿命也只有 30~40 岁。人们将对生命的祈祷凝固为人面鱼纹符号，刻画在陶盆之中。出土于西安半坡遗址的人面鱼纹彩陶盆可能是这种信仰的见证。

3000 多年前，擅长农耕、以农民为主的周人从甘肃、陕西黄土高原出发，加入“西安人”的行列。周人带来了先进的生产技术和精细化的农田管理模式。他们为作物除草、施肥，利用雨水洗去土壤中多余的盐碱。西安肥沃的冲积平原很快被周人开发为良田，田间、地头种满了粟、黍等农作物。

发达的农业让周人积累起强大的实力。他们在西安西南部的沣河两岸接连建起丰京、镐京两座都城，这便是西安建都之始。

都城的生活依然质朴。周人热衷于铸造浑厚凝重的青铜器，然后将几十个到几百个不等的文字规规整整地铸刻其上。这些文字事无巨细地记载着他们的册命、官职、战争、祭祀及法律。

上图 人面鱼纹彩陶盆 / 摄影 刘彦廷

出土于西安半坡遗址的人面鱼纹彩陶盆是仰韶文化彩陶代表作之一。盆中人面头顶装束奇特，嘴上还衔着两条小鱼，人面和鱼纹巧妙地结合在一起。关于人面鱼纹彩陶盆的含义，尚存争议，其中一种说法认为它是埋葬夭折儿童的葬具，象征着巫师请鱼神附体招魂祈福。

下图 骊山烽火台 / 摄影 魏炜

此图为骊山烽火台航拍图，骊山烽火台之下是渭河平原。

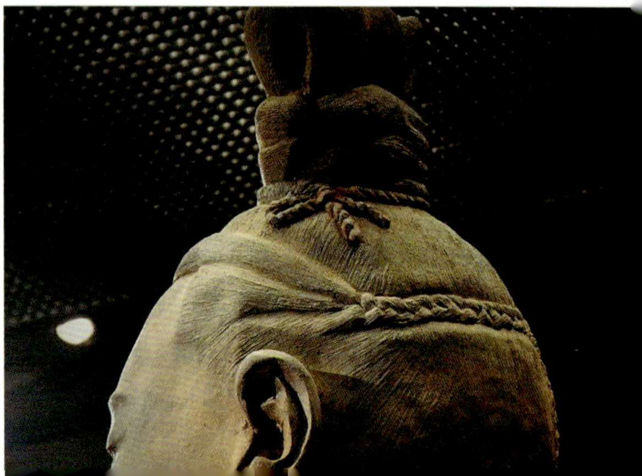

真正的改变来自秦人的工匠和士兵。

公元前 771 年，犬戎攻破镐京，西周灭亡。西安的第一代都城就此烟消云散。紧接着，秦人从甘肃迁移到关中平原，填补了周人留下的空白。他们实行军功爵制，无论贵庶贫贱都可以凭借军功获得土地、官爵。

有效的激励制度让秦人建立起当时中国最强大的军队。农民放下锄头变成了士兵，父子、兄弟、同乡一起冲锋陷阵。正如早期的先秦诗歌中所唱：

岂曰无衣？与子同袍，王于兴师，修我戈矛，与子同仇。（《诗经·秦风·无衣》）

同仇敌忾的秦人，最终以咸阳为都，横扫六合，统一了华夏。

秦人在西安及周边地区集聚起全国最优秀的工匠，“甲丁”“小”“安”“文”“冉”“杏”，以及许许多多没有留下名字的匠人将在另一个世界里完美再现秦人的武装力量。

这个完美世界便是兵马俑。工匠们对兵马俑逐一刻画，每一个作品都被赋予独特的个性，栩栩如生，就连头发、肌肉的纹路都被精心处理。重达一吨的铜车马由 6000 多个一次铸造成型的零件组成。一号铜车马配备弩机、剑、盾牌等攻防武器，负责为二号武装车开道；二号铜车马搭载豪华“车厢”，乘坐者可在其中自由坐卧。

与我们今天所见不同的是，秦人喜欢鲜艳的颜色。当时的人、马、车的用色都十分抢眼。以人为例，兵马俑将士们平均身高 175 厘米，穿着紫色的长袄，外披深红色的铠甲，局部则由蓝色、粉色、黑色、白色点缀。他们是帝国最耀眼的战士。华丽的衣着，壮美的骏马，7000 多个鲜衣怒马的将士组成了鲜衣怒马的方阵，共同拱卫着鲜衣怒马的帝国。

左页上图 秦始皇兵马俑一号坑 / 摄影 射虎

秦兵马俑坑是秦始皇的陪葬坑，目前已发掘了 3 处，编号分别为一号坑、二号坑、三号坑。其中一号坑最大，为东西向的长方形坑，长 230 米，宽 62 米，总面积为 14260 平方米左右。

左页下左图 修复后的兵马俑 / 摄影 射虎

从这些修复后的兵马俑中可以看出些许残留彩绘。

左页下中图 跪射俑 / 摄影 刘兆铭

跪射俑，其左腿曲蹲，右膝着地，双手置于身体右侧做握弓弩待发状。跪射武士俑的塑造比起一般的陶俑要更加精细，尤其是发髻、甲片、履底等，都有生动刻画。是保存十分完好的兵马俑之一。

左页下右图 跪射俑头部发髻 / 摄影 刘兆铭

跪射俑的头部无论是发髻，还是头发纹理都被精细刻画。

工匠、士兵成了城市的关键角色。一个更富想象力的作品也在等待他们完成，即建造一个天宫一样的都城。

秦人以渭河为“银河”，将宫殿横跨渭河两岸。咸阳宫对应“北极星”及周围众星，又名“紫宫”，是后世“紫禁城”的来源。阿房宫对应“营室星”（飞马星座），同样是天子的居所。两宫之间则由横跨渭河的桥梁连接，对应“阁道星”。这种布局被称为“法天象地”，堪称世界上最富想象力的都城规划。

然而，“六王毕，四海一，蜀山兀，阿房出”。对人力、物力的过度使用引发了秦末的战火。咸阳宫最后被付之一炬，阿房宫则一直未能完工。

鲜衣怒马的秦代西安也在时光中失去了色彩。它是否能再次焕发生机？建造神一样的都城真的是一个不可能完成的任务吗？

右侧图 阿房宫前殿遗址 / 摄影 苟秉宸

阿房宫是秦王朝的巨大宫殿，遗址在今陕西省西安市西郊 15 千米的阿房村一带。有研究指出，阿房宫实际并未完成修建。

叁 神一样的长安

西汉初年，汉高祖刘邦正在谋划新王朝的都城选址。他的同乡功臣们都希望能够选择离家乡更近之处。一个名为娄敬的戍卒却大胆提议再次定都饱经战火的关中。《史记》记载，娄敬进言：

> 且夫秦地被山带河，四塞以为固，卒然有急，百万之众可具也。

关中地区三面环山，一面为黄河天险，只需要守住少数关隘，便可以形成坚固的防线。刘邦被说服了，他以渭河南岸的长安乡之名命名新的都城为长安。长安城便开始正式出现在历史舞台上。

随后的数个王朝不断经营着长安。到了隋唐时期，统治者又在汉长安城的东南侧营建出规模更大的隋唐长安城，面积相当于汉长安城的 2.4 倍，明清北京城的 1.4 倍。在此期间，城市中的五类角色将共同发力，逐步把长安城推向神坛。

帝王们

帝王们建起了宏伟的宫殿群。唐代的大明宫，占地面积达 320 万平方米，是北京故宫的 4.5 倍。由黄土夯筑而成的正南门——丹凤门，内开 5 个门道，正面对着一条宽约 176 米的大街，是帝王举行登基、改元等大型仪式的场所，是中央帝国威仪的象征。

在城外，高大的坟丘、宽阔的陵园，以及围墙、门道、门阙、后妃墓、陪葬墓，构成了皇家陵寝。渭河以北，西起乾县，东至蒲城，18 座唐代帝陵更是依次铺开，与南部的长安城一起构成了一个巨大的扇形。

右页图 大明宫微缩景观 / 摄影 李文博

大明宫微缩景观位于大明宫遗址博物馆东侧，以 1:15 的比例还原了全盛时期的整个唐大明宫宫殿群。借此，我们能够一窥昔日大明宫的风采。

大明宫丹凤门 / 摄影 李文博

雪后丹凤门，一片纯净。该建筑为新建建筑，内部是以原丹凤门遗址为主的博物馆。

城市的规划者、管理者

城市的规划者、管理者负责在长安城里建立秩序。居民们被严格限制在格子状的“里”“坊”中。诗人白居易曾评价:

百千家似围棋局，十二街如种菜畦。(白居易《登观音台望城》)

“里”“坊”内的任何人都不得越界私建房屋，不得增加门洞。夜间更是严格禁止出入，犯夜者即便身为官员也会被当场杖杀。

严格的秩序之外，管理者们还有必要为市民提供休闲的环境。

城市内广植树木，官员们为树种的选择曾发生过争执。最终槐树、榆树、柳树、杨树、梧桐、松树等全都得以在城市内开枝散叶，遍布道旁，荫蔽庭院。

对水景的营造更是大受欢迎。管理者们利用城市东南角的低洼之处，开凿加深，挖地成池。池水曲折，如同江河，人们称之为曲江。唐代以曲江池为中心，形成了一个范围广大的水景休闲区。它不同于封闭的皇家园林，是向市民开放的公共园林。市民们在此会聚宴游，帝王们也时常在此赐宴群臣，以示与民同乐。此为中国古代史上少有。

左页上图 大唐芙蓉园 / 摄影 宋虹霏

芙蓉园也叫芙蓉苑，是隋唐时的皇家禁苑，位于曲江池南岸。现在的大唐芙蓉园是在原唐代芙蓉园遗址以北，仿照唐代皇家园林式样重新建造的，是一个展示盛唐风貌的大型皇家园林式文化主题公园。

左页下图 古观音禅寺古银杏 / 摄影 韩飞

僧侣们

密集建设中的长安城恰逢佛教最富创造力的时期。鸠摩罗什从西域东进长安传播佛教。法显、玄奘从长安西行取经求法。僧侣们不仅在长安开宗立派，更建造了众多佛寺，数量之多，令人惊叹。

其中，大兴善寺为密宗祖庭，占地广阔，建筑雄伟，是长安城里首屈一指的大寺。大慈恩寺为法相宗祖庭。玄奘担任首任住持时，参照印度样式，在寺中亲自设计了一座藏经塔——大雁塔，至今存世已超过 1300 年。另一座著名佛寺荐福寺在之后也建了一座塔，因塔身比大雁塔稍小而得名小雁塔。

右页上图 大兴善寺 / 摄影 王东

大兴善寺是中国佛教密宗祖庭。它始建于公元 226 年，原名“遵善寺”，是西安现存历史最悠久的佛寺之一。隋文帝开皇年间扩建西安城为大兴城，寺庙占城内靖善坊一坊之地，取城名“大兴”二字，取坊名“善”字，赐名“大兴善寺”至今。

右页下左图 大雁塔 / 摄影 苟秉宸

大雁塔位于唐长安城晋昌坊的大慈恩寺内，高约 60 米，为典藏唐代玄奘法师从天竺取回的佛经而建，由玄奘法师亲自设计，始建于唐永徽三年（652 年），武则天时期加以重修。明万历三十二年（1604 年）又一次重修时，以青砖包住旧塔，未增加高度，但扩大了体积，形成了上小下大的造型，在中国诸多佛塔中独树一帜。

右页下右图 小雁塔 / 摄影 张阳

小雁塔位于唐长安城安仁坊荐福寺内，建于唐中宗景龙元年（707 年），原为 15 层，明代被地震毁坏，现只剩 13 层，高约 43 米。小雁塔虽不如大雁塔高大宏伟，但造型却别具一格。

胡人们

最引人瞩目的则是长安城全新的生活方式。强盛的帝国保障了丝绸之路的通畅，胡人们在长安开设珠宝店、货栈、酒肆，大受长安居民的欢迎。李白所著《少年行》中的“五陵年少金市东，银鞍白马度春风。落花踏尽游何处，笑入胡姬酒肆中”便生动地描绘了这种景象。

胡食也变得大为流行。从寻常百姓的餐桌到宫廷宴饮，随处可见胡食的身影。这些胡食大多由小麦磨成的面粉制作而成，而当时中国北方的饮食以粟、黍为主。为满足长安人的面粉需求，关中平原几乎都改种了小麦。小麦产量的增加，又促进了面食的进一步本土化。以面食为中心，长安人逐渐创造出异常丰富的美食。

除此之外，原本席地而坐的长安人在胡人的影响下开始了以桌椅为基础家居品的起居生活。

而要评价一个时代是否进步，最简单的方式是看当时的女性是如何生活的。这在唐代的女性身上表现得非常明显。她们可以娴静如花，也可以随时身着胡服，活泼如兔。1966 年，西安制药厂唐墓出土的唐三彩腾空马所展现的少女女扮男装、驭马腾空的形象，正是长安最好的写照。

左页上图　唐三彩腾空马 / 摄影　胡澍

骑马的唐代少女，女扮男装，两耳旁各梳有一个发髻，面部丰腴，笑容满面，双拳紧握于腰间，自信地控制缰绳。马的体形彪悍，做腾空跃起式，是唐三彩中的精品。

左页下图　唐三彩女性 / 摄影　李文博

唐三彩女性，现藏于陕西历史博物馆。

诗人们

长安的宫殿如此恢宏，长安的秩序如此井然，长安的景色如此怡人，长安的宗教如此发达，长安的生活如此时尚……云集于长安的诗人们便开始不断歌咏长安。

他们在长安则欣喜高歌：

> 春风得意马蹄疾，一日看尽长安花。（孟郊《登科后》）

离开长安则失落悲叹：

> 总为浮云能蔽日，长安不见使人愁。（李白《登金陵凤凰台》）

此时的长安超过了之前的长安，成为人们心目中的理想国，成了一座神一样的城市。就像后世作家王小波所说：

> 一个人只拥有此生此世是不够的，他还应该拥有诗意的世界。对我来说，这个世界在长安城里。（王小波《红拂夜奔》）

不过，“冲天香阵透长安，满城尽带黄金甲”，王朝的颠覆者已经在摩拳擦掌。公元 881 年，黄巢起义军攻入长安。长安城被严重损毁，一个神一样的长安终将远去。

右侧图 唐贞陵 / 摄影 常志强

唐贞陵为唐十八陵墓之一，是唐宣宗李忱的陵墓，位于咸阳市泾阳县西北方的仲山。唐贞陵现存石刻，如石马、石人、华表、翼马、朱雀等均已残破。

肆 继承与创新

从秦至唐，西安经历了鲜衣怒马的千余年。唐代之后，政治中心迁移，西安由都城变为府城。城市的规模大为缩减，军事地位却更加凸显，宋元明清四朝无不将西安作为西北军事重镇。

明清时期修建的城墙便是最好的证明。它周长 13.74 千米，是中国保存最完整的城防设施。墙体最底层用石灰、土和糯米混合夯打而成，其上用黄土分层夯筑，外壁再包砌多层城砖，极为坚固。城门的防御更加完善，门外均筑瓮城，每座门由外向内分别是闸楼、箭楼和正楼，三重楼一重套一重。

城市的中心地带则建起了高大的钟楼，也是目前中国形制最大、保存最完善的钟楼。围绕着钟楼的四条大街分别通向城市的四个方向。古代守城者只要登上钟楼，城内局势便可一目了然。

今天，城墙、钟楼的军事作用已经不再重要，但西安又迎来了一个快速发展的时期。它成为国家中心城市，是西北地区的枢纽，地位再次得到提升。它1/4 的街区都是历史风貌区，保存着传统的秦腔。它融合着不同的宗教，是多所著名高校区域所在地，是中国重要的制造业基地，还是中国公路、铁路、航空的枢纽。它充满创新，充满活力。

这就是西安，鲜衣怒马再千年。

西安城墙 / 摄影 王旭东

此图为西安城墙永宁门。西安城墙主要指西安明城墙，主要的城门有四座，包括长乐门（东门）、永宁门（南门）、安定门（西门）、安远门（北门）。西安城墙是中国现存规模最大、保存最完整的古代城垣，是第一批全国重点文物保护单位。

成都：烟火人间三千年

5 / 2

成都究竟是一个什么样的城市？为什么会拥有如此大的魅力？

这也许要归因于它对三教九流、各个阶层的容纳。三千年以来，上至王侯将相，下至升斗小民，无数人逐一登临成都这个舞台，共同营建出了一个中国最具人间烟火气的城市。

没有多少人有机会看到成都的全貌。这个城市面积广大，且时常被笼罩在雾气烟霾之中。

在成都工作的江西籍摄影师嘉楠决心用最笨拙的方法捕捉这样的机会。他连续三年在每天早晨 6 点登上成都东侧的龙泉山，静候云开雾散。

2017 年 6 月 5 日清晨，天气前所未有地晴好，嘉楠抓住机会一连拍摄了 32 张照片，最终拼接出了一幅真正的成都全景图。

之所以称之为“真正”，是因为它不仅仅包含成都的城市风貌，而且还将成都“两山夹一平原”的基本地理格局展现得淋漓尽致。近处龙泉山万木并立，郁郁葱葱。远处 7000 米级的贡嘎山、6000 米级的幺妹峰，以及横断山脉的许多其他山峰都清晰可见。远近两列山脉之间密密麻麻的建筑耸立在广阔的平原之上，规模宏大，生机勃勃。这便是拥有 2100 万常住人口的超级都市——成都。

然而，即便全貌尽现，成都依然有着诸多待解之谜。它深处中国西南内陆，没有沿海城市与世界接轨的便利；它远离航运发达的长江水道，没有重庆等沿江城市的水运交通的优势。但是商业精英们却看好它的未来发展，北上广深之外，成都是他们追逐财富梦想的最佳选择。

普通人津津乐道于它的生活方式，美女、美食、麻将、茶馆似乎是成都人日常生活的全部，其舒适度之高令全国人民艳羡不已。在各大省会城市中，成都更是长期力压群雄，位列网络搜索热度榜之首，远超近些年愈发家喻户晓的杭州、南京。

成都究竟是一个什么样的城市？为什么会拥有如此大的魅力？

这也许要归因于它对三教九流、各个阶层的容纳。三千年以来，上至王侯将相，下至升斗小民，无数人逐一登临成都这个舞台，共同营建出了一个中国最具人间烟火气的城市。

狮子王峰
4989 米

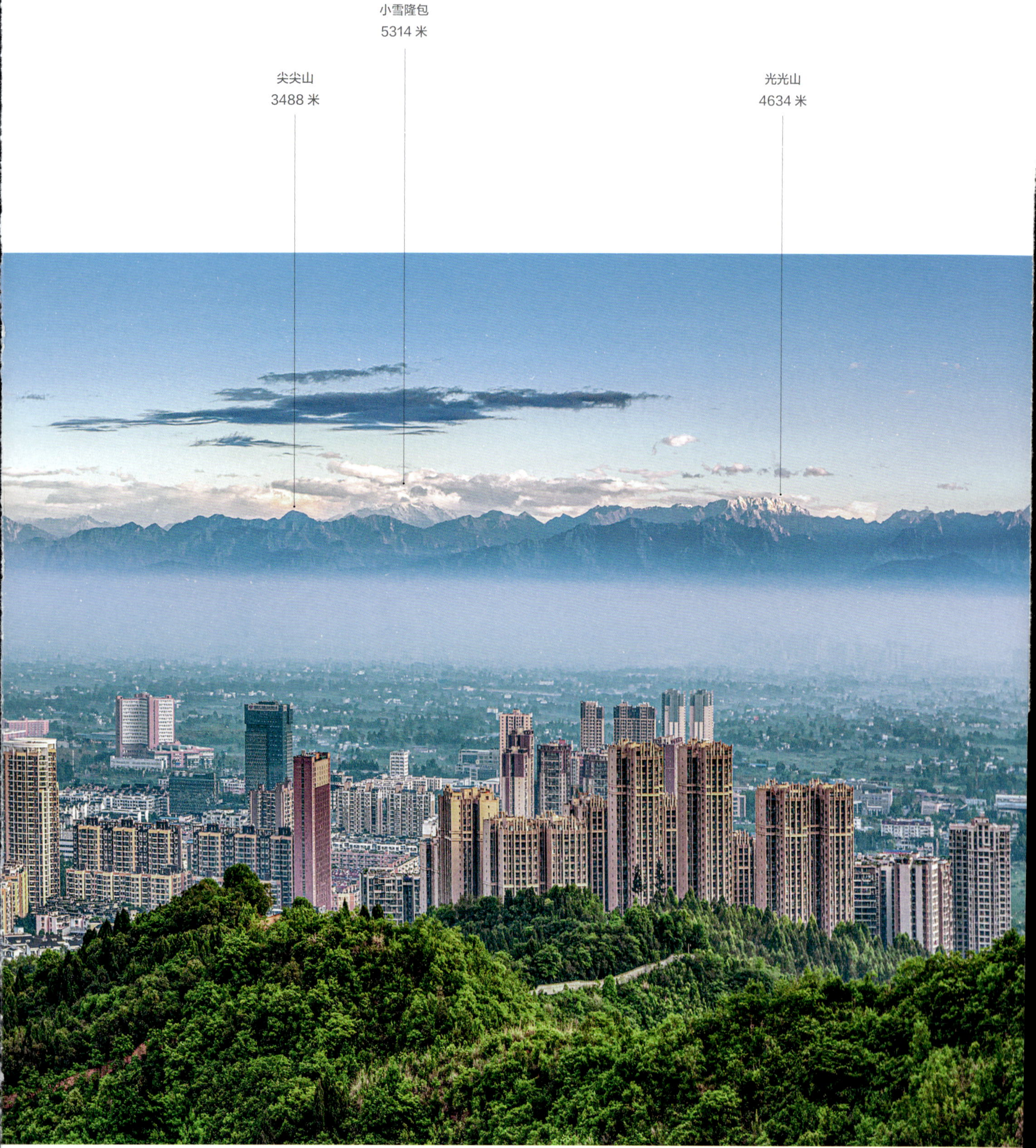
小雪隆包
5314 米
尖尖山
3488 米
光光山
4634 米

鹰鸽嘴峰
5180 米
幺妹峰
6247.8 米
龙眼峰
5630 米
鱼嘴峰
5174 米
盘龙山
3970 米
赵公山
2434 米
火烧杠
4141 米
海子塘峰
5213 米

武檀雪山
5338 米
石喇嘛
5380 米
大雪塘
5353 米
大白岩
3399 米
马桑坪
3741 米
红山顶
4222 米
鸡心山
3796 米

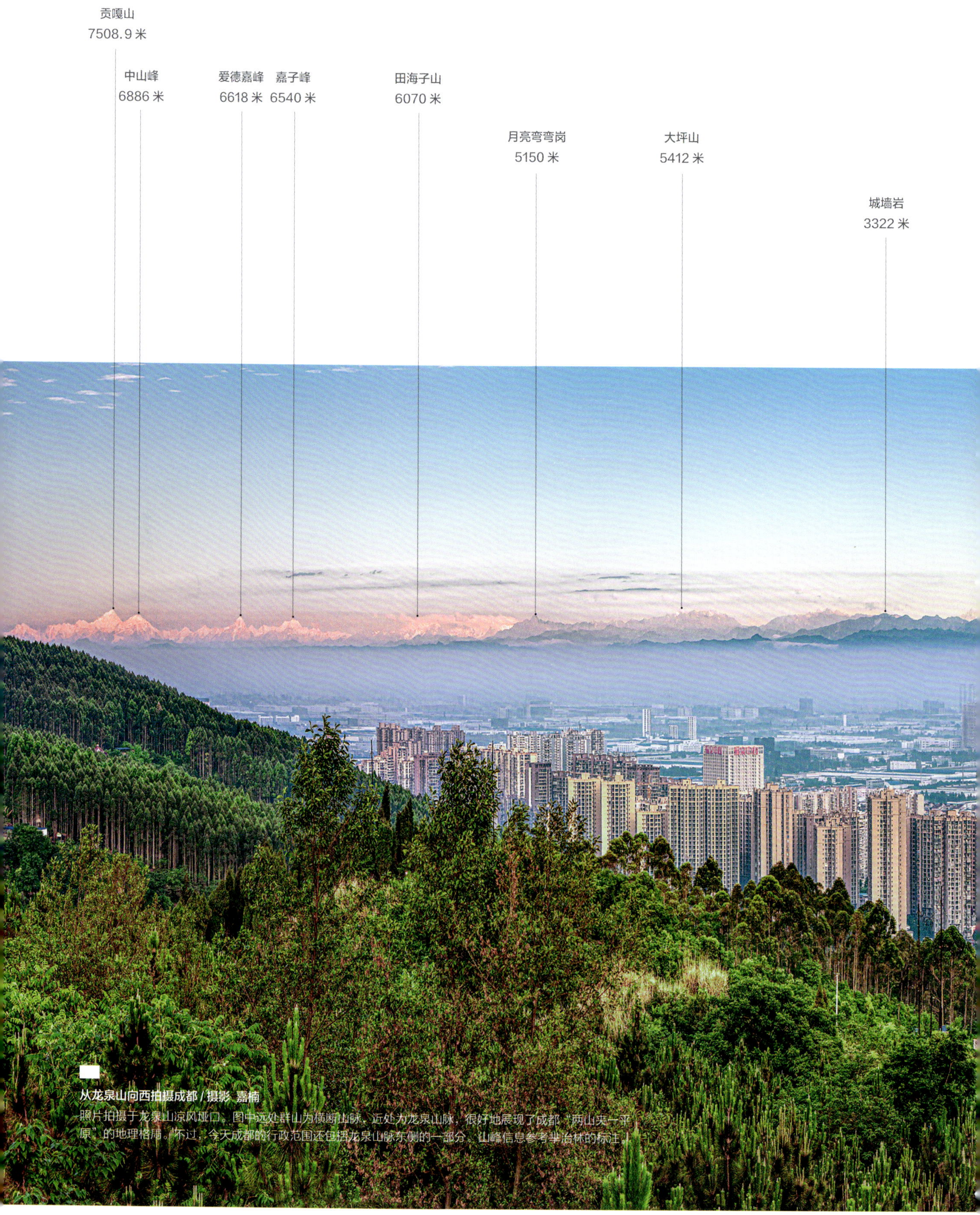

从龙泉山向西拍摄成都 / 摄影 嘉楠

照片拍摄于龙泉山凉风垭口。图中远处群山为横断山脉，近处为龙泉山脉，很好地展现了成都“两山夹一平原”的地理格局。不过，今天成都的行政范围还包括龙泉山脉东侧的一部分。山峰信息参考毕治林的标注。

成都现为四川省省会，中国西部地区特大中心城市。今天的成都是历史成都的延续和发展，其最为特别之处在于，自公元前 4 世纪建城以来，2300 多年间，城址未曾迁移，城名也未曾更改。历代成都城区皆以大致相同的中心展开，即今天锦江两条主要支流之间的区域，历代成都的主要故事也在这里上演。

成都市区主要景观分布图

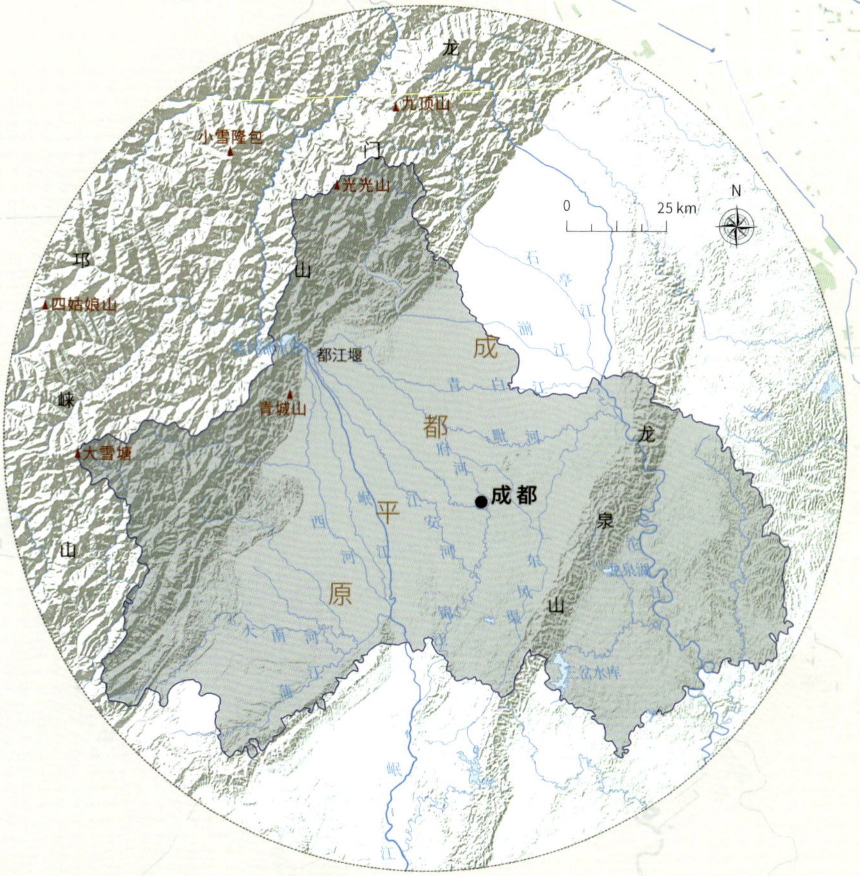

成都地形图

成都地处四川盆地西部，青藏高原东缘，兼有高原山地、平原、丘陵地貌。其中最为核心的地区即为处于龙门山与龙泉山之间的成都平原。成都平原由岷江、沱江及其支流携带的泥沙在山前沉积而成。整个平原土质松软，水网密集。自公元前 3 世纪蜀太守李冰修筑都江堰后，成都平原“水旱从人”，十分利于农业发展，很快就取代关中，获得了“天府之国”的美誉。

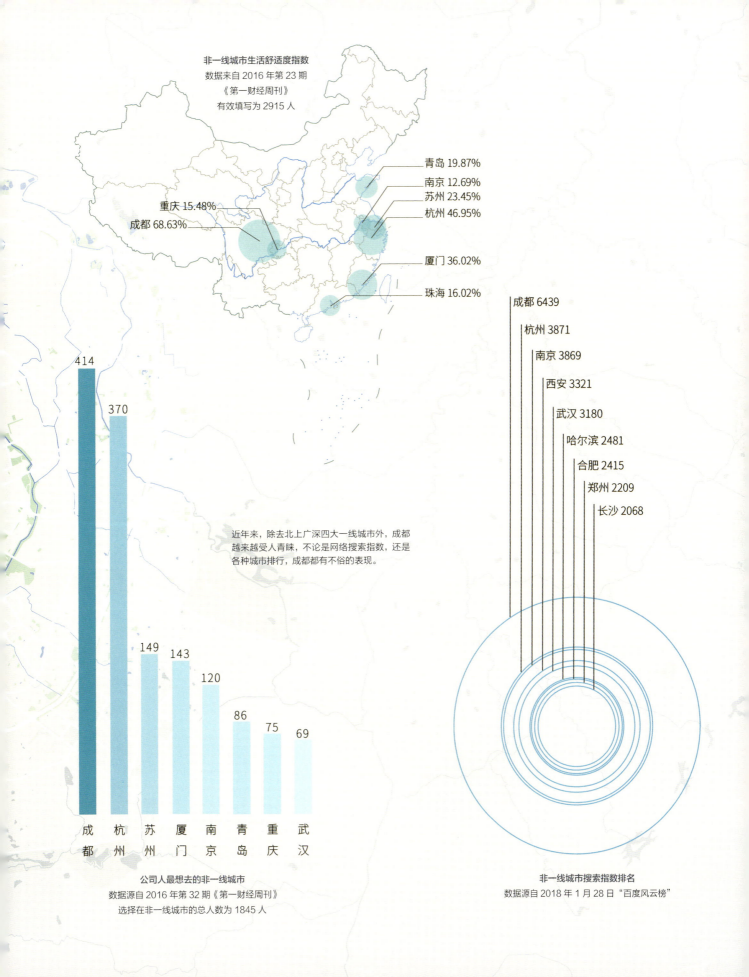

非一线城市生活舒适度指数

数据来自 2016 年第 23 期

《第一财经周刊》

有效填写为 2915 人

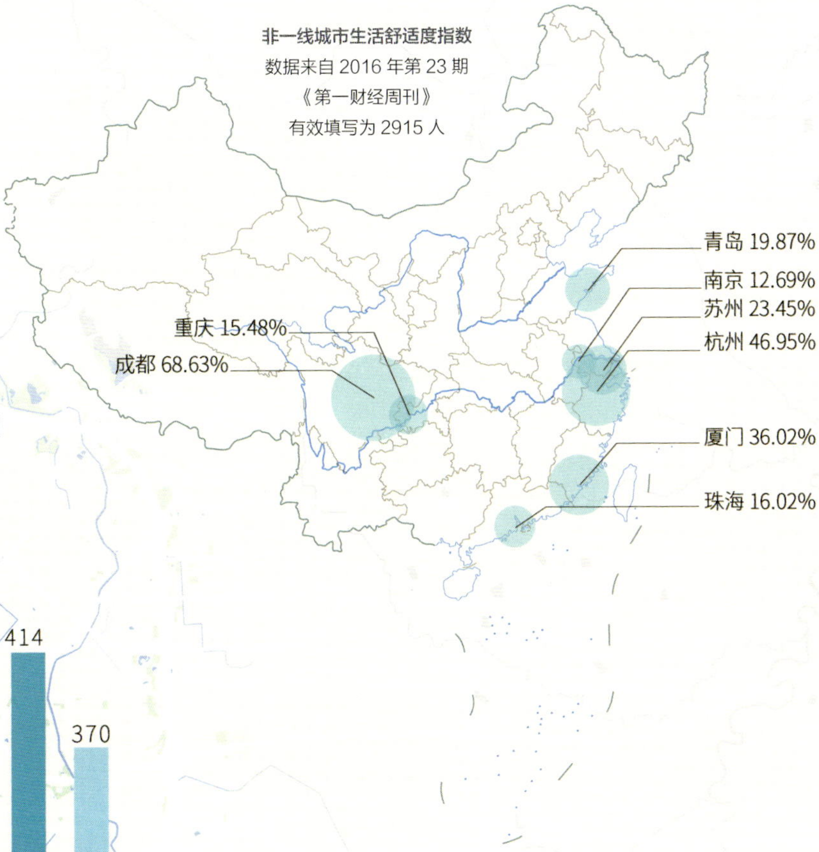

近年来，除去北上广深四大一线城市外，成都越来越受人青睐，不论是网络搜索指数，还是各种城市排行，成都都有不俗的表现。

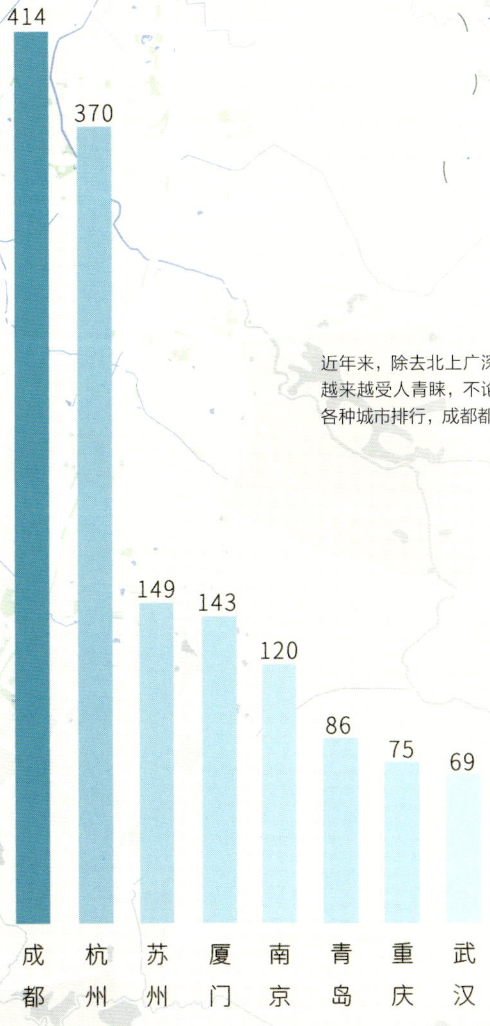

公司人最想去的非一线城市

数据源自 2016 年第 32 期《第一财经周刊》

选择在非一线城市的总人数为 1845 人

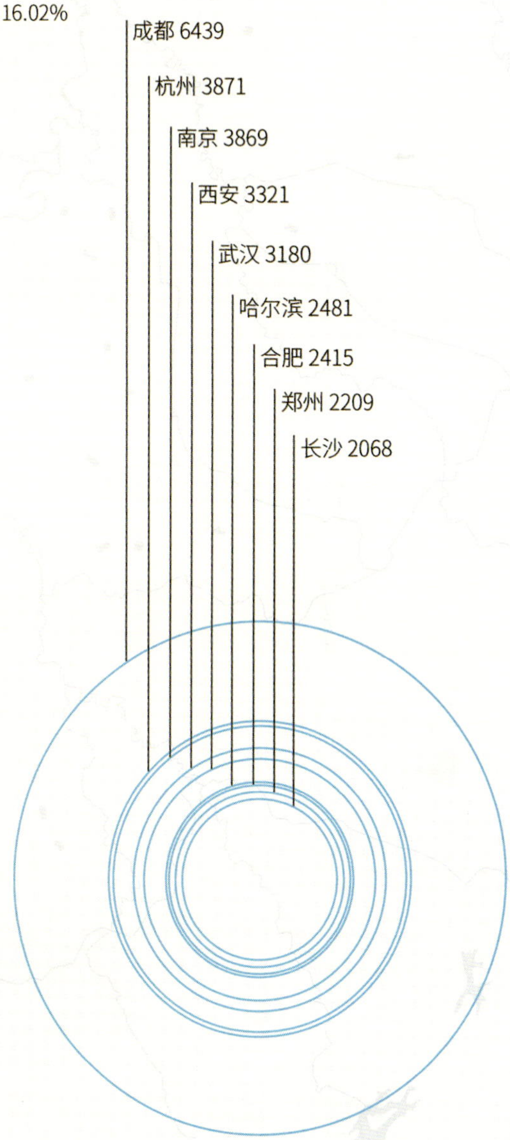

非一线城市搜索指数排名

数据源自 2018 年 1 月 28 日“百度风云榜”

壹 初生

千万年前的中国大地，造山运动如火如荼。横断山脉、大巴山脉、巫山、大娄山持续隆升。它们分别从西、北、东、南四面合围，中部形成了一个巨大的盆地，即四川盆地。

盆地西侧的横断山脉尤其高峻，山地孕育出了巨大的冰川。冰川消融及降水形成的河流裹挟着砾石泥沙冲出峡谷，不断在山前的盆地内沉积。200 多万年以来，龙门山、龙泉山之间的沉积物厚度超过 500 米，面积更是达到约 9000 平方千米。成都平原就此诞生。

“两山夹一平原”的成都占据了四川盆地内自然条件最好的区域，堪称“精华中的精华”。它风景秀丽，既有中国东部常见的青翠大山，又可仰望终年积雪的西部雪峰。海拔为 5353 米的大雪塘山势耸立，为成都市域内的最高峰。

高大的山体助力成都形成发达的水系。山涧碧水叮咚，叠瀑潺潺，平原上河网密布。尤其岷江进入平原后，水势平缓，多出汊道，每隔 3 千米 ~5 千米便有一条较大的河道，是四川盆地河网最稠密的地区。密集的河网地带让大量植被恣意生长，逐渐形成富含腐殖质的土壤，平原因此愈发肥沃。

肥沃的土地，以及从平原到高山高差巨大的垂直自然带，孕育出了极为丰富的动植物资源。其中包括 2600 余种种子植物、237 种脊椎动物，珍稀的大熊猫、小熊猫皆生活其中。

另外，有学者认为，成都虽然紧邻地质活动活跃的横断山区，却由于地震能量在横向上快速衰减，以及平原上厚达数百米的砂石沉积层可能具有吸收和消减地震波能量的作用，因此极少发生破坏性地震。

风景优美，水系发达，土地肥沃，动植物丰富，极少发生地震灾害，成都的自然条件可谓：

> 九天开出一成都，万户千门入画图。（李白《上皇西巡南京歌十首》）

现在，舞台已经就绪，只待来人登临。

右侧左图 青城后山瀑布 / 摄影 贺磊

右侧右上图 小熊猫 / 摄影 严肃

右侧右下图 大熊猫 / 摄影 周孟棋

贰 王侯将相

岷江上游的古蜀人率先发现了成都的价值。他们顺江而下，翻越重重山岭，进入成都平原，在条件优越的成都奠定了古蜀王的霸业。

距今约 3000 年前，一座规模庞大的都城出现在成都市区的西北部（金沙遗址）。古蜀王坐镇其中，统辖四方。精美的金器、巨大的象牙装点了蜀王的仪典。

金沙遗址出土的金器有 200 多件，是中国出土金器数量最大、种类最多的先秦遗址。象牙的数量更是多到数以吨计，令人瞠目结舌。高超的工艺，超前的审美，凝结了蜀王的精神信仰。4 只展翅飞翔的神鸟被刻画在一片仅有 0.2 毫米厚的金箔上，围绕着太阳生生不息，循环往复。

右页上左图 金沙遗址黄金面具 / 摄影 李滨

金沙遗址出土金面具、金带、圆形金饰、喇叭形金饰等多种物件，其中金面具与广汉三星堆的青铜面具在造型风格上基本一致，其他各类金饰则为金沙遗址特有。

右页上右图 金沙遗址太阳神鸟金箔 / 摄影 张艳

金沙遗址太阳神鸟金箔是禁止出国（境）展览文物。该图案于 2005 年成为中国文化遗产的标志。

右页下图 金沙遗址博物馆 / 摄影 李滨

金沙遗址位于成都市青羊区苏坡乡金沙村（现为成都市青羊区金沙街道），是在 2001 年 2 月开挖蜀风花园大街工地时被发现的。2007 年，金沙遗址原址被建成金沙遗址博物馆，展出遗址祭祀区现场及文物。

2300 年前，古蜀国被秦国所灭。新上任的蜀郡太守李冰接受了一个更为宏大的使命 ——成都不但要成为治理蜀地的中心，还要担当统一中国大后方的重任。一个史无前例的超级工程 ——都江堰建设，拉开了序幕。

李冰组织蜀人移山凿河，将时常泛滥的岷江一分为二，内江用于灌溉，外江用于分洪。都江堰的成功建设大大促进了农业的发展，成都平原从此沃野千里，不知饥馑。原本属于关中平原的“天府”美誉也很快被成都平原取而代之。

在随后长达 30 年的秦统一战争中，来自成都的粮草、兵器被源源不断地送往前线，秦王的统一大业最终完成。

不仅是秦王，与项羽争夺天下的汉王刘邦同样将成都视作大后方之一。他安排萧何“收巴蜀租，给军粮食”。而萧何也因“收租”得力，被刘邦定为汉朝开国第一功臣。

成都人则感念李冰之功，将其奉为四川保护神。李冰的次子也被演绎为著名的“二郎神”，这便是流行于四川的“川主信仰”，鼎盛时期的相关庙宇有 500 余座。

左页图 都江堰水利工程局部 / 摄影 余明

此图为都江堰工程局部航拍图，图中左侧最细长的河道为沙黑总河，
中间为外江，右侧为内江。

都江堰水利工程 / 摄影 唐潮

1700 年前，魏、蜀、吴三国鼎立。足智多谋的诸葛亮以成都为中心经营蜀地，然而三国之争的关键并非智谋多寡，而是中原、吴越、巴蜀三大核心区的经济实力的角逐。蜀汉虽有成都平原的农业之利，终究疆域狭小，国力薄弱。诸葛丞相必须为蜀汉找到新的财赋来源。一种“上等奢侈品”进入他的视野，即“锦”。

秦汉三国时期的成都盛产蜀锦。其品质冠绝中华，不但被当地达官贵人竞相购买，还出口魏、吴，远销异域。

为控制蜀锦的生产，蜀汉政府在成都城西修筑官府作坊，名为“锦官城”。成都因此多了一个美丽的别称“锦城”或“锦官城”。大量冠以“锦”字的地名也开始在成都涌现。织锦作坊的所在地被称为“锦里”，织锦工人濯锦之江被称为“锦江”。

但是，诸葛丞相“出师未捷身先死”，蜀锦也在后来被苏浙丝绸超越。不过诸葛亮治蜀的功德却被成都人永久铭记。他们修建起规模宏大的祠庙——武侯祠，其内广植松柏竹木，宁静肃然，正如杜甫在《蜀相》中所云：

> 丞相祠堂何处寻，锦官城外柏森森。

古蜀王、秦王、汉王、李冰、诸葛亮，一代代王侯将相曾在成都建功立业，一批批新人也已经开始摩拳擦掌，等候登场。

左页上图　武侯祠 / 摄影　张艳

武侯祠是中国唯一的君臣合祀祠庙，由武侯祠、汉昭烈庙及惠陵组成，但人们习惯将三者统称为武侯祠。
此图为武侯祠围墙与祠中竹子。

左页下图　锦里 / 摄影　刘承徭

此图为今锦里街区。现在的锦里已演变为成都著名的商业街区。

杜甫草堂 / 摄影 樊哲

此图为今杜甫草堂博物馆中梅园的茅草屋，简陋而别致。

叁 文人雅士

先秦及秦汉时期，成都的经济虽然有了一定的发展，但文化上仍较中原落后许多。蜀人自己便曾说：

蜀本无学士。（出自《三国志·秦宓传》，指西汉初年的状况。）

到了唐宋时期，成都的经济达到鼎盛，人称“扬一益二”［扬州第一，益州（成都）第二］。政局安定之时，文人雅士如王勃、卢照邻、李白、陆游等人，皆以游历成都为风尚。

中原板荡之际，文人雅士又纷纷以成都为避难之所，情况尤其以安史之乱、唐末五代战乱时为甚。

公元 759 年，47 岁的杜甫逃难到成都，寄寓寺庙少许时日之后，便开始营建他自己的新家。他向亲戚借得银钱，向县官借得苗木竹子，甚至瓷碗都是朋友襄助。数月之后，著名的杜甫草堂便落成了。草堂前的小径两侧栽满花木。当朋友到访时，杜甫在诗中高兴地写道：

花径不曾缘客扫，蓬门今始为君开。（杜甫《客至》）

好不容易安顿下来的杜甫，也终于有闲情逸致欣赏成都的美景。西岭雪山在他的笔下也一举成名：

窗含西岭千秋雪，门泊东吴万里船。（杜甫《绝句》）

在杜甫到达成都 30 多年后，女诗人薛涛也随父入蜀。不承想，她的父亲很快病逝于成都，随后她被迫沦为乐妓，在达官贵人的宴席间以侍酒作诗为生。

当时，人们作诗的纸张幅面宽大，占据主导地位的男性诗人在其上挥毫洒墨，气势恢宏。内心细腻的薛涛认为应该有一种精致的、更符合自身喜好的纸张。她决定亲自动手从井中汲水，自行制作小型纸张，并将纸张染为更为浪漫的桃红色。这种小型书写纸一经问世，便成为文人雅士手中的时尚之物，人称“薛涛笺”。

薛涛暮年居于浣花溪之侧，成都人在锦江边修建起一组壮丽的建筑群以资纪念，望江楼便是其中之一。

右侧图 望江楼 / 摄影 王新刚

望江楼位于成都市东门外九眼桥锦江南岸望江楼公园内，是明清两代为纪念唐代女诗人薛涛而建起来的。

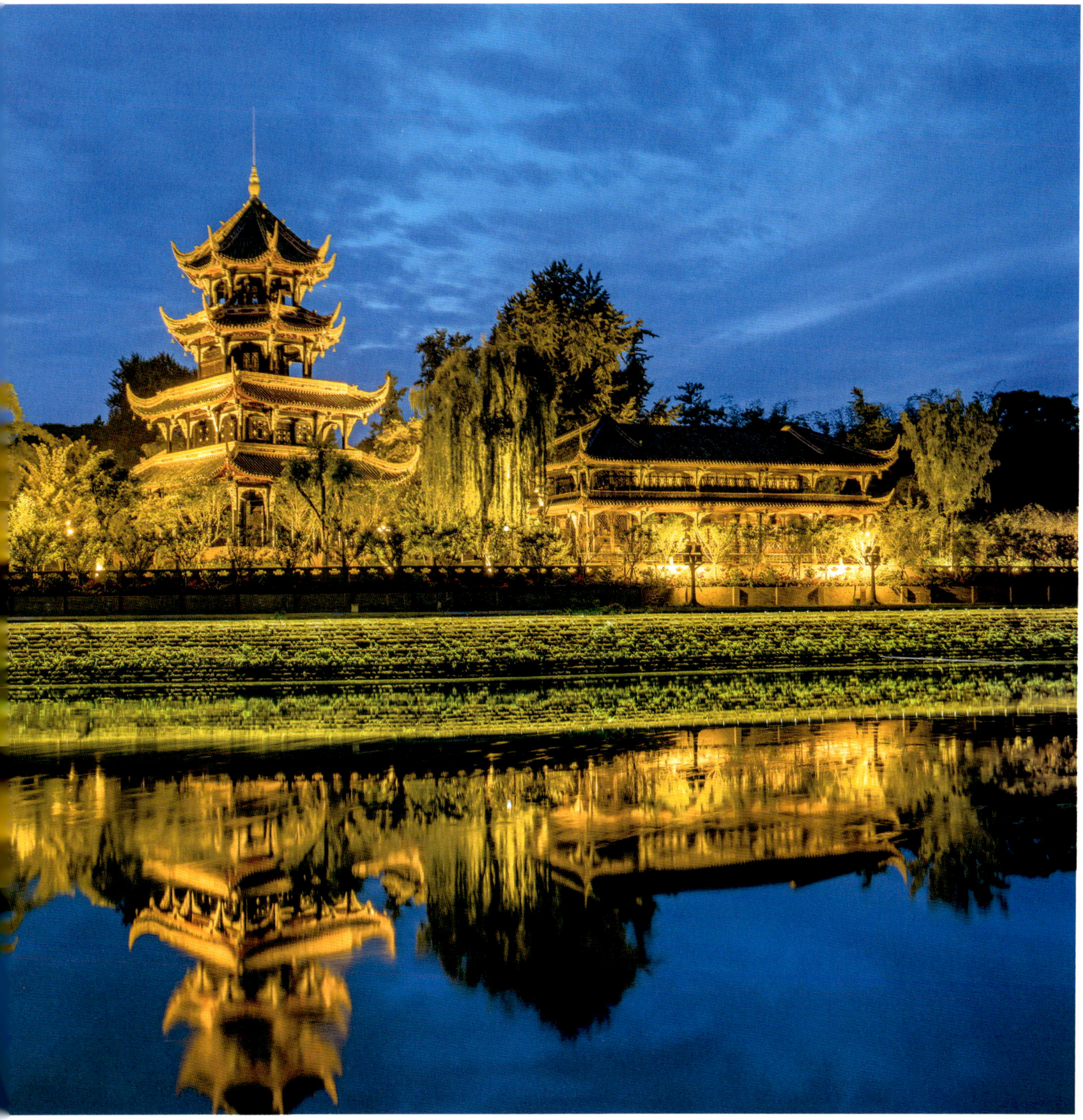

随着文人雅士的增多，成都逐渐变成一个艺术氛围极为浓厚的城市。满城的人都在谈论诗文、绘画、音乐。杜甫在《赠花卿》一诗中记录道：

> 锦城丝管日纷纷，半入江风半入云。此曲只应天上有，人间能得几回闻？

再加上成都人天性乐观，生活中充满了幽默与欢乐，一时间城市里大兴悠闲享乐之风。人们享用着美食、美酒，歌舞宴饮，鼓瑟吹笙。李商隐在诗中写道：

> 美酒成都堪送老，当垆仍是卓文君。（李商隐《杜工部蜀中离席》）

户外的游乐尤其盛大，而且是全民出动，官民齐参与。宋代《岁华纪丽谱》记载：

> 成都游赏之盛，甲于西蜀，盖地大物繁而俗好娱乐。凡太守岁时宴集……士女栉比，轻裘丫服，扶老携幼，阗道嬉游。

成都人还花大力气整修许多景点，使之成为游乐胜地，例如浣花溪。他们广种花木，包括海棠、栀子、杜鹃、梅花、银杏等。最为著名的当属芙蓉，成都也因此又被称为"蓉城"。为方便观赏美景，他们又修葺或新建大量亭台楼阁，包括著名的"观景摩天楼"——散花楼。

与此同时，宗教活动更加兴盛。隋唐时期，成都地区可考的佛教寺庙多达 43 处，著名的玄奘法师便在其中一处寺庙受戒。风景秀丽的青城山更是遍布道观，成为道教名山。

李白、杜甫、薛涛……聚集众多文人雅士的成都已经如此丰富多彩。随后，真正的人间烟火即将点燃，它将让成都更加引人瞩目。

右页上图 合江亭 / 摄影 王新刚

合江亭位于四川省成都市府河与南河交汇之处，始建于唐代贞元年间，北宋重建，并达到鼎盛，成为市民游玩的热闹场所。

右页下图 青城山 / 摄影 唐潮

青城山位于四川省成都市都江堰市西南，是中国著名的道家名山。此图为青城山上清宫，宫门上"上清宫"三个字由蒋中正题字。

上清宫
瑶台阙
玄圃阙
大成若缺天得一以清

肆 市井小民

在元明清朝代更迭之际，成都不再是安定的大后方。频发的大屠杀使得成都人口锐减，尤其以明末张献忠主导的两次屠城最为恐怖，成都几乎沦为空城。

元末明初、明末清初，一直到20世纪的抗日战争期间，来自湖广及其他省份的新移民大规模进入成都，成都的人口结构发生了前所未有的变化。

新的村镇在成都平原上迅速崛起，星罗棋布、大小错落。大地主们建立起超级庄园，客家人将土楼引入成都，满族人则按照北方的习惯建立起类似胡同的宽窄巷子。移民们带着各自原籍的生活习惯、方言，五方杂处，互相通婚，最终在成都这个熔炉中被塑造为全新的成都人。

王侯将相、文人雅士主导的成都文化让位于更具烟火气的市井文化。

右页图 邛崃平乐古镇 / 摄影 尹贵成

平乐地处四川省成都市所辖邛崃市西南部。平乐古镇较好地保留了明清时期的古民居，古街两边的房屋多数为一楼一底的木结构，一般为下层做铺面，上层做居室，体现了浓郁的川西风格。

他们融合南来北往的饮食，创造出平民化的川菜：火锅、串串香、担担面、赖汤圆、肥肠粉、钟水饺、夫妻肺片、伤心凉粉、麻婆豆腐、兔头、锅盔、龙抄手……达官贵人、贩夫走卒皆可大快朵颐。

他们将江苏昆曲、湖北汉剧、陕西秦腔与四川高腔、灯戏等诸多地方声腔融合，形成尤以变脸、吐火著称的川剧。

他们让茶馆遍布城市各个角落，三教九流，会聚一堂，无须礼仪，皆可尽情喝茶聊天。

他们让麻将成为“全民运动”，无论老幼，无论寒暑，无论高低贵贱，麻将桌构成了成都最大的“社交网络”。

底层文化的兴盛，使得明清时期成都的小商品经济愈发繁荣。到了清末民国时期，川军将领杨森仿照西方在成都修建新式马路，时名“森威路”。江浙商帮、北京商帮、四川商帮沿路设店，仅此一条马路所集中的商业资本便占到整个成都的七成，形成了当时成都的中央商务区。森威路后来的名字——春熙路，更加广为人知。

左页上图 成都茶馆 / 摄影 朱建国

茶馆是成都极具代表性的公共场所之一。此图为成都一处露天茶馆。

左页下图 川剧吐火 / 摄影 朱建国

三益公商厦
亨得利
中国银行
BANK OF CHINA
TUDOR
春熙路

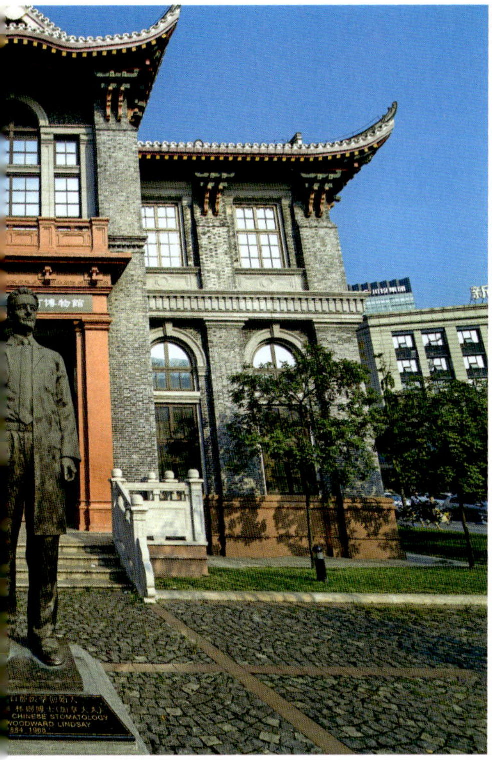

商业的繁荣，人口的增长，促使成都在 1936 年便开始规划环城道路。规划的一环紧靠城墙，长约 15 千米；二环环绕市区，全长 55 千米，成都因此成为典型的环路交通城市。[1]

西式高等教育也于这一时期被引入成都。1910 年，多个西方国家的基督教会联合成立华西协合大学，大学所在地被称为华西坝。其校园建筑风格中西合璧，兼具中国古典园林和西方宫廷花园之美。

千千万万个市井小民中的多数人甚至没有留下名字，却共同推动了成都的全新繁荣。川菜、川剧、茶馆、麻将、商业街、环城道路、新式教育，让成都充满了包容万千的人间烟火。

① 这里的长度为 1936 年的道路规划长度。1986 年建成的成都一环实际长度为 19.38 千米，1993 年建成的成都二环实际长度为 28.3 千米。

左侧左图 春熙路 / 摄影 张盛
春熙路得名于老子《道德经》：“众人熙熙，如享太牢，如春登台。”
民国时期，春熙路即为成都的商业中心。

左侧右上图 华西口腔健康教育博物馆 / 摄影 王新刚
博物馆的门外伫立着中国现代口腔医学创始人林则的全身雕塑。

左侧右下图 四川大学华西校区钟楼 / 摄影 朱建国
四川大学华西校区钟楼为中西合璧式建筑，以青砖黑瓦、画栋雕梁配以西式时钟。

伍 今日成都

今日的成都走过三千年的沧桑。各类新式建筑拔地而起，商业繁盛，交通发达，与全球联结紧密，人们的生活方式前卫而多样，并充满文艺气息。

这就是成都，烟火人间三千年。

天府广场 / 摄影 伊伦迪尔

天府广场位于成都市中心地带，其正北方矗立着一座毛泽东像。

梵净山：红尘孤岛

6/2

梵净山真正出众的不是外形，不是宗教，而是它所孕育的生命。

亘古至今，人世间滚滚红尘，梵净山如同一座孤岛。它在危急时刻接连三次出手，助力生灵繁衍存续。

正如生态学专家吉姆·桑赛尔在梵净山实地考察时所言：“梵净山就像一座生态孤岛，有很多物种在里面生存、发展，它的周边就是人类活动的海洋。”

中国贵州，一场翻天覆地的变化正在发生。其中，旅游业的进步尤其令人瞩目，增速高达 40% 以上。里程碑式的好消息也是接踵而至。2018 年 7 月 2 日，贵州梵净山一举成为中国第 53 项世界遗产。

在此之前，外地人也许知道贵州的黄果树瀑布，也许知道赤水丹霞、荔波喀斯特。但对于梵净山，绝大多数人可能连名字都没有听过。

为什么是梵净山？在世界遗产大门外排队的那些中国名山，明明更加声名显赫，如长白山、衡山、恒山，更不用提申遗 20 多年而不得的华山。是因为贵州的好运集中爆发？是因为它是佛教五大名山之一？还是因为它的相貌出众？

都不是。

第一，梵净山的山形虽然特别，但黄山、庐山、华山等还是要更胜一筹，更不用提西部众多的巍峨雪山。

第二，所谓佛教五大名山，也并未被人们广泛接受。真正被广泛认可的只有九华山、普陀山、五台山、峨眉山四大名山。梵净山最多算是一个区域性的宗教名山。

看来，要真正了解梵净山的价值，已经不能用我们平常看待名山大川的方式了。因为它真正出众的不是外形，不是宗教，而是它所孕育的生命。

亘古至今，人世间滚滚红尘，梵净山如同一座孤岛。它在危急时刻接连三次出手，助力生灵繁衍存续。正如生态学专家吉姆·桑赛尔在梵净山实地考察时所言：

> 梵净山就像一座生态孤岛，有很多物种在里面生存、发展，它的周边就是人类活动的海洋。

左侧图 梵净山新金顶 / 摄影 石耀臣

壹 诞生

梵净山，位于贵州东北部。遗产地核心区与缓冲区面积约为 775 平方千米，不足中国 960 万平方千米陆地国土的万分之一。

数亿年以来，它所在的中国南方不断经历沧海桑田的巨变，海洋中的生物碎屑及其他颗粒物不断堆积，形成碳酸盐岩。

约 2.3 亿年前，中国南方最终崛起成陆地，大量碳酸盐岩也露出地表，裸露区面积高达 50 万平方千米，总厚度 10 千米，如同一片由碳酸盐岩构成的海洋。这些碳酸盐岩极易被水溶蚀，形成著名的喀斯特地貌。

亿万年的水流冲刷之后，贵州的大地，被蚀刻得千疮百孔，支离破碎。而梵净山的隆起，则打破了这一格局。历经漫长的地质运动，贵州东北部强烈隆升。梵净山外围的碳酸盐岩在隆升中逐渐被水流溶蚀，山体真容得以露出。它的主体是与碳酸盐岩完全不同且不易被水溶蚀的另一类岩石 ——变质岩。

以山顶为中心，梵净山的山体呈现为中间突起、两头收窄的桃核状，犹如一座在碳酸盐岩海洋中的变质岩孤岛。其最高峰凤凰山海拔 2570.5 米，山体雄浑，身姿巍峨。海拔 2493 米的老金顶次之，由板状的变质岩一层层堆叠而成，山势嶙峋。

右页图 思南长坝石林 / 摄影 李贵云
思南长坝石林位于贵州省铜仁市思南县境内，东距梵净山约 70 千米，为一处典型喀斯特峰林地貌。

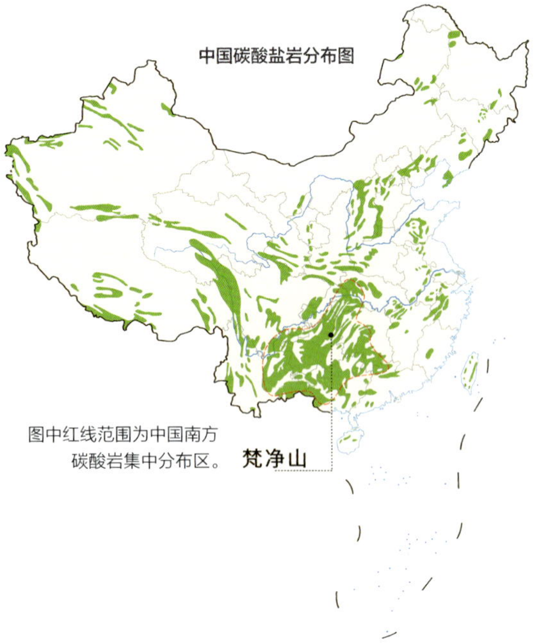

图中红线范围为中国南方碳酸岩集中分布区。

梵净山新金顶 / 摄影　杨秀方

此图中最为醒目的为梵净山新金顶，远处为梵净山最高峰凤凰山。

凤凰山与老金顶之间，则是异常突出的新金顶。晨昏之时，四周红云映照，故又名“红云金顶”。新金顶矗立在狭窄的山脊上，高差达数百米。在自然的风化、侵蚀之下，坚硬的岩体崩裂形成一道峡缝，将金顶一分为二。其醒目的外形，让人无论从哪个角度观看都会被深深吸引。

如若把视线拉远，凤凰山、新金顶、老金顶，以及连接彼此的山脊，还会勾勒出一副仰卧的人的形象，人称“万米睡佛”。

更多的变质岩山体则在大自然亿万年的雕刻下，形成千奇百怪的独特造型。如“老鹰岩”“万卷经书”“太子石”，各种奇石，惟妙惟肖、妙趣天成。

至此，变质岩构成的梵净山已经诞生。它与周围的碳酸盐岩将走上不同的道路，对生命的三次出手助力也即将展开。

左页图 梵净山新金顶 / 摄影 覃光辉

此图为雪后梵净山新金顶，从这个角度可以看见新金顶上部存在裂隙，山峰一分为二，峰顶之上各建有一座寺庙。

下图 梵净山峰顶奇石 / 摄影 覃光辉

梵净山山峰顶部许多变质板岩在亿万年侵蚀下，形成了许多独特的造型，其中以老金顶旁边一处山脊最为集中。图中可以看见“鲤鱼吐珠”“翻天印”“万卷经书”等造型。

梵净山新金顶 / 摄影 徐俊

贰 第一次出手

梵净山为周边区域拔地而起的最高峰。来自太平洋的东亚季风，与来自印度洋的南亚季风，翻山越岭，在此交汇。随季风而来的暖湿气流受山体阻碍向上爬升，遇冷凝结，山间云雾弥漫遂成为常态。高耸的新金顶也掩映在缥缈之中。云雾中的小水滴衍射太阳光，在特定的条件下还会形成佛光。梵净山蘑菇石、九皇洞、新金顶，都是佛光的多发地带。

蒸腾的气流转化为充沛的降水，梵净山年降水量高达 1100~2600 毫米。充沛的降水以山顶为中心，向四周孕育出放射状水系，四下奔流。仅落差在 20 米以上的瀑布就有 23 处之多。观音瀑布、黑湾河瀑布、白水洞瀑布等，都颇为壮观。

如此多的水流，如果出现在梵净山周围的碳酸盐岩地区，则会很快将岩石溶蚀，难以积累土壤，地表薄薄的土壤一旦因植被破坏而被水冲走，就极难恢复，暴露出大面积的裸岩，形成石漠。此时，再多的降水，也会很快从地下裂隙、溶洞里流走，使地表水极为匮乏。

但在梵净山，难以溶蚀的变质岩产生土壤的速度快、土壤的深度大，不会出现石漠化问题，而且降水也不会从地下流走，能够汇聚成溪水、河流等地表水，为动植物的生存栖息提供了优越的环境。

充足的水源、肥沃的土层，再加上梵净山所处的亚热带环境，水热条件可谓优越，为动植物的生存栖息提供了优良的环境。据不完全统计，梵净山的野生植物有 4394 种，森林覆盖率达 80% 以上，无论质量还是数量，都优于周围的碳酸盐岩地区。

这便是梵净山助力生命、突破石质荒漠的第一次出手。第二次出手，则开始于寒冷的冰期。

右页图 观音瀑布 / 摄影 杨秀方

观音瀑布位于梵净山黑湾河景区内，因形状酷似观音像而得名。

叁 · 第二次出手

梵净山地处亚热带，随着海拔的升高，温度逐渐降低，至山顶一带，年均温度只有 5~6 摄氏度。往往是山下郁郁葱葱，山上白雪皑皑。

在数千米的垂直距离内，梵净山跨越了中亚热带、北亚热带、暖温带、中温带四个温度带，相当于水平距离上几千千米的变化。

不同海拔的温度带可以满足不同植被的生长需要。包括 1300~1400 米以下的常绿阔叶林带；1400~2200 米的常绿落叶阔叶混交林；2200~2570.5 米的亚高山针阔混交林和灌丛草甸带。这便是山地的垂直自然带。

距今 258 万年以来，每当冰期来临，全球温度都会大幅下降。一些动植物因为无法适应寒冷而消失。但在梵净山，垂直自然带开始发挥作用，原本生活在较高海拔地区的植物，逐渐向温暖的低处迁移。当冰期结束，气温回暖，它们又往较凉爽的高处回迁。一下一上之间，古老的物种得以延续，这便形成了所谓的孑遗物种①。在这里，可以看见叶靓花美但颇为珍稀的鹅掌楸。其树木高大，可达 40 米。

更为稀少的珙桐，居然在梵净山成片分布，树高可达 20 余米。每年春末夏初，珙桐花开，枝头大型的白色苞片随风摇曳，宛如飞翔的白鸽，因此它也被称为“中国鸽子树”。

最为珍稀的是梵净山冷杉，它是梵净山的特有品种。幼年期生长缓慢，40 年后才加速生长，树龄可达 300 多年。

就这样，梵净山成了冰期生命的挪亚方舟。报春花属、龙胆属、吊钟花属、马先蒿属等，众多有着上千万年历史的生物得以延续生命。

那么，它的第三次出手，又是从谁的手底拯救生灵呢？

① 孑遗植物，是指较为古老的地质历史时期中曾经非常繁盛，分布很广，但到较新时期或现代则大为衰退的一些生物物种。

右页上左右图 珙桐 / 摄影 何雄周
珙桐，第三纪古热带植物的孑遗，中国特有，国家一级保护植物。珙桐喜欢在潮湿背阴的环境下生活，梵净山深切沟壑中的潮湿环境则满足了珙桐的生长需求。

右页下左右图 杂种鹅掌楸 / 摄影 何雄周
在贵州梵净山拍到的杂种鹅掌楸，它是以中国鹅掌楸为母本、北美鹅掌楸为父本杂交而成，花色一般为黄色。

肆 第三次出手

当人类走出非洲，向全球迁徙后，人类的足迹逐渐遍布大地，形成新的汪洋大海。人们在梵净山周边垦殖农田，开采朱砂。明清时期，土司之间攻伐不断，盗匪不绝：

环山居民遭此劫杀，杀绝者不下七百户，杀葬者何此四千余命。（《镇国寺碑记》）

朝廷与当地割据势力武陵蛮不断进行大规模争战，并斥巨资修筑长达 190 千米的南方长城。

密集的人类活动使得梵净山周边的生态环境被大肆破坏。人言：

奸徒梅万源等，在彼砍伐山林，开窑烧炭，从中渔利。（出自 1832 年所立《勒石垂碑》）

原本连接青藏高原、云贵高原、江南丘陵，直至台湾山地的山地生物廊道，遭到严重破坏。

人类进逼而动植物退却，“孤岛”梵净山再次出手，大量灵长类动物避难于此。最著名的便是黔金丝猴，因为其他栖息地的破坏，梵净山成了它们最后的家园。

黔金丝猴体长 60~70 厘米，尾巴又细又长，状如牛尾，非常醒目。与川金丝猴、滇金丝猴一样，黔金丝猴也属于仰鼻猴属，原来都居住于热带雨林，后来在迁徙中逐渐分化，黔金丝猴是其中数量最稀少的一种，目前仅存约 800 只。黔金丝猴生存于海拔 1300~2000 米，以植物嫩芽、嫩叶、花、果实为食。

黔金丝猴种群内部分为多个家族。为了觅食，各个家族按照一定的顺序，围绕着梵净山移动。它们以跳跃的方式在树冠层移动，四五米的距离往往一跃而过。其每天的生活就是在“游走—摄食—休息—游走”中循环往复，间或梳理、嬉戏。但长期的记忆令它们特别惧怕人类，它们每天要换三四个或更多地点，从不在同一地点长时间停留，一遇危险便会迅速逃离。

左页上图 黔金丝猴 / 摄影 丁宽亮

黔金丝猴，中国特有种，国家一级保护动物，仅分布于梵净山地区。黔金丝猴的种群数量已从最初发现时预估的 200 只恢复到 700~800 只，但依然是我国数量最少、濒危度最高的物种，比大熊猫还要稀少。此图展现了两对黔金丝猴母子。

左页下左图 黔金丝猴 / 摄影 崔多英

此图中可以看到黔金丝猴状如牛尾的尾巴。

左页下右图 黔金丝猴 / 摄影 崔多英

图为一只正在采食树叶的黔金丝猴。

右图 梵净山黔金丝猴活动路线图

图中两组箭头路线，是梵净山地区两个黔金丝猴群共同使用、相互交替的游荡线路。资料据杨业勤等《梵净山研究：黔金丝猴的野外生态》。

伍 保护孤岛

三次危急时刻，三次出手相助，在国内生态环境普遍告急的今天，梵净山这样一座面积不大的“孤岛”中的自然植被还依然保持了相对原始的状态，成为 6000 多种动植物生存、繁衍、演化的场所。

目前的梵净山，有全球亚热带地区最大的连续分布的水青冈林，有树龄超过 600 年的古茶树，有全球最高大的紫薇树；也有喜欢在地上、悬崖上活动的藏酋猴；有生活在小溪、阴河和深水潭中的大鲵；喜欢缠挂树梢的竹叶青蛇；还有 200 多种明星鸟类，如红腹角雉、红腹锦鸡、白颊噪鹛、大冠鹫等。它们共同组成了梵净山的生物多样性，可谓千姿百态，举不胜举。

今天，贵州的开发日新月异，希望与此同时能保护好这座生命的“孤岛”，让它继续屹立于世。

右页上图　红腹锦鸡 / 摄影　张强

红腹锦鸡原为中国的特有鸟种，主要分布在中国中部和西南部山区，常栖息于海拔 500~2500 米的阔叶林、针阔叶混交林和林缘疏林灌丛地带，后因外形的美丽而被引至欧洲国家。图为雄鸟。

右页下左图　藏酋猴 / 摄影　何雄周

藏酋猴属于中国特有动物，是中国猕猴属中体型最大的一种，为国家二级保护动物。

右页下中上图　红尾水鸲 / 摄影　杨帆

红尾水鸲是鹟科水鸲属的小型鸟类，留鸟，常分布在河流、溪涧、湖泊等水域边。

右页下中中图　大山雀 / 摄影　杨帆

大山雀属于山雀属中体形较大的种类。它们夏季可以分布到海拔 3000 米的山区，冬季则向低海拔平原地区移动并结成小群活动。

右页下中下图　白颊噪鹛 / 摄影　杨帆

白颊噪鹛是画眉科噪鹛属的一种。

右页下右上图　大冠鹫 / 摄影　杨帆

大冠鹫又称蛇雕，一种中型猛禽，活动于山地森林及林缘开阔地带，常在高空翱翔和盘旋，停飞时多栖息于较开阔地区的枯树顶端枝杈上。

右页下右下图　红腹角雉 / 摄影　崔多英

红腹角雉，国家二级保护动物。雄鸟羽色艳丽，头顶上生长着乌黑发亮的羽冠，羽冠的两侧长着一对钴蓝色的肉质角，这也是“角雉”名称的由来。

3

河南：造山、造水

浙江：无敌生产

福建：开拓者传奇

青岛：一部城市美

江南：江河湖海的

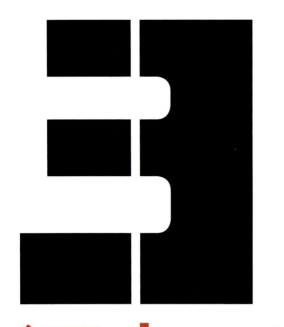

造中华

学史

盛宴

河南：

造山、造水、造中华

1/3

河南并非只有一望无际的大平原，它同时也是一个山地大省。其山地、丘陵合计占全省面积的44%以上，可谓一半山地、一半平原。这一地理特征正是理解『什么是河南』的关键。

因为『上帝之手』在中原大地上一次次造山、造水，不但塑造了极佳的山川地理景观，更是接连创造了一段段历史奇迹，河南逐步被推向辉煌的顶点，甚至直接奠定了华夏文明的根基。

河南省位于黄河中下游，历史上，其大部分区域位于黄河以南，故名河南。河南古属于豫州，因而简称“豫”。现今河南全省面积约为 16.7 万平方千米，位于中国第二级阶梯和第三级阶梯的过渡地带，地形西高东低，北、西、南三面被太行山、秦岭余脉及桐柏山和大别山环抱，中、东部则为辽阔的华北平原。在先秦至宋的数千年间，河南一直是中国政治、经济、文化和交通中心，先后有 20 多个王朝在河南定都，是中国建都朝代最多、建都历史最长、古都数量最多的省份。

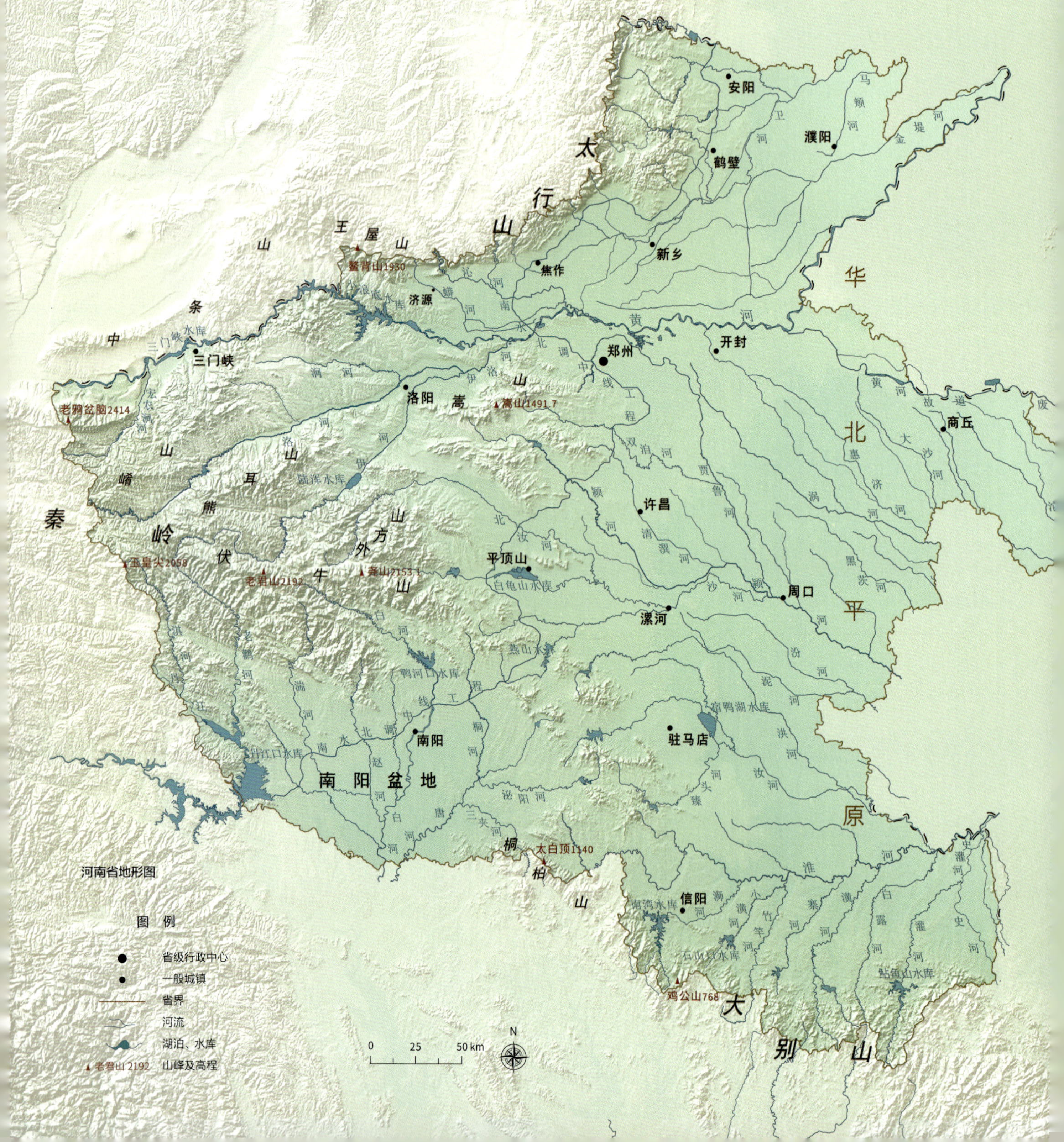

想要解答“什么是河南”是异常困难的。

人们会说豪爽山东、天府四川，却很难用一个词来准确表述河南。因为它并非一个特质鲜明的省份。就如同它所处的位置，不南不北，不偏不倚，相当“中庸”。

不过从历史的角度看，河南却有一个非常突出的特点。从公元前 21 世纪夏朝建都算起，河南作为中国的政治、经济、文化中心之一，引领中华风气之先超过 3000 年。而从公元 1127 年靖康之难算起，河南的衰落时期也长达 800 年，这种衰落几乎是断崖式的，即从北宋时期的繁华巅峰直接跌落谷底，从此成为中国内地最为动荡、最为保守的地区之一。反差之大，令人唏嘘，正所谓：

若问古今兴废事，请君只看洛阳城。（司马光《过故洛阳城》）

中国再没有一个省份像河南这样，跌落得如此突然，如此深重，如此漫长，以至于人们对它的负面印象根深蒂固。即便近年来河南的经济已经逐步振兴，许多人的脑海中却依然抹不去其贫穷与落后的印象标签。长时间的衰落，巨大的人口基数，河南成了“地域黑”们最热衷的调侃对象。人们以偏概全，人云亦云，真实的河南反而变得面目不清。

最为显著的一点便是许多人以为河南只是一望无际的大平原，殊不知它同时也是一个山地大省。其山地、丘陵合计占全省面积的 44% 以上，可谓一半山地、一半平原。这一地理特征正是理解“什么是河南”的关键。

因为“上帝之手”在中原大地上一次次造山、造水，不但塑造了极佳的山川景观，更是接连创造了一段段历史奇迹。由此，河南逐步被推向辉煌的顶点，甚至直接奠定了华夏文明的根基。

太行山林州大峡谷 / 摄影 寒冰
照片拍摄于林州市石板岩镇马鞍垴村。

壹 太行山时代

首先助力河南脱颖而出的当属太行山。

南北绵延 400 余千米的太行山，为古老的华北板块发生断层而形成。其中不断隆升的一侧即为太行山。至今，山脊海拔高 1500~2000 米，也构成了山西与河北、河南两省的天然界山。在河南境内，它如一把弧形弯刀悬于北部，山地面积达 1.5 万平方千米，与北京市的面积相当。

这样的造山过程使得太行山面向河南的一侧，出现了一系列极为陡峭的悬崖绝壁。其中位于林州的太行山大峡谷气势尤为恢宏。其南北全长 50 千米，相对高差接近 1000 米。山势伟岸，壁立万仞。在山中生活的人们只得劈山开路，道路或直挂绝壁，或盘旋山谷，上下艰难。

右侧图 郭亮洞挂壁公路 / 摄影 董建军

太行山大峡谷中共有多条挂壁公路，其中以郭亮洞挂壁公路最为著名。郭亮洞挂壁公路，又称郭亮隧道，于 20 世纪 70 年代由郭亮村村民人工开凿而成。

太行山分区示意图

高大的山体拦截了充满水汽的东亚季风，于是沿着山脉迎风坡形成了一条多雨带。最多之处年降水量接近 1000 毫米，与长江中下游许多地方等同。再加上山地中峡谷崖壁交替使得河南境内的太行山成了华北水景最出众的山脉。高差达数百米的瀑布沿着岩壁飘然而下，如同银练。峡谷中积水成湖，或湛蓝如宝石，或蜿蜒如青龙。

当流水冲出山谷，坡度变缓，河道变宽。河水裹挟着泥沙肆意横流，形成了一个如同折扇的广阔台地，名为冲积扇。这里土壤肥沃，水源充足。

尤其是冲积扇的扇缘，既可得水源之利，又可避免洪水之患。古人逐水而居，在冲积扇的扇缘建立了许多古村落。

右页图 太行山下冲积扇 / 摄影 邓国晖

照片拍摄于济源市轵城镇聂庄，为山地向平原过渡地带。

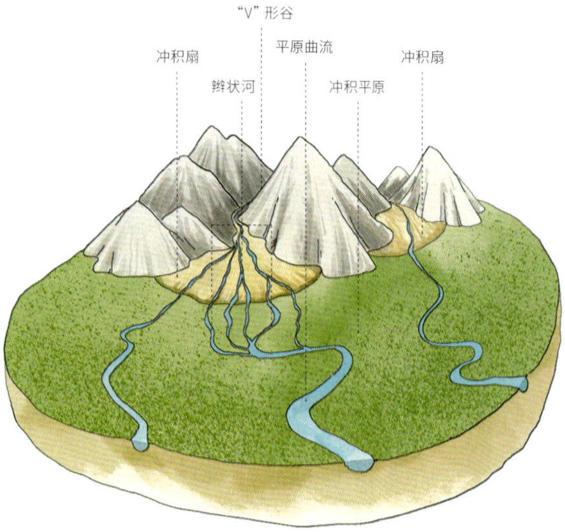

冲积扇与冲积平原形成示意图

河流出山以后，携带的泥沙在山前堆积形成冲积扇。当大河或者许多河流出山后形成的冲积扇广阔且彼此相连，则形成冲积平原。后文提及的华北平原，即由黄河连同海河、淮河携带的泥沙在华北地区堆积形成，它也是中国的三大平原之一。其中，河南的平原为华北平原的一部分，主要由黄河、淮河冲积而成。位于河南西南部的南阳盆地则由唐河、白河冲积而成。

司母戊鼎
出土地
The home
of simuwu ding

公元前 1300 年左右，商王盘庚将都城迁至太行山麓的漳河、洹河冲积扇扇缘，史称“盘庚迁殷”。中国历史上第一个长期稳定的都城——安阳——出现了。

太行山为殷人提供了丰富的野生动植物资源，人们可以捕猎、采食、制衣、建屋、筑庙。强烈的造山运动还让原本深埋地下的矿藏易于开采，甚至直接裸露于地表，其中最重要的便是铜矿。殷人因此得以大规模冶铸青铜器，包括礼器、乐器、武器、酒器等。青铜器应用之广，技艺之精，令人叹为观止。

殷人在安阳生活长达 200 多年。其间，殷人建设有气势恢宏的宫殿区，惨绝人寰的祭祀坑，以及无与伦比的妇好墓。他们将所知的天文地理、征伐田猎、农牧祭祀等情况通通记载于甲骨或青铜器之上。中国已知最早的成体系的文字系统由此被创造出来。

殷商之后，安阳地区以邺城为中心，先后成为魏晋南北朝时期六国的都城，是为七朝古都。

这便是河南的太行山时代。

左页上左图 后母戊鼎 / 摄影 苏李欢

后母戊鼎，1939 年出土于安阳，现藏于中国国家博物馆，为国家一级文物。铸造此鼎所需金属原料超过 1000 千克，技术相当复杂，是目前已知最重的青铜文物。

左页上右图 甲骨文 / 摄影 王羊

甲骨文，又称契文、甲骨卜辞或龟甲兽骨文，是中国及东亚已知最早的成体系的文字系统，最早出土于河南省安阳市殷墟。

左页下图 殷墟遗址 / 摄影 石耀臣

图为安阳殷墟遗址后母戊鼎出土地。

贰 秦岭时代

太行山之后，河南迎来了更为辉煌的秦岭时代。

在 3 亿多年前，华北板块与扬子板块发生碰撞，形成古老的造山带。在此基础上，约从 6000 多万年前开始，造山带的北侧相对沉降，而南侧相对抬升，形成了一条东西走向的大型山脉，此即秦岭，其长度超过 1000 千米。它西端插入青藏高原，在青海、甘肃两省边界与昆仑山相接。其东端直接伸入河南西部，诞生了嵩山、崤山、熊耳山、伏牛山等一系列山脉，是河南面积最大、山地最密集的区域。

这些山脉特点各异，精彩纷呈。中岳嵩山最高峰海拔只有 1512 米，却在平地之上拔地而起，显得高大、突兀。

伏牛山为豫西最大的一条山脉，其规模巨大，山势高峻雄伟，1500 米以上的山峰分布广泛。作为褶皱山系的伏牛山，没有太行山那样巨大的断块山体及绝壁悬崖，却也呈现出另一种险峻之风。主峰老君山海拔在 2200 米左右，山脊呈锯齿状。尖峭的山峰突出其上，十分独特。

右侧上图 嵩山 / 摄影 刘客白
嵩山少室山，拍摄于嵩山东侧。

右侧下图 老君山 / 摄影 杰客
老君山位于河南省洛阳市栾川县城东南处，是秦岭余脉伏牛山脉的主峰，海拔为 2297 米。

秦岭分区示意图

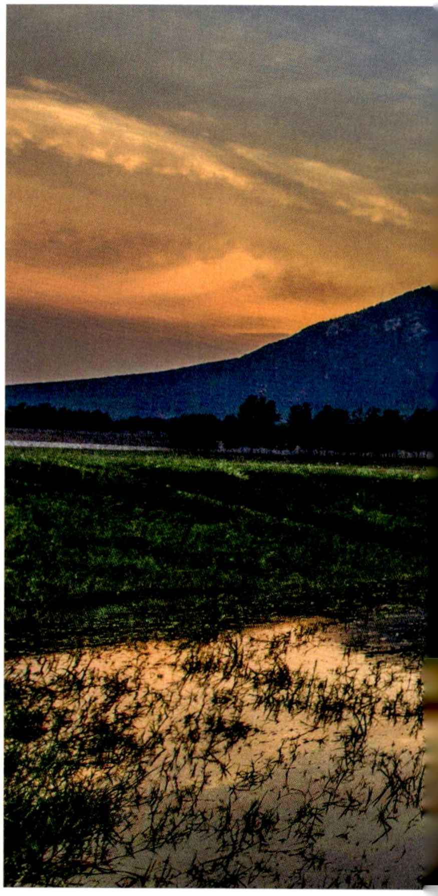

伏牛山群山连绵，水汽充足。山间往往植被浓密，云蒸雾绕。从这些山地中发源的河流，形成了密集的水网。据《水经注》记载，古代豫西地区，大小河流多达 170 条。众多的河流汇聚在一起所形成的冲积区域比冲积扇更大、更深厚。我们将其称为冲积平原。

冲积平原地域广阔，更加适宜人类生存。百水汇流的洛阳盆地便属于此例。再加上它群山合围，可以御敌于外；水系纵横，可以通达四方。古人对此总结道："四面环山、六水并流、八关都邑、十省通衢。"

自夏朝肇始，先后有 13 个王朝建都于洛阳，是为十三朝古都。

公元 7 世纪末，武则天着力营建神都，洛阳的发展开始步入巅峰期。其时，唐人广建宫殿，气象万千；开凿大佛，万人顶礼。

此后，洛阳在人们心理上的影响更为深刻。时人向往洛阳，出现了许多以"洛阳"命名的地名。今日江西、福建、重庆、广东、湖北、湖南、台湾，仍可以见到"洛阳村""洛阳镇"，就连日本京都也以"洛阳"为别称。

这便是河南的秦岭时代。

左页图 伏牛山老界岭 / 摄影 韩自豪

夏季的伏牛山，水汽格外充足。

洛阳龙门石窟 / 摄影 邓国晖

龙门石窟位于洛阳市南郊伊水两岸的龙门山和香山崖壁上，主要开凿于北魏至北宋年间。龙门石窟与莫高窟、云冈石窟、麦积山石窟并称中国四大石窟，于 2000 年被列入《世界遗产名录》。

叁 大别山次时代

与秦岭时代同时，河南的第三列山脉组合——桐柏山一大别山也登场了。

其影响广度、深度不及前两个山脉，但却是未来更为波澜壮阔的一幕出现的必要条件。我们将其简称为大别山次时代。

桐柏山一大别山作为秦岭的东部延伸，所处位置较秦岭更为偏南。其形成过程与秦岭基本一致，为造山带被夷平后，再经历断层形成。山脉呈西北一东南走向，为河南、湖北两省分界。

总体而言，大别山地处亚热带与暖温带之间的过渡地带。冷暖气团在此交替频繁，中国七大水系之一的淮河便发源于该区域。山中常年云遮雾绕，阴雨不断，植被茂密，郁郁葱葱，水如镜面，山若泼墨。

大别山与秦岭山系的伏牛山合围，形成了著名的南阳盆地。盆地北侧，伏牛山与桐柏山之间突然中断，构成盆地的东北角缺口，成为中国南北沟通的交通要道。楚文化发源地之一的南阳便诞生于此，它亦是楚国早期都城的所在地。西汉时，南阳成为全国六大都会之一。

右页上图 黄柏山 / 摄影 韩自豪

图为信阳市商城县黄柏山，位于大别山腹地，处河南、湖北、安徽三省交界处。山中水汽充足，时常云雾缭绕。

右页下图 信阳茶园 / 摄影 焦潇翔

大别山的气候条件适宜茶叶生长，出产著名的信阳毛尖。图为信阳南湾湖附近的茶园。

桐柏山一大别山及南阳盆地分区示意图

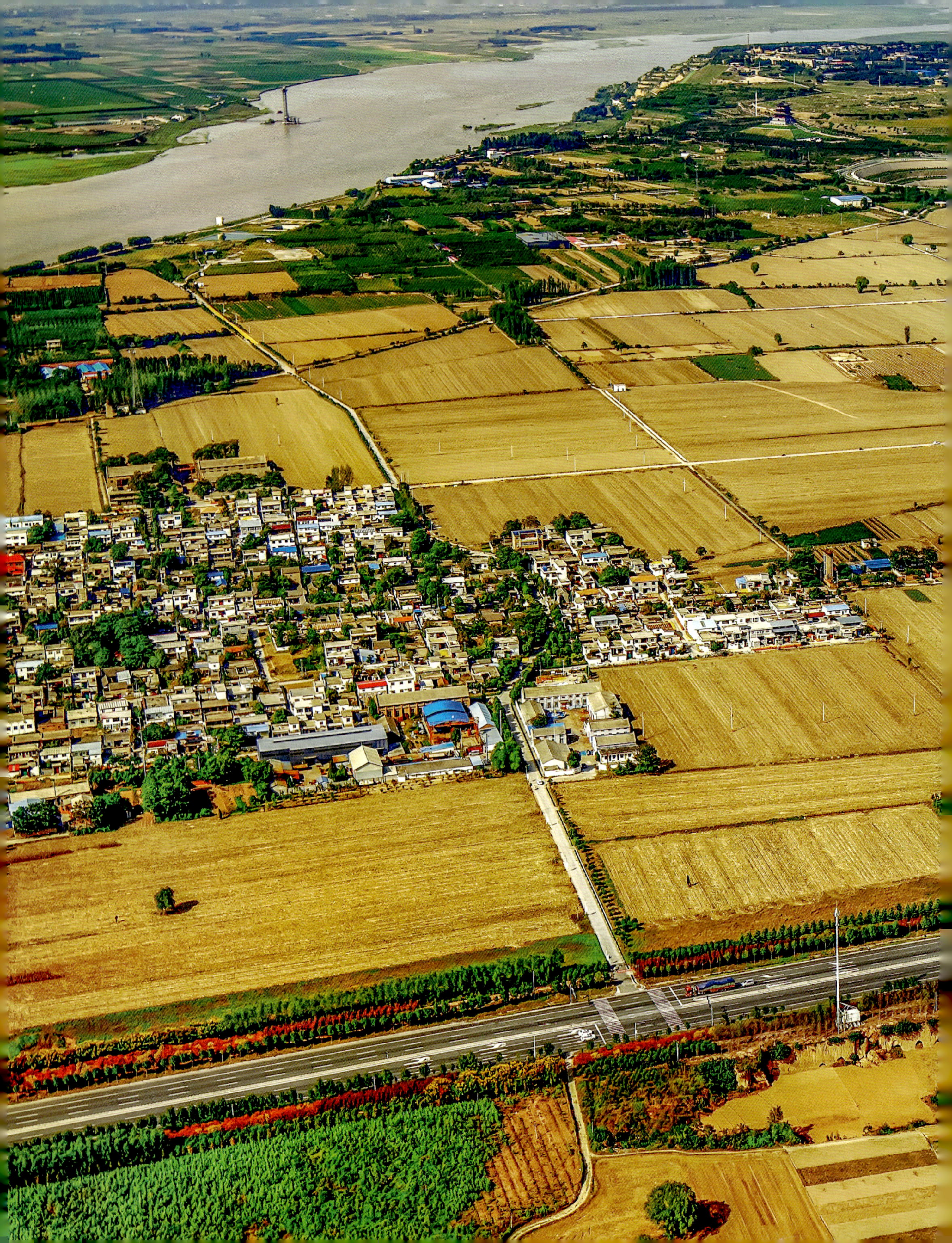

肆 大平原时代

三个山岳时代之后，真正的高潮即将到来，即大平原时代。

这次出场的主角不再是山岳，而是一条大河。它就是从青藏高原发源，流经黄土高原的黄河。

当黄河冲破太行山与秦岭联手构成的重重封锁进入河南后，等待它的是一片广阔的舞台。西北太行山、西部秦岭、南部桐柏山—大别山，三山合围的河南中东部地区，便是构造下沉形成的低地。在这里，黄河可以肆意奔流，北夺海河，南侵淮河，每年携带的泥沙多达数亿吨到十多亿吨，参与塑造了当代的华北平原。

华北平原共计 30 万平方千米，横跨京、津、冀、鲁、豫、皖、苏 7 个省市。谓之沃野千里，毫无半点夸张。河南部分更是最为膏腴之地。

平原之上，水系纵横，除了天然河道，古人还大量开凿运河。其中汴河起源于战国时期开凿的鸿沟，可以连接黄河与淮河水系。它发达的漕运，在唐代就有了非常高的评价：

> 东南四十三州地，取尽脂膏是此河。（李敬芳《汴河直进船》）

左页图 华北平原 / 摄影 陈俊杰
图为河南省境内的农田，远处河流为黄河。

华北平原分区示意图

到了北宋，东京汴梁（开封）凭借平原与水系，一跃成为世界上最繁华的都市，也是华北平原南部历史上的最后一个超级大都市。

大平原时代的最大成就，已经不是一城一地之发展，而是以开封为中心的河南引领宋朝达到了人类物质、文化生活所具有的前所未有的高度。历史学家黄仁宇曾说：

> 公元960年宋代兴起，中国好像进入了现代，一种物质文化由此展开。货币之流通，较前普及。火药之发明，火焰器之使用，航海用之指南针，天文时钟，鼓风炉，水力纺织机，船只使用不漏水舱壁等，都于宋代出现。（黄仁宇《中国大历史》）

它更接近于商业文明，而非农业文明

从宋真宗开始，来自工商税与征榷的收入超过了农业税。北宋熙宁年间（1068—1077），农业税的比重甚至降至30%。相比之下，明清两代的田赋收入占比都高达70%。

人们离开农村，走向城市

据经济史家赵冈的《中国城市发展史论集》记载，北宋的城市人口占比高达20%，而清代中叶的城市化率仅为7%。

国民更加富裕

据香港科技大学刘光临教授的估算，宋代人均国民年收入为7.5两白银。相比之下，600年后的康乾盛世时期的人均年收入仅为6.45两白银。

这便是河南的大平原时代。

右侧图 开封七盛角民俗街及周围景观 / 摄影 焦潇翔

图中近处为七盛角民俗街，远处有清明上河园、中国翰园等景观。

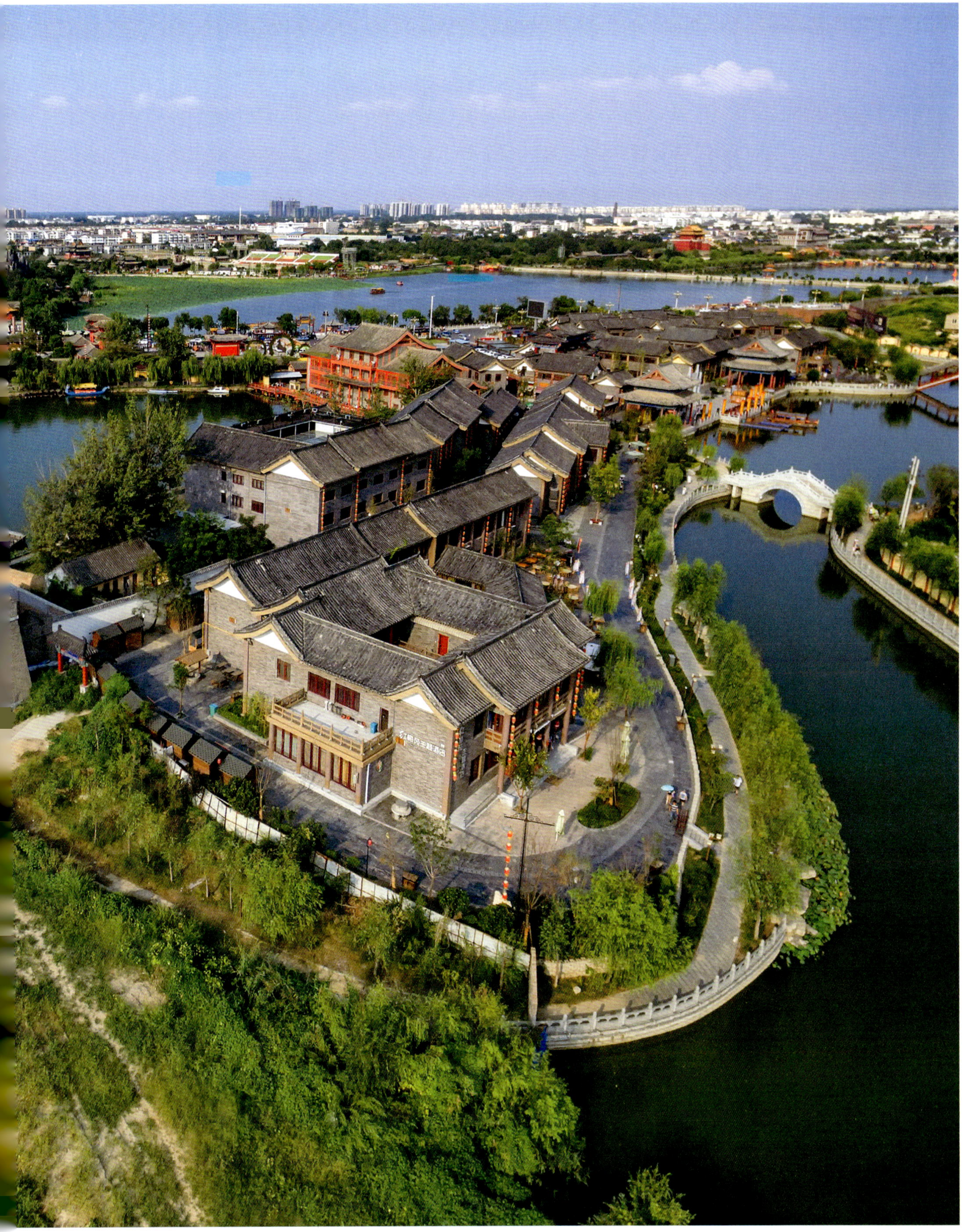

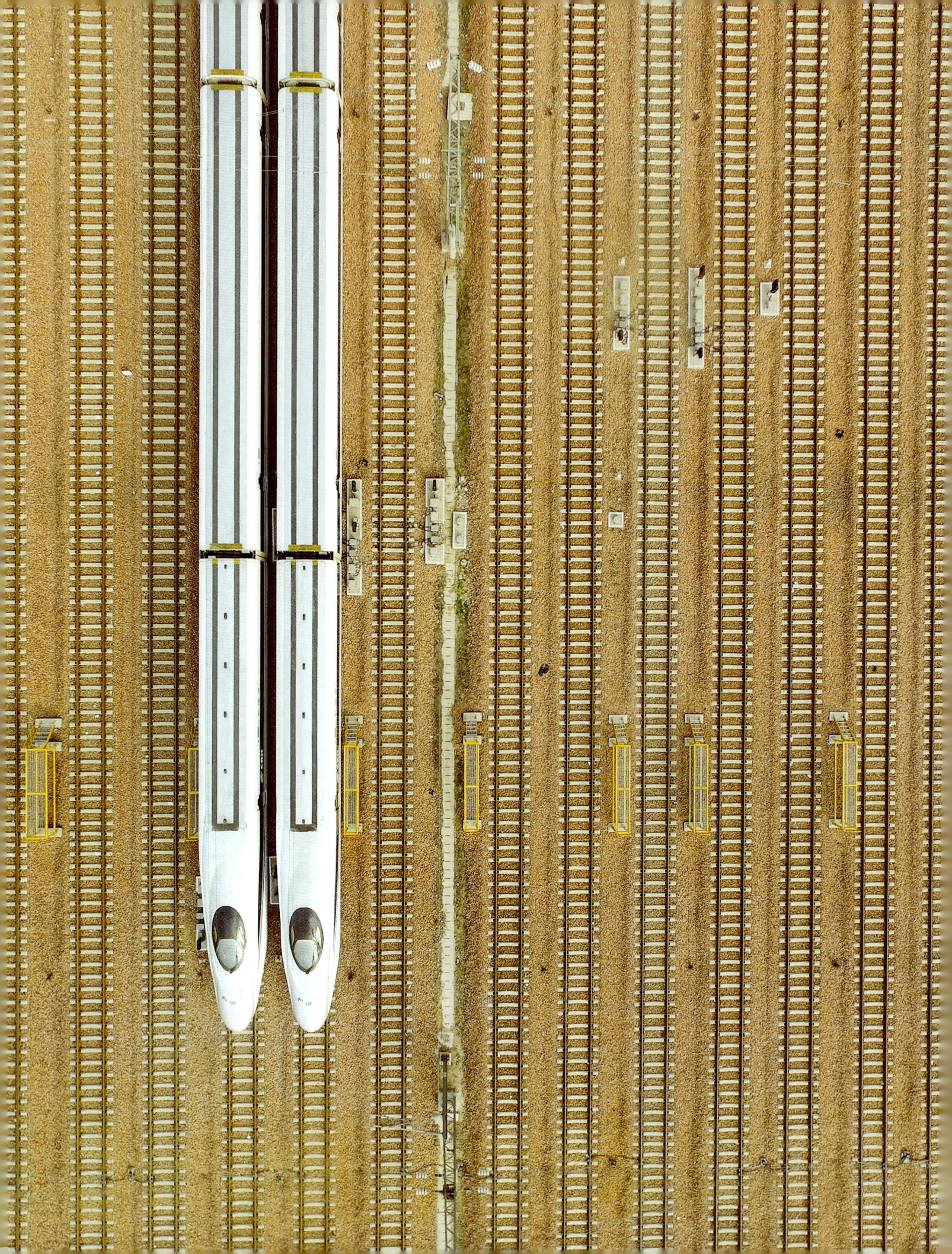

伍 造中华

历经山地、水系、大平原，和它们所带来的太行山时代、秦岭时代、大别山次时代，以及最辉煌的大平原时代，一个完整、清晰的河南形成了。

然而事情并没有结束，繁荣时期，河南不断地向外传播文明。在衰落时期，河南也依然深刻地影响着中国。在每一次战乱、灾难中，当人们逃离中原时，客观上也是一次文明的传播扩散。

以南宋初期的临安为例。其居民人口达 26 万户，上至将相臣僚，下至底层百姓，河南迁入者占了多数。商店、药铺、寺庙都由开封人开设或建造。直到明代，还有人感叹杭州人的开封口音。江苏、福建、江西等诸多省份也都有类似现象：

> （杭州）城中语言好于他处，盖初皆汴人，扈宋南渡，遂家焉，故至今与汴音颇相似。（郎瑛《七修类稿》卷二六）

在今日学者们不完全统计的 4820 个汉族姓氏中，起源于河南的有 1834 个；300 个大姓中，源于河南的有 171 个。正是源于河南繁荣时期、衰落时期都持续不断的传播，才有了今日中国的人口、文化格局。

造山、造水、造中华，这就是河南。

左页图 郑州东动车段 / 摄影 焦潇翔

今天的郑州是中国中部主要交通中心，图中车组如离弦之箭。

浙江：无敌生产力

2/3

在中国34个省级行政区中，你很难找到第二个能像浙江这样有如此多正面评价的地方。富裕、人才济济、江南水乡、风景优美……明代湖北人袁宏道初入浙江，便做出了“士比鲫鱼多”这样令人忍俊不禁的类比。更不用提那个让全国人民向往了一千多年的杭州西湖了。

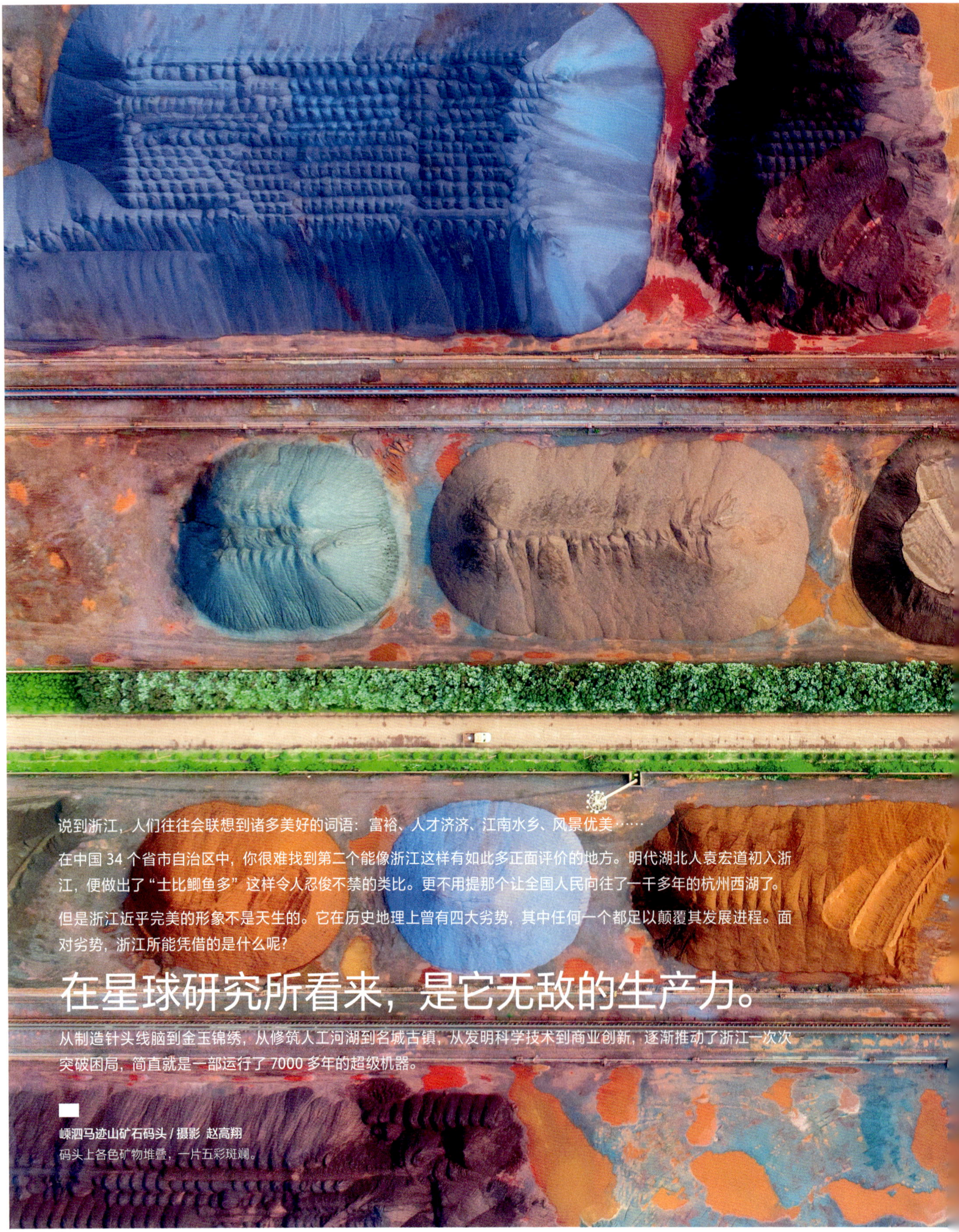

说到浙江，人们往往会联想到诸多美好的词语：富裕、人才济济、江南水乡、风景优美……

在中国 34 个省市自治区中，你很难找到第二个能像浙江这样有如此多正面评价的地方。明代湖北人袁宏道初入浙江，便做出了“士比鲫鱼多”这样令人忍俊不禁的类比。更不用提那个让全国人民向往了一千多年的杭州西湖了。

但是浙江近乎完美的形象不是天生的。它在历史地理上曾有四大劣势，其中任何一个都足以颠覆其发展进程。面对劣势，浙江所能凭借的是什么呢？

在星球研究所看来，是它无敌的生产力。

从制造针头线脑到金玉锦绣，从修筑人工河湖到名城古镇，从发明科学技术到商业创新，逐渐推动了浙江一次次突破困局，简直就是一部运行了 7000 多年的超级机器。

嵊泗马迹山矿石码头 / 摄影 赵高翔

码头上各色矿物堆叠，一片五彩斑斓。

浙江省地形图
图例
省级行政中心
一般城镇
省界
河流
运河
湖泊
地形分区界线
黄茅尖 1929 山峰及高程
港口
0 25 50 km
N
上海港
上海
太湖
淀山湖
湖州
嘉兴
杭州
绍兴
宁波
舟山
衢州
金华
台州
丽水
温州
黄茅尖
1929
浙北平原区
浙江山地丘陵区
沿海丘陵平原区
天目山
四明山
会稽山
龙门山
天台山
大盘山
千里岗山
白际山
仙霞岭
括苍山
雁荡山
洞宫山
京杭运河
钱塘江
杭州湾
洋山港
北仑港
舟山港
舟山岛
舟山群岛
嵊泗列岛
马鞍列岛
崎岖列岛
川湖列岛
衢山岛
岱山岛
火山列岛
七姊八妹列岛
浪岗山列岛
中街山列岛
两兄弟屿
普陀山岛
朱家尖岛
桃花岛
六横岛
梅散列岛
韭山列岛
半招列岛
南田岛
渔山列岛
东矶列岛
台州列岛
下大陈岛
洞头岛
洞头列岛
大北列岛
北麂山列岛
南麂山列岛
佘山洋
嵊山洋
王盘洋
黄泽洋
岱衢洋
灰鳖洋
黄大洋
磨盘洋
大目洋
猫头洋
大陈洋
披山洋
洞头洋
三门湾
台州湾
东海

浙江省，简称“浙”，境内最大的河流钱塘江，江流曲折，又称“浙江”“之江”，浙江省也因此而得名。浙江位于中国东海之滨，太湖以南，面积约 10.4 万平方千米，占全国陆域面积的 1.1%，是中国面积较小的省份之一。浙江山地众多，地形复杂，四列主要的山脉由西南向东北延伸，地势也由西南向东北逐级降低。整体而言，其境内丘陵山地占 70.4%，平原占 23.2%，其余则为河湖水面，有“七山一水二分田”的说法。此外，浙江海域辽阔，岛屿多达 3061 个，是全国岛屿最多的省份。其中面积为 502.65 平方千米的舟山岛为中国第四大岛。岛屿众多，加之海岸曲折，浙江海岸线更是长达 6700 千米。

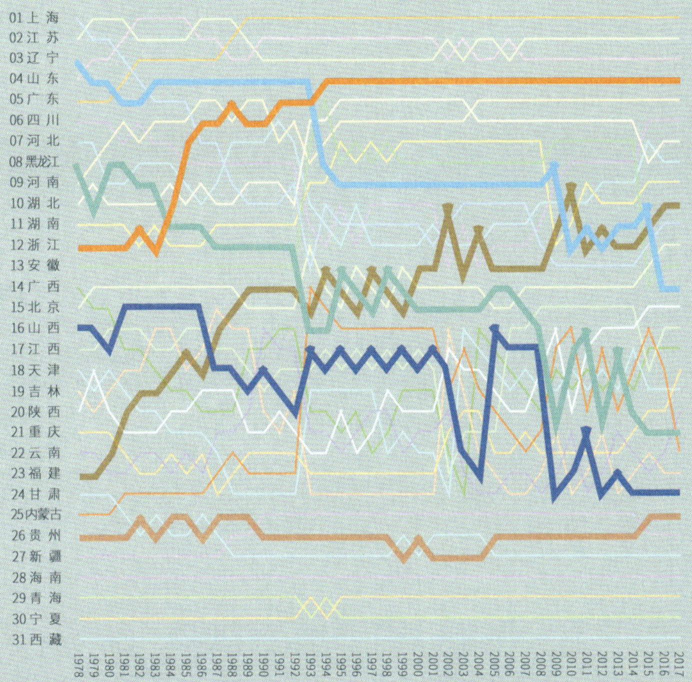

全国 GDP 排名（1978—2017）

改革开放以来，浙江 GDP 排名得到大幅提升。

数据来源：国家统计局及各省统计年鉴，不含香港、澳门、台湾。

壹 先民们

7000 年前，一批先民来到浙江北部。他们的外表具有现代中国人的某些特征，却更接近于尼格罗—澳大利亚人种。后世的我们，称其为河姆渡先民。

在当时的浙江大地上，四列山系自西南向东北延伸。包括天目山脉、白际山脉—千里岗山脉—昱岭山脉—龙门山脉、仙霞岭山脉—大盘山脉—会稽山脉—四明山脉—天台山脉、洞宫山脉—雁荡山脉—括苍山脉。

其中位于洞宫山脉的黄茅尖海拔为 1929 米，是浙江第一高峰。山间日落时分常有云海翻腾，犹如仙境。位于括苍山脉的神仙居山势陡峭，悬崖耸立，怪石突兀。

声名赫赫的雁荡山以白垩纪流纹质火山岩为代表，地貌更加富于变化。

右页图 神仙居 / 摄影 刘杰

括苍山脉神仙居拥有大量火山流纹岩，岩石在外力的作用下，外形各具特色。此图远处突出的山峰因形态酷似双手合十的南海观音，而被称作“观音峰”。

温州金鸡山 / 摄影　苏立锁

金鸡山位于温州瑞安市区西北方向，属洞宫山脉南支。山间群峰叠嶂，时常云雾缭绕。

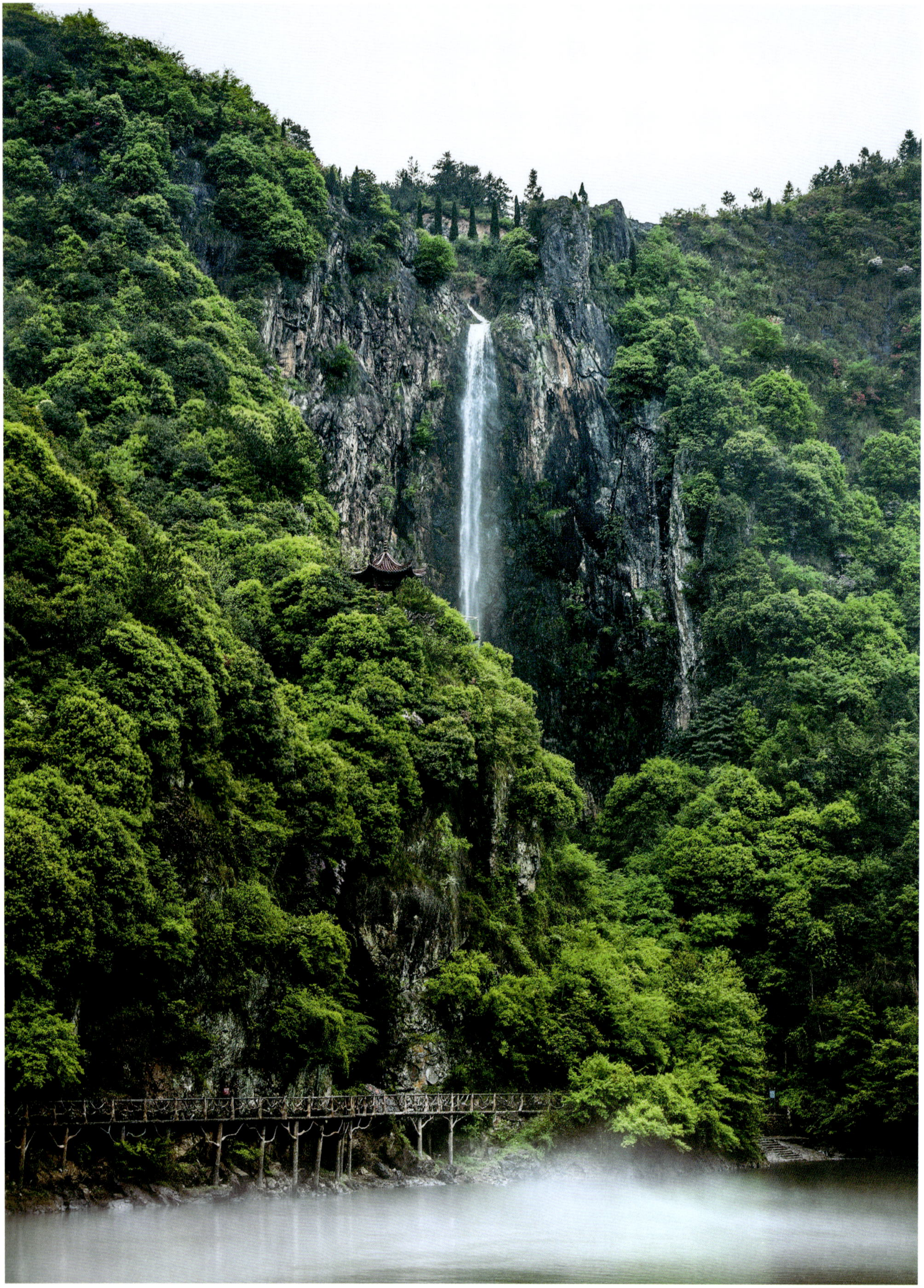

山地中孕育出充沛的水系。瀑布倾泻而下，汇聚成溪流、湖泊，以及众多江河。第一大江钱塘江全长 668 千米，不同河段分别命名为新安江、富春江、钱塘江。江水曲曲折折，“浙江”之名正是因此而来。

江河冲积出平原，在浙江北部最为集中。但是，浙北平原并非像华北平原那样相对干燥，而是严重沼泽化。河姆渡先民所处的时代，浙江的气候比现在还要温暖，雨量也更充沛。浙北平原上，沼泽湿地遍布，连森林都只能生长于水中。即便到了现在，浙北的水网密度仍远大于浙江其他地方，是中国水网极稠密的地区。

浙江的第一大劣势出现了，那便是水太多。

左页图 舞龙峡瀑布 / 摄影 叶颀

舞龙峡瀑布位于金华市磐安县境内。瀑布从山崖跌落，宛如白练飞悬。

钱塘江“三江口”/摄影 周勇

富春江在萧山闻堰镇附近纳浦阳江后，改称钱塘江。此图中河口即为钱塘江、富春江、浦阳江三江交汇处。

浙江的水多到可能连一块干燥的睡觉之处都很珍贵。先民们如果有机会对比华北、浙北的优劣，一定会毫不犹豫地选择前者。事实上也的确如此。考古学家发掘出的黄河流域的早期文化远比江南丰富、发达。但河姆渡先民却改变了这一认知，他们在长江流域创造的辉煌并不亚于黄河流域，因为他们学会了利用一种“野草”。

这种“野草”就生长在沼泽中，只要照看好它们，就可以定期收获果实。它就是水稻。河流带来的营养物质，使得冲积平原的土质变得肥沃，为水稻的生长提供了充足的养分，先民们获得了大丰收。

丰收之外，先民们的居住问题也有了解决办法。他们将木头削出凸出的尖头，或者凿出凹陷的孔洞，木头之间凹凸相连。一座坚实的木屋很快就可以通过这种结构搭建起来。木屋的屋脚像现在的吊脚楼一样高出地面，可以避水防潮。而这种凹凸相连的木头，便是中国最早的榫卯，其技艺之精巧，令人叹为观止。

左页图 水稻丰收 / 摄影 潘劲草

照片拍摄于杭州市富阳区。

右图 骨耜 / 摄影 刘彦廷

图为 1974 年出土于浙江河姆渡遗址的骨耜。耜是一种铲状的翻土和挖掘工具，主要用于平地、挖沟、引水、排水等。该骨耜的出现，说明了河姆渡文化的稻作农业已经脱离刀耕火种的最初阶段。

河姆渡先民开创了浙江富裕生活的开端，富裕生活又打开了新的生产力。5300 年前，浙北平原上的居民被称为“良渚先民”。

在吃饱住好之外，良渚人有了全新的追求。

61 种、数以万计的玉器被用来装点良渚先民的生活。最豪华的一件重达 6.5 千克，号称“琮王”。

平原上的桑树上生长的一种虫子被细心地收集起来，这便是蚕。先民们从蚕茧中分离出细微的茧丝，每 20 多根茧丝合成一根生丝，再以每寸 122~134 根生丝的密度织成衣物。复杂的丝绸生产技术居然被 5000 年前的先民们掌握，这实在令人称奇。

木材也有了全新的用途，经过削制打磨，世界上最早的木屐诞生了。

于是乎，良渚先民们佩戴玉饰，身穿丝绸，脚蹬木屐，以大米为主食，这是新石器时代最时髦的生活方式。即便是同时期黄河流域的其他族群，也无法与之媲美。

约 3000 年前，又一支族群在浙北平原兴起，他们便是越人。

越人以鸟为图腾，无论男女都裸体文身，口操中原族群难以听懂的“鸟语”，文字也是以鸟纹修饰而成的鸟虫书。其统治者越王的追求超越了富裕、时髦的范畴，他渴望击败强邻，成就霸业。

青铜剑就是最好的武器。在长年征战中，越剑的铸造技艺愈发精湛。今天的科学检测也证实了这一点。在现存的数以千计的东周青铜剑中，春秋晚期至战国中期的越剑最为精良。

公元前 473 年，在越剑的加持之下，越王勾践卧薪尝胆，吞并吴国，成为春秋一霸。而一批新的族群也该登临这片大地了。

右页左上图 良渚玉璧 / 摄影 刘彦廷

图为良渚文化时期的玉璧，玉璧是当时象征财富及军权的礼器。

右页左中图 良渚玉梳背 / 摄影 刘彦廷

此玉梳背为扁平梯形，上端有二耳一角，角下有一小圆孔，下端凸出一扁榫，嵌插梳齿时可用于插销固定。

右页左下图 良渚玉琮 / 摄影 刘彦廷

玉琮是一种内圆外方的筒型玉器，是新石器时代重要的礼器，其中以良渚出土的玉琮最为精美。有学者认为，上部较大和内圆的结构象征天，下部较小和底部较方的造型象征地，是一种沟通天地的法器。图中玉琮四边的兽面纹已经高度符号化了，良渚文化的发达程度可见一斑。

右页右图 越王勾践剑及鸟虫书 / 摄影 苏李欢

越王勾践剑，春秋晚期越国青铜剑，1965 年出土于湖北江陵县望山楚墓群，剑上刻有“鸟虫书”，右页右图文字即为勾践剑上“鸟虫书”所示文字。

367

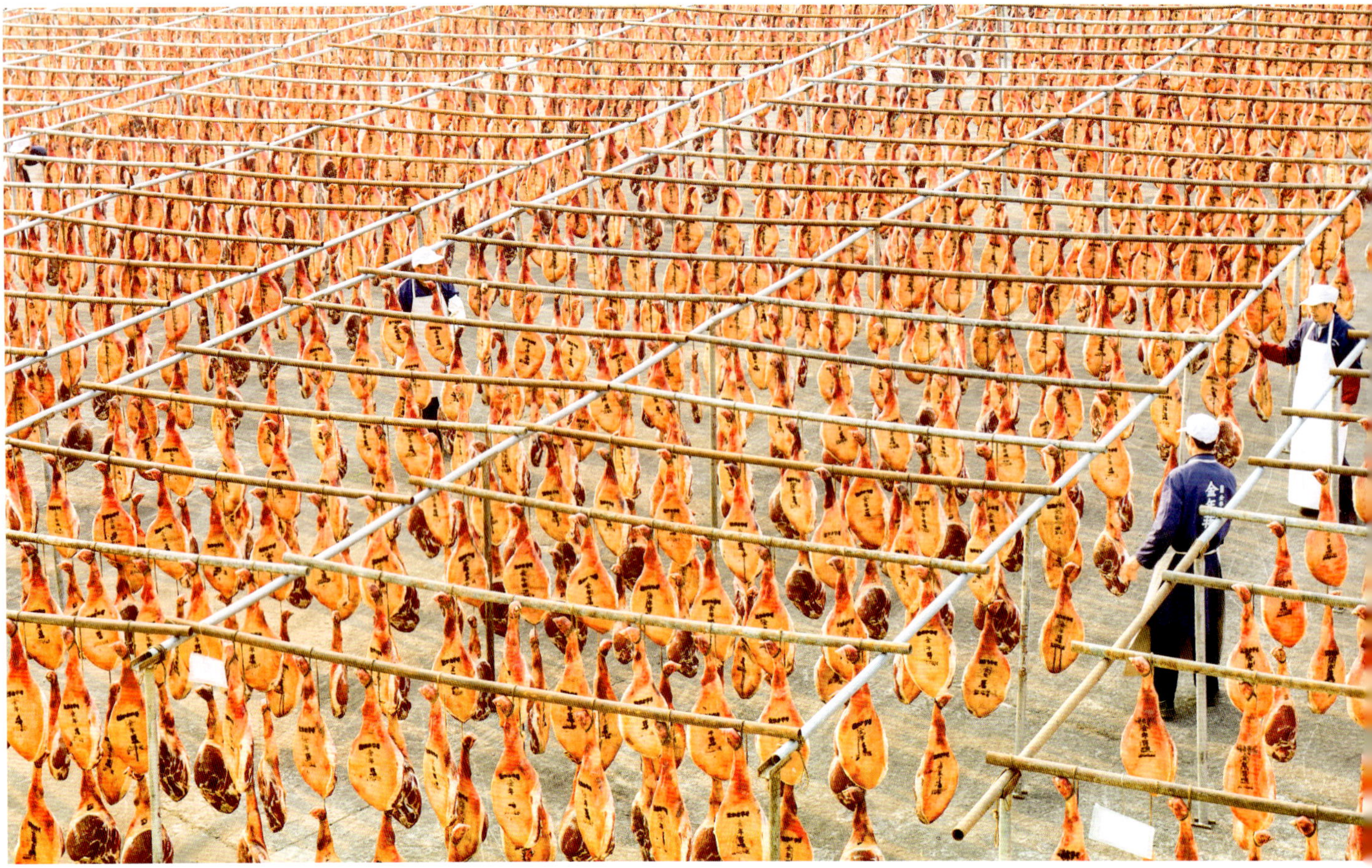

贰 移民来了

从秦汉到西晋永嘉之乱，再到唐代安史之乱、北宋靖康之乱，北方汉族大量南迁，并与越人不断融合。他们口操吴语，称“我”为“侬”，称“他”为“伊”或“渠”（今天部分方言“侬”意为“你”），并在一堆亲属称谓前加上“阿”，如阿公、阿婆、阿哥、阿妹、阿姑、阿叔。这便是全新的浙江人。

除去宁夏、台湾、海南，浙江却是中国面积最小的省区之一。在仅10万平方千米的面积中，还有70%是山地丘陵，平原只在北部、东部少量分布。邻近的江苏地形恰好相反，近70%都是广袤的平原。对于人类文明的发展而言，平原才是大舞台。仅凭这一点，浙江的先天条件就比它的邻居弱多了。

这便是浙江的第二大劣势——山地多而平原少。

那么它会如何应对呢？

首先是农业。一种成熟更快的新稻种——占城稻——从越南被引进浙江并被大力推广开来。朝廷派出专人指导农民种植，皇帝也亲耕示范。农民们夏季种上水稻，秋季收获，收获之后再种上冬小麦，来年夏季便可以再次收获。如此，一年中的粮食收获次数达到了两次。这是土地利用率的一次大幅提升。江南开始取代中原，成为国家的粮仓，正如谚语所说“苏湖熟，天下足”。

除了粮食，高附加值的经济作物也被大量种植，包括桑蚕、茶叶、水果、花卉、蔬菜等。这样，农民便可在有限的土地上获得更高的收入。家畜、家禽的饲养规模也广为扩大。金华人将猪后腿用盐腌渍，再风干、发酵，做成火腿，其色鲜红似火，远近闻名。

农业之外，则是手工业的繁盛。湖州人生产的绫绢，轻如蝉翼，薄如晨雾。龙泉人开设的窑场，烧造出的青瓷，胎骨坚致，釉色莹润如玉，技艺炉火纯青。海边的舟山人开辟出大量盐田，舟山在唐代时便是全国九大产盐区之一。

茶叶、火腿、丝绸、青瓷、煮盐，再加上酿酒、造纸、雕版印刷，百业千行都有了引人瞩目的成就。商品琳琅满目，卖货郎挑着大小物件走街串巷，就如同一个移动的“淘宝商城”。

左侧上图 金华火腿 / 摄影 杨梅清
图为被集中晾晒的金华火腿。宋代时，金华火腿便声名鹊起，并成为朝廷贡品。

左侧下图 桐乡杭白菊 / 摄影 袁培德
桐乡杭白菊为浙江名优产品。

多样而充足的物资生产，借助隋代开通的大运河向全国发送。南粮北运、南货北运，在中国历史上持续了十几个世纪。

不仅如此，濒临大海的便利让浙江的货物也大量流向海外。浙江借此获得了丰厚的利润。五代时，浙江的小国吴越国，每年都会从航海收入中拿出百万钱财贡奉中原朝廷，可见贸易规模之庞大。到了宋代，舟山有宽度为一丈[①]以上的大船597艘，一丈以下的船只3324艘。宁波更是发展为著名的海外贸易港口。

强大的商品生产能力，繁盛的内外贸易，拉动了浙江的基建。从平原到山地，掀起了城市建设的高潮。如绍兴、湖州等地都得到了大力发展。

最为人称道的是杭州。这个长期默默无闻的小县城，因为人口、商品贸易的增长，在短短一二百年的时间里迅速发展和繁荣起来，成为隋唐以后著名的大都市。

城市的行政长官白居易、苏轼，发现了城边上一个逐渐壅塞的湖泊的价值。他们加高湖堤，提高蓄水量，既可以为农田提供灌溉，也可以为城市提供水源，湖景的美丽还能成为城市重要的名片。这个小湖就是西湖。

后世的人们围绕西湖不断增设景点，修寺造塔。西湖也逐渐发展为全国文人雅士心目中的圣地，号称“满堂花醉三千客”。杭州，甚至整个浙江也因此更加动人。一片湖水影响一个城市、一个省份，可以说是浙江人最伟大的创造。

生产力的提升，突破了浙江山地多、平原少的劣势，造就了唐宋的繁华。而到了明清时期，由政策造成的第三大劣势来临了。

① 一丈约为3.3米。

右侧图　西湖和雷峰塔 / 摄影　朱剑栋

杭州西湖总是让人向往。唐代诗人白居易就曾言：“未能抛得杭州去，一半勾留是此湖。”

叁 封禁的海洋

浙江的海岸线长而曲折。岛屿更是多达 3061 个，占全国岛屿总数的 2/5。其中，舟山群岛由 1390 个岛屿组成，是全国第一大群岛，还有举世闻名的天然渔场。它拥有众多突出的岬角、曲线优美的海湾，海润沙柔，天阔星明。最为特殊之处当属钱塘江入海口呈喇叭口状的杭州湾，每当潮汐来临时，浪潮翻滚，气势恢宏，无与伦比。

然而，海洋的优势并没有被延续。明清两代一改之前开放贸易的政策，取而代之的是严厉的海禁。

据《大明律》记载：

> 将带违禁货物下海，前往番国买卖，潜通海贼，同谋结聚，及为向导劫掠良民者，正犯比照已行律处斩，仍枭首示众，全家发边卫充军。其打造前项海船，卖与夷人图利者，比照将应禁军器下海者，因而走泄军情律，为首者处斩，为从者发边充军。

海禁造成港口荒废，民生凋敝。海盗、海商、生计艰难的沿海居民，加入了倭寇的抢劫大军，几乎骚扰了整个浙江沿海。

失去海洋的浙江，人口仍在快速增加。现今浙江的人口为 6400 万，而清朝时其人口就已经达到 3040 万。人口密度从明朝的每平方千米 114 人，飙升至每平方千米 300 人，人均耕地面积从 4.15 亩下降到 1.77 亩，浙江是明清人口密度最高、人均耕地面积最少的省份。

左页上图 舟山衢山岛 / 摄影 王会超

舟山群岛是中国最大的群岛，图为衢山岛。此外，图上除了主岛，还散布着其他小岛。

左页下图 灯塔 / 摄影 贾小龙

此图为东福山岛东海第一哨灯塔。

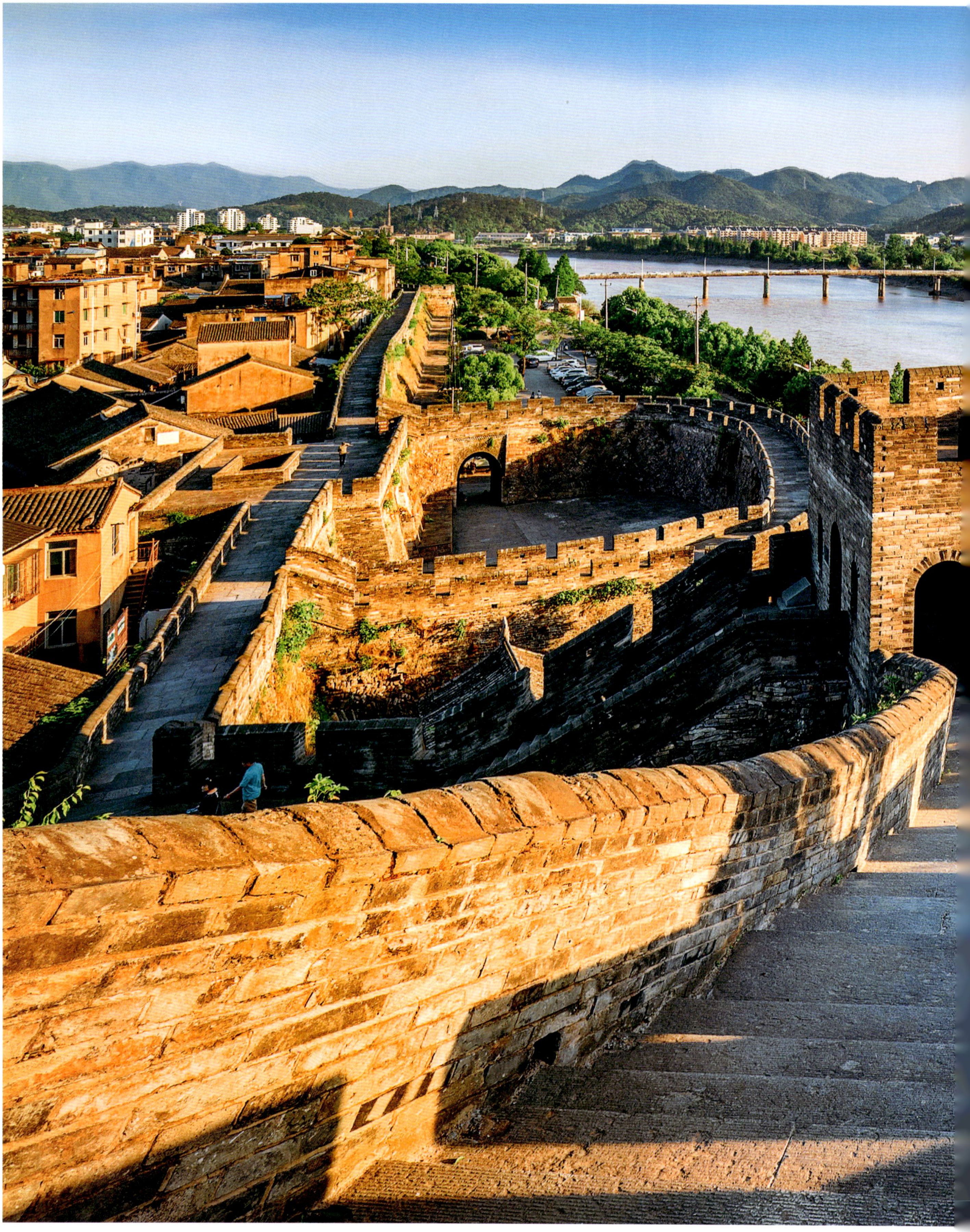

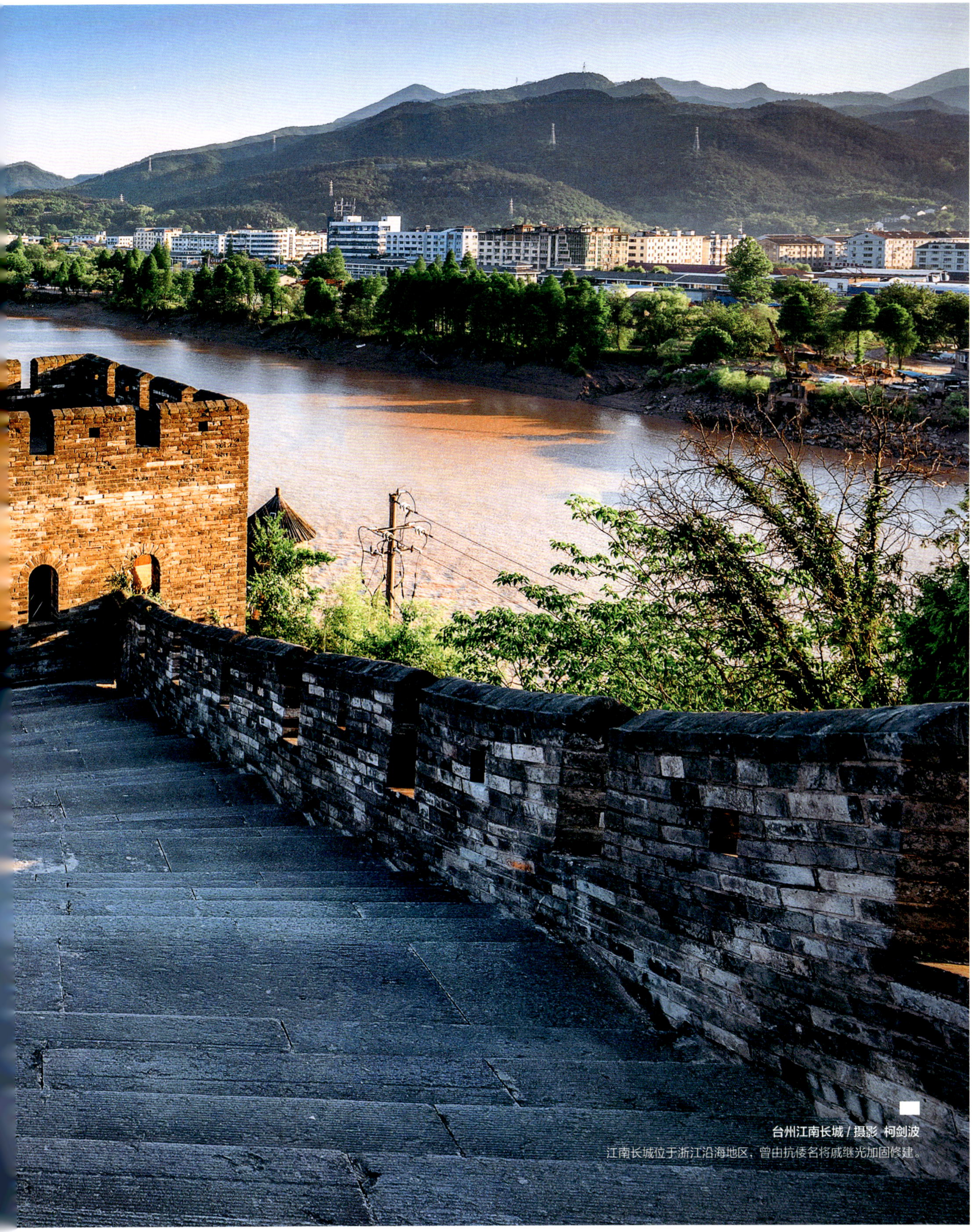

台州江南长城 / 摄影 柯剑波

江南长城位于浙江沿海地区，曾由抗倭名将戚继光加固修建。

怎么办?

提高农业土地利用率再次被提上日程。番薯、马铃薯、玉米等高产农作物被推广开来。农田从平原全面进入山区。但是山区的开发造成水土流失，农产品的产量往往难以提高。于是在有限的土地上种植更多更好的经济作物变得更加重要。浙江大幅增加桑、棉、茶的产量。毕竟一亩茶园的收益远比一亩稻田多。龙井茶也正是在这一背景下名扬天下的。

与此同时，手工业、各种作坊也变得更加繁荣。绍兴酒、湖州笔、辑里丝……各类地方产品竞相出彩。

产品的繁荣再次拉动商业的进步。大批农民放下锄头，开始商业探索，龙游商帮、宁波商帮应运而生。杭州的清河坊成为最繁华的街区。街市坊巷商摊林立，人气、市气集聚。

1675 年，作为俄国使节出使中国的尼古拉 · 斯帕塔鲁 · 米列斯库曾用难以置信的语气描述杭州:

> 这座城市人口之多，每天要吃 1 万袋大米，每天宰 1000 头猪。（转引自《浙江通史》）

基建大潮再次兴起。不过这一次不是建设大城市，而是建设无数个小市镇。明代中晚期，浙江的工商业市镇已经超过 100 个。清代更是猛增到 1000 多个。这是中国历史上前所未有的城镇化进程。西塘、南浔、乌镇都在这一时期崛起。

右页图 龙井茶园 / 摄影 金良

此图为杭州龙井村茶园。一排排茶树覆盖山地，它既是优良的经济作物，也能防止水土流失。

肆 我们可以生产一切

鸦片战争后，宁波、温州陆续开埠通商，浙江终于回归海洋的怀抱。但时过境迁，上海的崛起产生了巨大的虹吸效应，江浙资本大量聚集在上海。宁波港、温州港仍未能发展起来。

1949 年以后，浙江又被当作海防前线，国家经济工业布局几乎与它无缘。1953—1978 年，浙江人均国有固定资产投资额为全国倒数第一。

农业上，1978 年的浙江人均耕地面积为 0.68 亩，不足全国平均水平的一半。改革开放到来时，这片土地上既没有东北的国有工业基础，也没有深圳那样的政策扶持。唯一有的就是人，各种各样的人、各行各业的人、各个角落的人。

东阳横店镇的徐文荣经营着一家缫丝工厂。他从做缫丝生意起步，建立起了中国最著名的影视城——横店影视城。

1982 年，高中刚毕业的台州人李书福在街头为路人拍照赚钱。赚到钱后他开了一家照相馆，照相馆赚了钱后他又开了一家冰箱配件厂，配件厂赚了钱后他又开了一家冰箱厂，后来他又创立了汽车品牌——吉利汽车。

同一年，在一个没有多少人听闻的县城，县委书记谢高华做了一个大胆的决定——开放当地的小商品交易市场，允许农民经商。如今，全国人民都知道了这个地方的名字——义乌。

类似的人还有很多。1987 年，娃哈哈的创始人宗庆后承包了一家校办企业，工作内容包括蹬着三轮车卖冰棍。

1993 年，桐庐县的几位年轻人陆续送起快递，他们创办的企业名字包括申通、中通、圆通、汇通，号称“快递桐庐帮”。

1995 年，英语教师马云开始为别人制作网页……

人人办厂，村村冒烟，浙江的生产力开始被彻底释放。海洋再次热闹起来，海产养殖遍布海面，集装箱、矿产堆满码头。

右页上图 枸杞岛渔船 / 摄影 陆佳敏

枸杞岛，位于嵊泗列岛东部，离舟山和上海都比较近。

右页下左图 义乌夜市 / 摄影 丁俊豪

义乌三挺路夜市，密密麻麻的小商铺堆满街道。

右页下右图 横店影视城 / 摄影 赵高翔

横店影视基地位于浙江金华东阳市横店镇，1996 年为配合导演谢晋拍摄历史巨片《鸦片战争》而建，现已成为中国最大的影视城。

新的超级名片跃然而起，城市日新月异。宏伟的桥梁跨越江河，伸向海洋。浙江的经济一跃而起。以人均可支配收入计算，浙江连续 17 年位列各省、自治区之首。

如果有人问我，什么是浙江？
我会回答：浙江就是无敌生产力。

温州 / 摄影 倪前辉

照片拍摄于温州永嘉三江街道狮子山观景平台，图中近处为瓯越大桥，远处高楼是温州世贸中心大厦。

福建：

开拓者传奇

3/3

福建是一个多山的省份，山地、丘陵占总面积的80% 以上。福建也是一个多水的省份，年均降水量超 2000 毫米，诸水汇聚，则形成河流、瀑布、湖泊。这些水流日复一日地切割山体。千万年后，劈山裂谷。水缠绕着山，山阻挡着水，二者相生相克，相辅相成。这是福建的千山万水。

但福建的梦想，却在于海洋。面朝大海，春暖花开。

福建省，简称"闽"，位于中国东南沿海，全省面积约 12.4 万平方千米。福建地势西北高、东南低，北部、中部皆为崇山峻岭，山地、丘陵超过全省陆地面积的 80%，仅东南沿海一侧有少数平原分布。受此影响，福建的河流大多自成体系。同时，这种地理环境也使福建人不便于与内地其他省份交流，而将更多希望寄托于海洋。因此，福建的历史发展别具特色，并成了一个区域性十分显著的省份。

1700 年前是一个史无前例的乱世，西晋八王之乱、永嘉之乱，使得原本繁华的中原彻底沦为战场。中原汉族被迫向江南大规模迁徙，史称“衣冠南渡”。

然而，流离失所的记忆尚未消散，江南就变得无法立足。王敦之乱、苏峻之乱、孙恩之乱、侯景之乱，接二连三的战火在江南燃起。时人感叹：

> 大盗移国，金陵瓦解……旅舍无烟，巢禽无树。（庾信《哀江南赋》）

苦难的人们只能继续逃往下一站——福建。但问题是，福建就一定会是乐土吗？

壹 千山万水

要回答福建是否是乐土，需要先从福建的基本地理概况说起。

福建是一个多山的省份，山地、丘陵占总面积的 80% 以上。

两条大型山系斜贯中西，西部闽赣边界为著名的武夷山脉，中部则是鹫峰山、戴云山、博平岭组成的闽中山系。

武夷山的许多山峰海拔超过 1500 米，最高峰黄岗山海拔为 2161 米，是中国大陆东南六省一市中海拔最高的山峰。就山势而言，武夷山面向江西一侧非常陡峻，多有断崖；面向福建一侧则相对舒缓，呈梯级式下降趋势。福建就像一个人坐在一个有着高大靠背的椅子上一样，面朝大海，春暖花开。

武夷山的主要地貌景观，包括花岗岩地貌和丹霞地貌两大类，其中由红色砂岩层构成的丹霞地貌尤为壮观。山中植被茂密，青绿色的草木与酒红色的山体交相辉映，格外绚烂。

除了西部的武夷山，福建还有很多其他花岗岩山地。位于福建东北部的太姥山以林立的花岗岩巨石著称，怪石似从云雾中穿出，直望大海。

右侧上图 武夷山大王峰 / 摄影 王世民

大王峰位于九曲溪北面，因山形如宦者纱帽，又名纱帽岩。

右侧下图 太姥山 / 摄影 林民

太姥山位于福建省东北部，是由花岗岩构成的峰林山地。此图中花岗岩峰林顶部还有花岗岩风化形成的石蛋。

这些高大的山体会拦截水汽，使得福建山地的年均降水量超过 2000 毫米。湿润的气候使得森林生长茂密，从而使该地拥有全球同纬度面积最大的中亚热带森林生态系统。时至今日，福建的森林覆盖率依然高达 65%，是中国森林覆盖率排名数一数二的省份。

山中不仅森林繁茂，还孕育出了众多的瀑布。它们或从山中飞流直下，声势震天；或层层跌落，宛如轻纱。各种瀑布、水泉渐次汇聚，形成了密布福建全省的大江小溪，包括闽江、九龙江、晋江、汀江、岱江、霍童溪、交溪、木兰溪、上清溪等。平均每一平方千米的范围内就有约 100 米长的河流，密度之高，令人惊叹。

其中，霍童溪上游植被最为丰富，水土保持良好，是全福建泥沙含量最小的河流。福鼎下山溪蜿蜒流淌，从空中俯瞰犹如一个大大的 S。著名的闽江全长 562 千米，是福建最长、最大的河流，径流量甚至超过了长度约是它十倍的黄河。

这些水流日复一日地切割山体，在岩石上刻画出深深的沟痕。千万年后，劈山裂谷，造就出大大小小的河谷。水缠绕着山，山阻挡着水，二者相生相克，相辅相成。

青山、碧水、绿树、丹霞，已然构成一幅绝美的画卷。但不止于此，水流还在群山中汇聚成湖。武夷山三才峰脚下，湖水金光灿灿，山影朦胧。更绝的是位于漳州常山的乌山天池，山水相映，令人心旷神怡。其周边更是奇峰怪石环绕，雄中带秀。

左侧左图 下山溪 / 摄影 林民

图为福鼎市赤溪村境内的下山溪，河流在此处绕出一个大大的“S”形拐弯。

左侧右图 九曲溪 / 摄影 吴俞晨

九曲溪发源于武夷山脉，其河谷曲折且幽深。

这便是福建的千山万水。

面对此山川胜景，从河南迁到福建的南朝文学家江淹曾这样赞美福建：

石红青兮百叠，山浓淡兮万重。（江淹《镜论语》）

从江西迁到福建的宋代理学大师朱熹描绘福建的诗句更加广为人知：

半亩方塘一鉴开，天光云影共徘徊。（朱熹《观书有感》）

上图 乌山天池 / 摄影 张元峰

乌山天池位于福建漳州市境内。天池四周有许多花岗岩山峰耸立。裸露的岩石、绿色植被倒映在平静的湖中，亦真亦幻。

贰 初来乍到

山是千山，水是万水。

对初来乍到的逃难者而言，这里却成了难以逾越的阻碍。移民们想要进入福建，不仅要翻越一座大山，而且要反复翻山过河，无休无止。因为湍急的河流就像切豆腐一样，将一座座大山完全割碎，水流在山间如网格般密布。好不容易翻过一座山，又要渡过一条河；渡过一条河之后，又要翻一座山。如此循环往复，可以想象路途之艰。这也使得闽道之难闻名全国。民国初年的《道路月刊》曾评价：

闽省腹地，山脉绵亘，道里崎岖，鸟道盘纡，羊肠迫隘，陆行百里，动须旬日。

中国古代最高效的“快递”系统，即所谓“八百里加急”“六百里加急”的驿递制度，面对福建的山地也只能降速 50%，活生生变成“慢递”。《福建通志》就曾这样描述清代军机处公文在福建传递的情况：

所有军机处交出发寄紧要公文，一入福建之界，无论限行三百里、六百里……每昼夜概行三百里。

高山、支离破碎的地形，让不同种类的动植物都能在此找到相应的栖息之所。以武夷山为例，它拥有 2527 种植物，近 5000 种野生动物。但在逃难者眼里，此处却是森林茂密难行，瘴气弥漫，藤萝纠缠。虎豹的出没更是随时可能让逃难者命丧于途。

当逃难者艰难翻过大山，渡过河流，幸运地逃出虎口，接下来便迫切需要找到一块适宜居住的平地定居下来。然而，群山之中平地寥寥无几，有限的平地大多已经被先到者占据。余下的土地或是林深草茂，或是沼泽密布。移民们携带的落后工具及有限的人力，根本无法将其合理利用。

与此同时，定居下来的人们也极有可能被抢掠为奴，或被原住民杀死。汉武帝时，朝廷曾派军将闽人强行迁徙到江淮，福建几乎成为无人地带。三国时期，吴国也时常搜掠闽人，将其编入军队，北上作战。因此原住民对待外来者并不友好。

山高路险，生存艰难，大大限制了移民进入福建的数量。晋代福建的总人口仅有 8600 户，隋代也不过 1.2 万户，平均每 10 平方千米才有一户人家，是南方诸地中人口最少的区域。如此少的人口无法产生群体效应的文明跃进，只能维持低水平的生活。

但是改变即将发生。一批新移民会带上更先进的技术进入福建。他们将克服内心的恐惧，突破重重阻隔，为生存和梦想而战。

左侧图 武夷山大王峰与九曲溪 / 摄影 林文强
从图中可以一窥福建植被之繁茂，水网之密集。

叁 新福建人

1300 年前，唐朝藩镇割据互相攻伐，中原汉族再次大规模向南方迁徙，福建大开发的转折点到来了。移民们手握新型工具，将高山、河流、森林、沼泽逐个“征服”。他们沿途砍伐丛林，修建山路，架设桥梁，穿越河网；他们挖掘沟渠，排干沼泽，将荒野变为农田；他们拦截溪水，兴建水利工程，将福建四大平原统统变为粮仓。

木兰溪下游冲积而成的莆田平原在隋代还是一个长满蒲草的沼泽地，经过水利改造反而成为福建较发达的区域。闽江、晋江、九龙江冲积而成的福州平原、泉州平原、漳州平原也同样如此。

对于耕作不便的山地，他们用高超的筑坝技术，投入不亚于北方修建长城的人力，开垦出千万亩梯田。在尤溪县、柘荣县都可以看到，梯田一层层地向山顶延伸，俯瞰犹如密密麻麻的等高线。

耕地增加，吸引了移民不断进入。盛唐时福建人达到 10 万户，宋代初年便上升为 46 万户。到南北宋相交之际，金兵南下，中原再次陷入战乱，北方居民再度南迁。他们往往是整个家族数百上千人集体迁入，不但数量众多，身份的构成也更为复杂，既有衣冠大族、书香门第，也有下层贫民、贩夫走卒。此时，福建的人口数量已经趋至 130 万户，由国内人口最稀疏之地转变为人口极为密集的区域。

在与当地原住民的关系上，移民们明智地选择了通婚。当他们的后代追溯祖先时，往往仍以北方籍贯为荣。至此，北方移民彻底改变了闽人的血缘结构和文化认同。

无论你曾是官、军、世族、豪强，无论你曾是农民、罪犯、道士、和尚，无论你来自河南、江西、浙江，现在都是同一个身份 ——新福建人。

右页图 福建梯田 / 摄影 林文强

此图拍摄于宁德市柘荣县境内。

土楼 / 摄影 刘艳晖

此图为福建永定高北土楼群的承启楼，画面呈现了元宵游龙的场景。

福建也开始加速升级。他们烧制砖瓦，建造各式民居，包括土楼、围堡。上千个村落从荒原中崛起，村落扩大，升级为市镇；市镇扩大，又升级为郡县；郡县扩大，再升级为中等城市。福州、泉州都在这一阶段开始闻名全国。

另外，高山和支离破碎的地形仍在影响着新福建人的日常生活。他们带着明显的唐宋中原口音，却又在各自的小环境中独自演化，发展出更多的方言。以至于相隔一座山、一条河的居民，也可能无法交流。这也造就了一座座文化孤岛。

他们有各自的戏剧，除闽剧等 5 大剧种外，还有 20 多个小剧种。他们崇拜各自的神灵，多达 1000 多种，包括蛇、蛙、马仙、太上老君等。在山间奇绝之处，他们修建起各类庙宇。民俗节庆也多得令人眼花缭乱。例如，长乐三溪村的赛龙舟会持续数个小时，直到晚上才进入高潮，人称“龙舟夜渡”。连城县姑田镇的舞龙活动，龙身多达上百节，长度可超过 500 米，一次舞龙往往需要成百上千人参与，当地称之为“游大龙”。

开路搭桥，兴修水利，建设梯田、村落、城镇，演化出种类丰富的语言、文化习俗，这就是新福建人的创造。

但是，如果福建止步于此，它仍不过是一个普普通通的省份。福建，还有更大的梦想。

右侧左图 福州闽侯文山窑 / 摄影 邱军

古窑福州闽侯文山窑，有几层楼高，人们站在由砖瓦铺就的阶梯上，再将砖瓦自上而下 依次取出，近年来三坊七巷翻新用的青砖瓦大部分出自这里。

右侧右图 泰宁县古街 / 摄影 林大佺

泰宁古镇位于武夷山南麓的泰宁县城关，是我国江南地区保存完好的明代民居群。

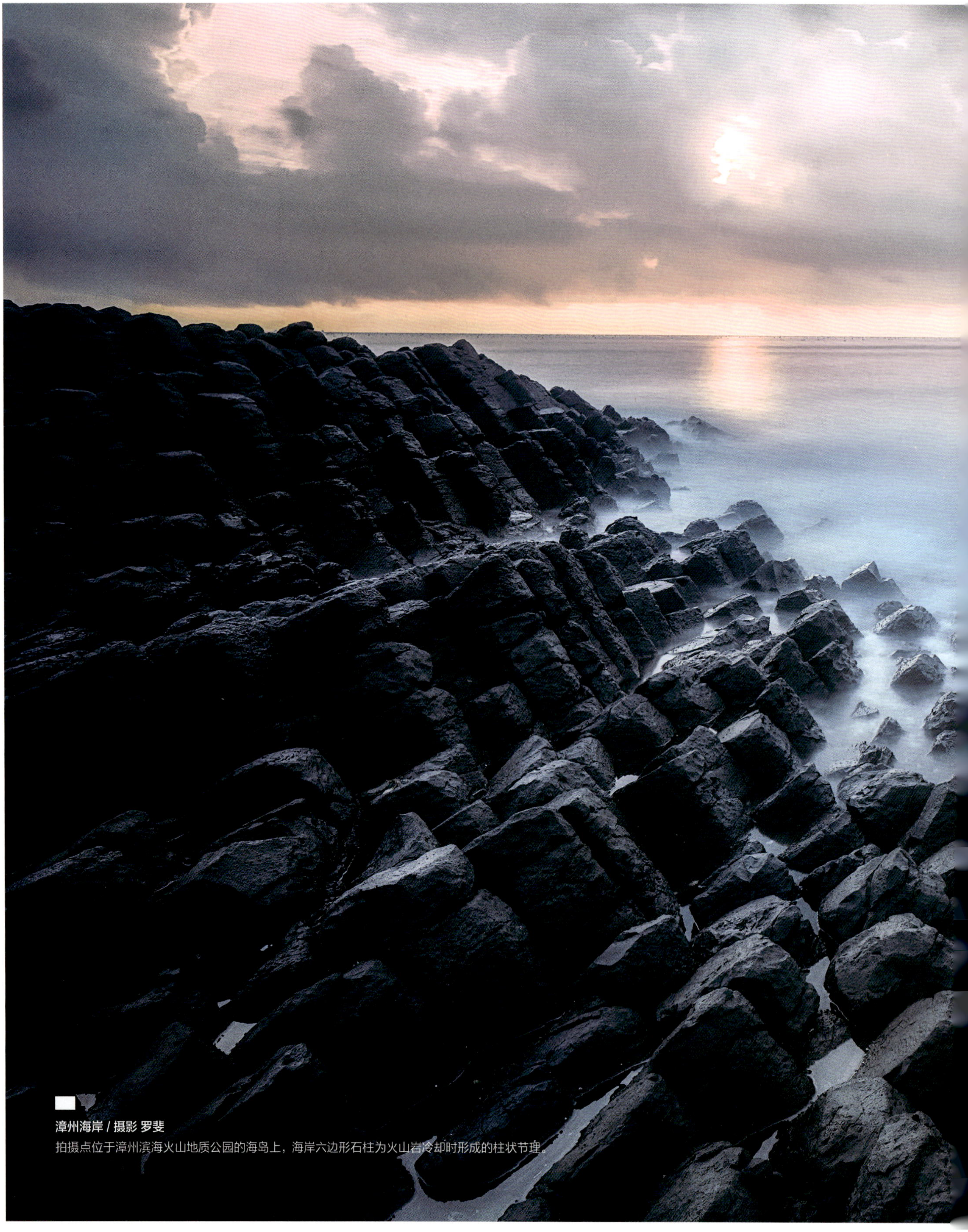

漳州海岸 / 摄影 罗斐

拍摄点位于漳州滨海火山地质公园的海岛上，海岸六边形石柱为火山岩冷却时形成的柱状节理。

肆 海上牧场

福建的梦想在海洋中。

福建海岸线的南北直线距离只有 500 千米，却因为海岸曲折，生生被绕成了 3752 千米，长度位居全国第二。

福建还拥有 1400 多个岛屿。位于宁德的大嵛山岛是一个有着类似塞外草原风光的小岛，岛上还有两个湖泊，周围群峰环拱。位于漳州的东山岛是福建省的第二大岛，岛上礁石众多，颜色丰富，日出时分尤其绚烂。

漫长的海岸线、众多的海岛使得福建人很早就开始利用海洋资源。他们建立的海上村落，有些已经有上千年的历史。他们以海为田，拾蛏苗、插牡蛎、晾海带、捞鱼苗。渔民们或摇着小船，或徒步滩涂，穿梭劳作的场面好似一幅抽象画。更为重要的是，海洋是与世界进行贸易的通道。正所谓：

> 中华地向城边尽，外国云从岛上来。［韩偓《登南神光寺塔院（一本题作登南台僧寺）》］

右页图 福建宁德北岐村 / 摄影 吕威

此图展现了渔民们在海岸滩涂劳作的情景。

福建人建造出最好的海船，载重可达 600 多吨，可乘坐 500 多人。一位普通的福建女性则担当起了最强大的海上保护神，她就是妈祖。在她的庇护下，一艘艘海船从泉州出发，将中国的瓷器、茶叶运往世界。

自唐代到元代的不足三个世纪的时间里，泉州先是在北宋时超越宁波，又在南宋末年超越广州，元代时更是成为世界上著名的大港口之一。旅行家马可 · 波罗这样描述元代的泉州：

> 大批商人云集于此，货物堆积如山，买卖的盛况令人难以想象。

繁盛的海外贸易刺激了福建内陆的产业。一大批人专门为外贸订单生产瓷器、纺织品，最具代表性的当属武夷岩茶。武夷岩茶被大量出口，最多时曾占到全国茶叶出口量的 1/3。这促使武夷山开拓出了无数的茶园，并形成一道非常独特的风景线。位于漳平市永福镇的茶农还在茶园中种植樱花，形成了独特的樱花茶园。

福建商人不仅向外输出物产，也将许多海外的文化输入国内。闽南商人喜欢西班牙人的红砖建筑，他们宁可僭越封建礼制，也要在家乡盖起鲜艳的红砖大厝。在近代，这种对海外文化的吸收，则会聚成了今天名声大噪的鼓浪屿。这座只有 1.78 平方千米的小岛拥有各式建筑之多，堪称万国建筑博览馆。

宗教也在此百花齐放。佛教、道教、基督教、摩尼教及伊斯兰教，在福建都有许多信众。宋元之际，信仰伊斯兰教的阿拉伯商人聚集泉州，组成了相当大的群体。

同时，福建也是一个人才辈出的地方。宋代，福建有 7000 余名进士，在朝任职宰相的官员多达 50 位。

除此之外，还有大量福建人移居海外，形成了中国最大的海外华商网络，据统计，人数超过 1000 万。

海上贸易发达，内陆经济强劲，文化百花齐放，人才遍布世界，福建的巨变令古人不禁感慨：

> 昔陋粤险远之地，为今东南全盛之邦。（转引自王象之《舆地纪胜》）

左页上图 泉州 / 摄影 王世民

此图为以朝天门为中心的泉州鲤城区街景。

左页下图 鼓浪屿 / 摄影 陈艳斌

鼓浪屿位于厦门岛西南隅，与厦门岛隔海相望，以存近代风格各样的历史建筑及园林而著名。此图中部最明显建筑为海上花园酒店。

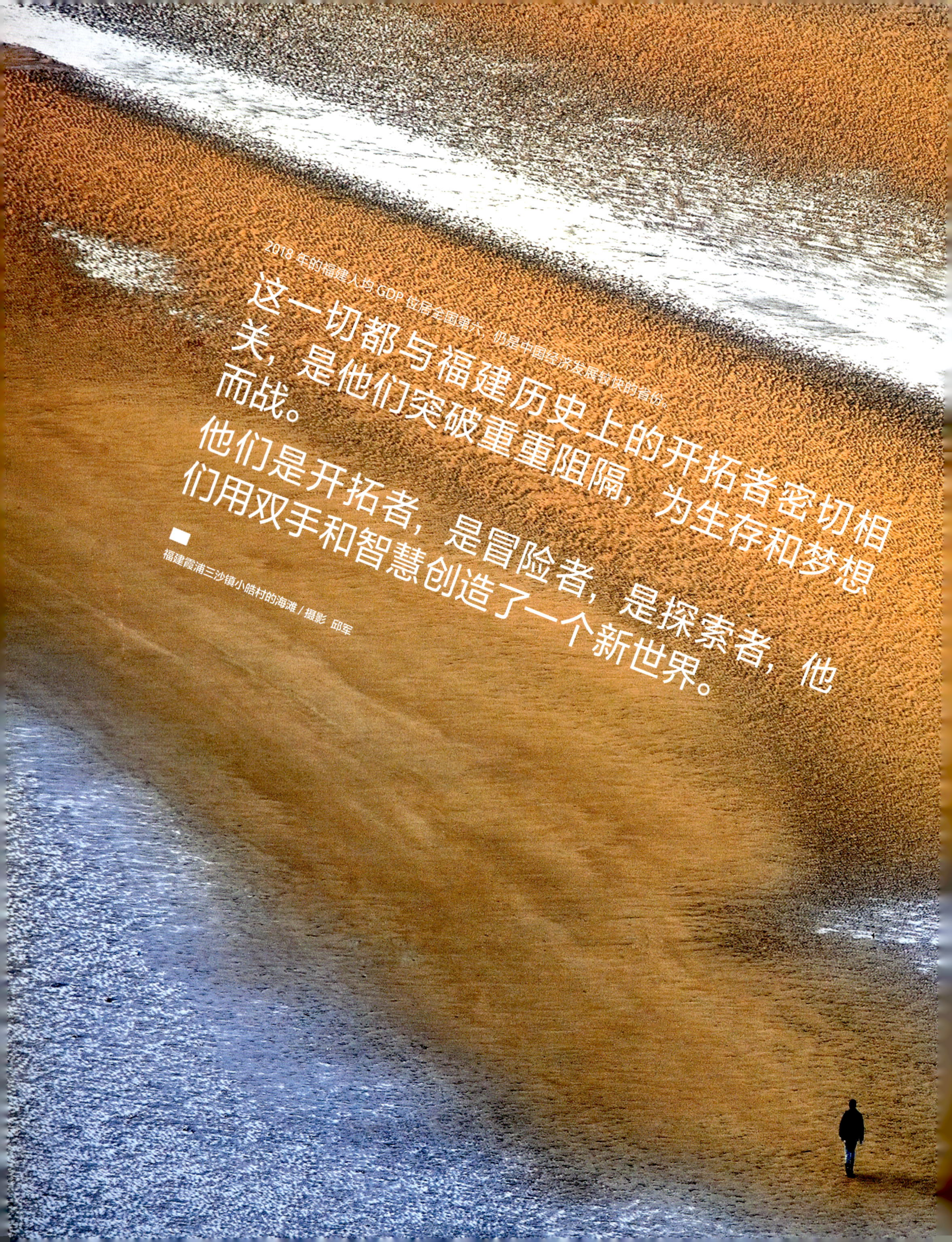

2018 年的福建人均 GDP 位居全国第六，仍是中国经济发展较快的省份。

这一切都与福建历史上的开拓者密切相关，是他们突破重重阻隔，为生存和梦想而战。

他们是开拓者，是冒险者，是探索者，他们用双手和智慧创造了一个新世界。

福建霞浦三沙镇小皓村的海滩 / 摄影 邱军

青岛：一部城市美学史

4/3

青岛的城市美学，在建城之初就超越了国内同期崛起的其他大多数城市。在之后的百余年间，它虽曾倒退或止步不前，但旋即重新上路，再开新篇。这一波三折，可谓一部浓缩的中国城市美学进化史。

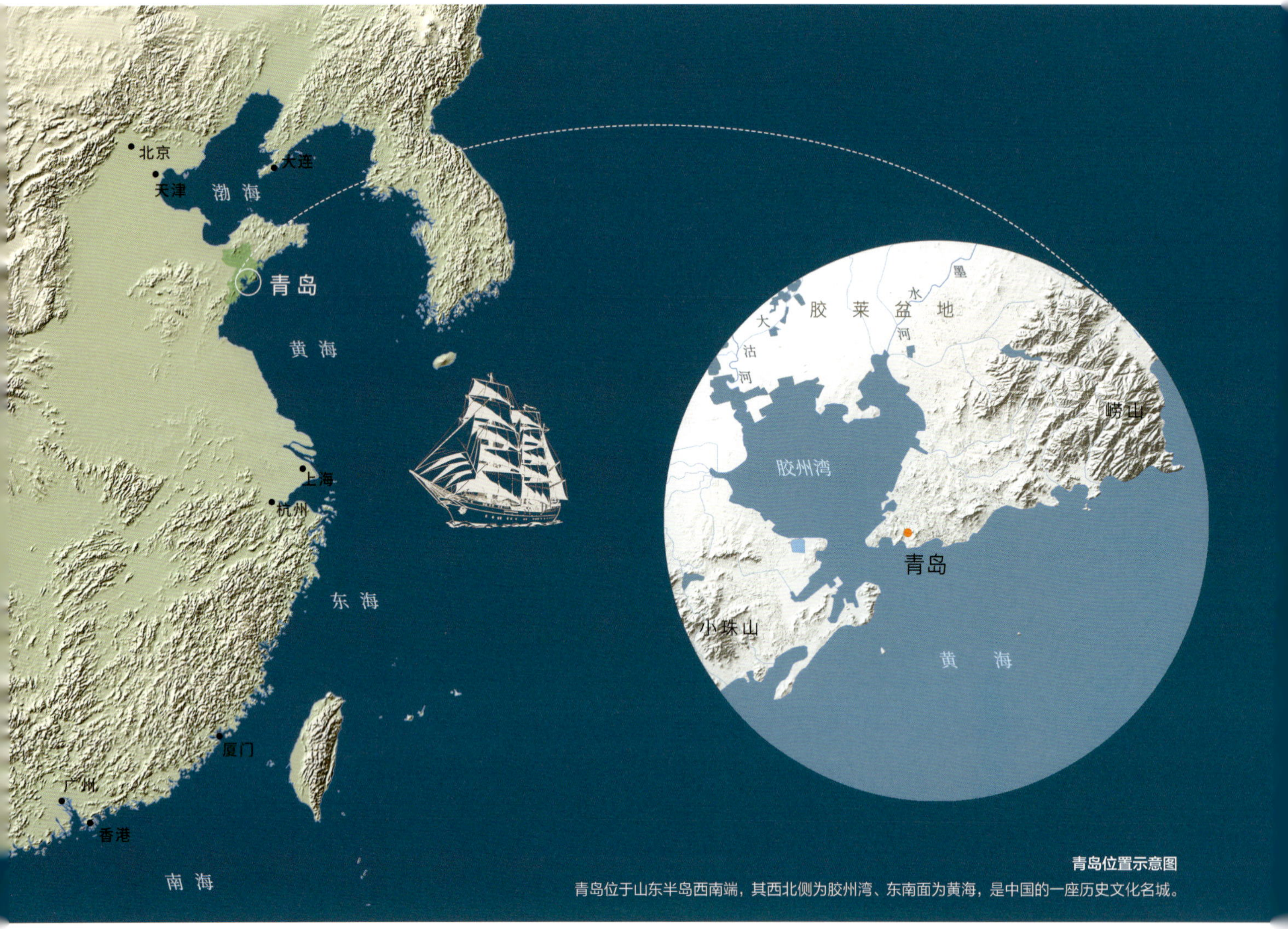

青岛位置示意图

青岛位于山东半岛西南端，其西北侧为胶州湾、东南面为黄海，是中国的一座历史文化名城。

411

如果置身清末、民国，你一定会对频繁上演的城市兴衰震惊不已。任他千年古城，万年基业，在时代大变迁面前，一切全都变得不值一提。西安、镇江、九江等传统工商业城市，在洋货冲击之下百业萧条，江河日下；昔日舟楫云集的淮安、嘉定、扬州，因大运河的淤塞而繁华尽散，一蹶不振；苏州、南昌、开封则几乎被连年的战争或灾害夷为平地。

此消彼长，新兴城市也开始在近代中国大量出现。在工业时代强烈需求下的采矿业，带动了唐山、萍乡、抚顺的相继崛起；愈发重要的铁路，很快将石家庄、郑州、哈尔滨推向省会的宝座；在西方殖民者的强势影响下，上海、天津、青岛已然跃升为新的经济、文化中心。

与此同时，人们欣赏城市的眼光也在发生变化。科学的规划、对城市整体风貌的控制，开始更多地进入中国人的视野。我们将其称为“城市美学”。

在这方面，建城史最短的青岛尤其受到世人的称赞。当时寓居青岛的文人墨客多如牛毛，蔡元培、沈从文、巴金、闻一多、郁达夫、老舍……他们无一不对青岛推崇备至。

梁实秋更是将青岛视作天堂：

> 天堂我尚未去过……我虽然足迹不广，但北自辽东，南至百粤，也走过了十几省，窃以为真正令人流连不忍去的地方应推青岛。（梁实秋《忆青岛》）

时至今日，除了北京、天津两个直辖市，青岛不光是北方经济实力较强的城市，还是中国非常具有旅游吸引力的城市。许多人提到青岛，心中都会有一种莫名的好感与向往之情。

几乎没有历史根基的青岛，为什么能拥有如此高的评价？

星球研究所就从城市美学的角度出发，谈一谈青岛是如何炼成的。事实上，青岛的城市美学，在建城之初就超越了国内同期崛起的其他大多数城市。在之后的百余年间，它虽曾倒退或止步不前，但旋即重新上路，再开新篇。这一波三折，可谓一部浓缩的中国城市美学进化史。

壹 青岛雏形

青岛位于山东半岛西南端，北依大泽山脉、南滨黄海，中间为东西展布的胶莱盆地。

陆海相接之处，崂山、大小珠山、铁橛山等，接连耸立，拱卫胶州湾。其中，崂山山脉最高峰的海拔为 1132 米，是中国大陆海岸线上的第一高峰。山入海中，海侵山下。大雾起时，犹如水墨国画。山海相连之处，或礁石丛生，惊涛拍岸；或细沙轻语，柔情似水。

远离海岸之处则岛屿林立，郁郁葱葱，与世隔绝。加之青岛海岸线曲折，湾岬交错，大小海湾多达 49 个。这样的地形使得青岛天生就是极具经济、军事价值的良港。

古代青岛人，以海为家，以渔为生。到清朝已经形成了数百个村落，人口多达数万。

1892 年，为了巩固海防，清廷开始派兵驻防青岛，修建总兵衙门、炮台、栈桥。宽窄不一的街道和 60 余家商铺随之出现。作为一个刚刚萌芽的城市，青岛正式登上历史舞台。

但在此时，我们并没有充分认识到青岛的巨大潜力，只是将其作为一个军事重镇，对其多数的城市功能仍然缺乏了解。

右页上图 崂山边的渔村 / 摄影 柴迪成
此图为坐落于崂山东麓的黄山村。

右页下图 青岛栈桥 / 摄影 刘中
图中下方建筑为青岛栈桥，始建于 1892 年，是青岛最早的军事专用人工码头建筑，现在已成为青岛的标志之一。上方的岛屿为小青岛，被认为是“青岛”得名之处。

贰 第一次升级

真正发掘出青岛潜力的是德国著名地理学家李希霍芬。他曾在中国实地考察数年，对中国极为了解，之后便极力向德国政府提议占领青岛：

> 此地可以建设一个伸展到华北的铁路网……欲图远东势力之发达，非占胶州湾不可。（转引自郭双林《晚清外国“探险家”在华活动述论》）

19 世纪末的德国，虽然错过了列强瓜分世界的黄金时期，却后来居上，其经济增长速度大大超过了英法等传统强国。于是他们有了一个更大的野心，即通过建设一个“样板殖民地”向世界证明，德国在经营殖民地方面同样能超越那些老牌帝国。

青岛显然就是“样板殖民地”的最佳选择。它拥有极佳的地理条件，同时又不像上海那样需要和其他列强共享，也不像天津那样已经有太多的城市基础。青岛就像一张白纸，可以任由德国人规划蓝图。1897 年 11 月 14 日，德国海军出兵占领青岛，清军未做任何抵抗，将其拱手相让。

殖民者踌躇满志，样板之城即将启幕。他们并没有急于做大规模的城市建设，而是首先开展土地勘察，在完成青岛史上第一份城市规划之后，建设才全面展开。

殖民者强行赶走中国居民，拆毁他们的房屋，并实施歧视性的“华洋分区”。整个城市的行政中心围绕着总督府展开。正前方是开敞的广场，6 条放射形道路在广场交会，烘托出总督府的中心地位。总督府建在观海山的半山腰处，共 4 层，高 20 米，总建筑面积达 7500 平方米。

新式的钢铁结构被应用其中，钢材则由克虏伯公司从德国远道运来。外立面采用青岛随处可见的花岗岩细方石构筑。整个建筑庄重威严，极具质感。

为保障建筑质量，殖民政府专门从德国聘请建筑设计师和专业技术工人。而本地无法生产的建筑材料、机械设备等，则直接从德国运来。胶澳总督本人下班后会亲临工地视察，甚至登上脚手架检查施工质量，决不允许出现一点儿纰漏。所有行政建筑、宗教建筑、住宅也都通过立法手段做了非常详细的规定：

> 房屋的高度控制在 18 米以下，楼层最高为 3 层。建筑物所占面积应在宅地面积的 6/10 以下。相邻建筑的间距为 3 米，有窗户时为 4 米。（德租时期的法律文件《买地办理章程》）

左页图 总督府旧址及周边建筑 / 摄影 卢晖

此图中央方形建筑南半部（图中左半部）为总督府旧址，北半部（图中右半部）为 1949 年以后以同样风格新建的建筑。从航拍图中可以清楚看到前方广场周围的六条道路。

总督府旧址 / 摄影 陈曦

此图为总督府旧址，其前方街道为青岛市市南区沂水路。总督府最早由德国建筑师弗里德里希·马尔克于 1901—1902 年根据 19 世纪欧洲公共建筑的艺术形式设计，建于 1903 年。1905 年主体建筑完成，1906 年春交付使用，供胶澳总督办公之用。现在这里是青岛市人大常委会和青岛市政协的办公处。

其中的一项规定对青岛的影响更为鲜明，即建筑外形不能重复。这一规定直接使得各种风格、样式的建筑纷纷在青岛落地。

例如，30 米高的总督官邸，建筑面积超过 4000 平方米，是德占时期青岛最豪华的建筑之一。其建筑风格为新罗马风与青年风格派的结合。大面积的券柱式开敞外廊，以及有序排列的花岗岩饰面，使得这一建筑极为生动。从不同角度观看，会呈现出不同的景观。

1910 年建成的基督教堂，拥有一个造型突出的钟塔楼。钟塔楼将整个区域渲染出浓浓的欧洲风情，不同时节、不同方位，都极具韵味。

其他形态各异的代表性建筑还包括胶州邮政局、海滨旅馆、亨利王子路理发厅、安娜别墅等。

除了对建筑事无巨细的追求，德国人还非常重视城市的绿化。为此设立了专门的“林务署”，不遗余力地引入法国梧桐、槐树、银杏等树木。绿化城市的盛名在当时享誉全国，连上海、北京等城市都派人前来参观学习。建筑之间、道路两侧，也将绿植穿插而置，配合当时广泛采用的红色屋顶，可谓红瓦绿树，碧海蓝天，在全国城市之中独树一帜。

加之青岛市区不断出现的山地、丘陵，所建建筑往往顺坡就势，建筑群的轮廓连绵起伏、高低错落，构成令人印象深刻的景观。

右页上图 基督教堂 / 摄影 张霄

该基督教堂不仅有德国青年派风格，同时是沂水路、龙山路等多条道路的对景建筑。

右页下图 青岛邮电博物馆 / 摄影 王恺

胶澳德意志帝国邮局旧址，图中十字路口为广西路、安徽路交叉口。该邮局建于 1900—1901 年，为德租时期德国邮政机构的所在地，现为青岛邮电博物馆。

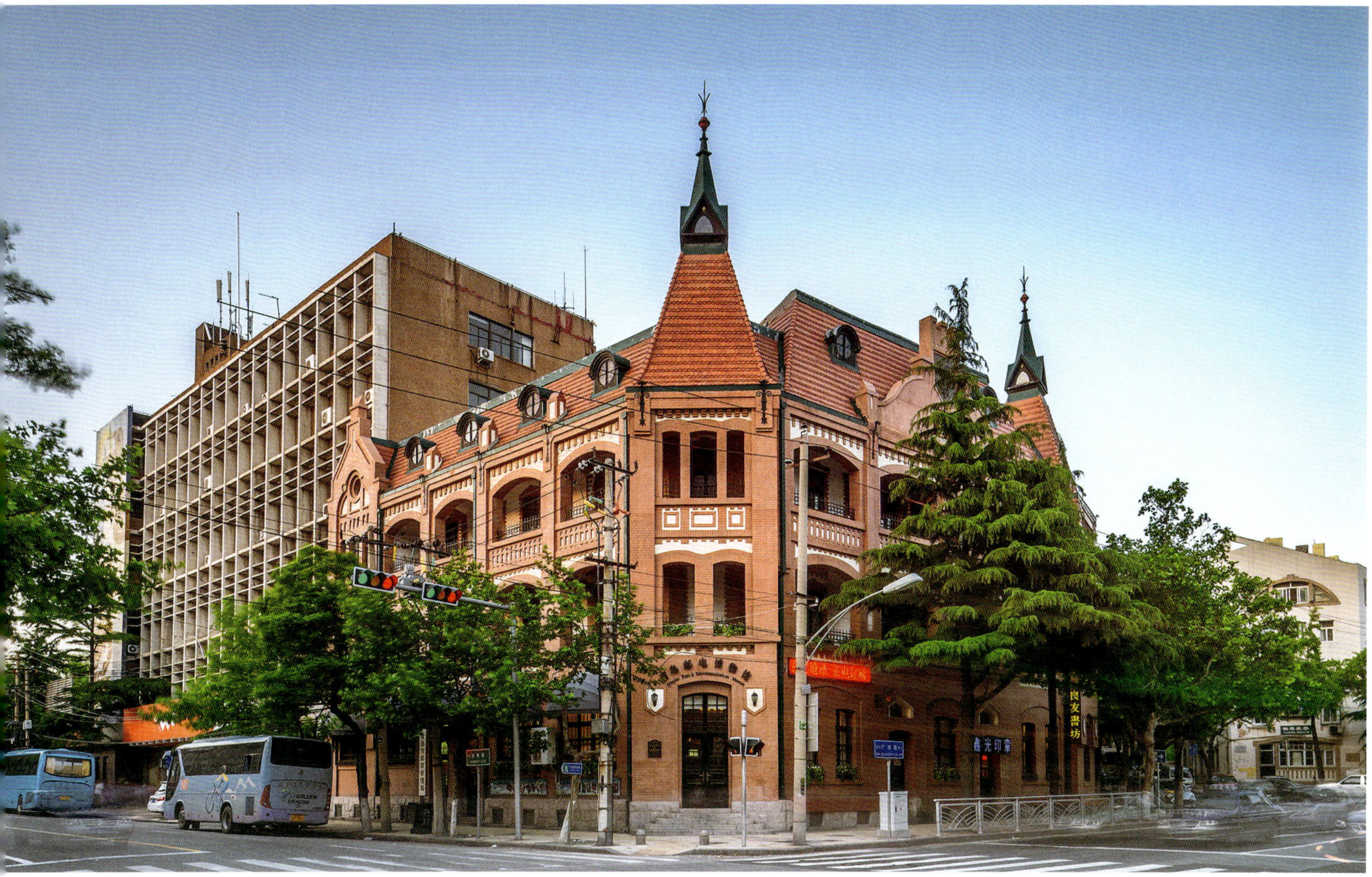
良友書坊

总督官邸 / 摄影 王恺

从信号山拍摄总督官邸，可以看见它被各种植被所环绕的样子。

总体而言，德国人在青岛的城市建设，奠定了近代青岛基本的城市格局和风貌。这是青岛城市美学的第一次建立。

此时的青岛不再只是一座普通的小渔村或军事堡垒，而是一座个性鲜明的城市。经济上的成绩同样斐然。以当时世界最先进的技术、理念建设的青岛港，从建成之初就被誉为“远东第一大港”。它在许多方面都超越了香港和上海，德国人打造“样板殖民地”的目标初步实现。

然而，好景不长，在德国人治理青岛 17 年后，第一次世界大战爆发。对青岛觊觎已久的日本，于 1914 年趁机对德宣战，随后代替德国对青岛进行治理。日本人对青岛的经营方式与德国人的完全不同。他们更多地着眼于急功近利的扩张与掠夺，包括将数万名日本人移至青岛，全面控制青岛的工业、商业和金融业。此时的市区规模虽然比德占时期扩大了三倍，但总体呈现为无序的自发扩展，自始至终并没有做出一份长远的城市规划。这一时期的建筑质量也明显下降，整体大为倒退。

倒退与止步不前的日子是漫长的，青岛城市美学的第二次提升，要等到十余年后才会来临。

左页图 青岛老城区 / 摄影 张霄

照片拍摄于青岛市中山路发达大厦。从这里观察青岛老城区，可以看见各具特色的建筑依山而建，红瓦绿树相映成趣。

叁 第二次升级

“一战”结束之后，五四运动的口号“誓死力争，还我青岛”响彻全国。1922 年，北洋政府虽然最终收回青岛，但此后数年的中国，军阀混战，民不聊生。乱局之中，青岛的城市建设更是一落千丈。时人对 20 世纪 20 年代的青岛建筑做出过这样的评价：

国人近年建筑……其取材施工恒取苟完苟美之主义，不若德人之坚固整洁矣。（青岛地方志《胶澳志》）

直到 1931 年，驻防青岛的海军将领沈鸿烈被任命为青岛市市长后，青岛才逐渐远离战火，局势趋于稳定。

青岛城市美学的第二次提升开始了。这次完全由中国人主导。

首先，青岛市政府深化了关于城市建筑的法规。他们设立市区工程设计委员会，着力提升建筑质量。其中甚至还包括一个建筑建设审美委员会，对不符合青岛风貌的建筑一律禁止，对优秀的设计则予以奖励。

著名的八大关别墅群便在这一时期达到鼎盛。它以二、三层独立式庭院别墅为主，拥有大量精美的建筑小品，景观疏朗，空间亲切静谧，犹如都市村庄。

右页上图 八大关别墅 / 摄影 王恺

照片拍摄于八大关之一的正阳关一支路路口。路口共延伸出 5 个方向。
对面建筑为韶关路 22 号的一幢北欧乡村风格别墅。

右页下图 湛山三路的秋色 / 摄影 张霄

湛山街道位于山东青岛市市南区东部，因北靠湛山而得名，其道路两侧植被已然成为一道风景线。

其次，青岛市政府通过绿化及一些特别的设计，对道路景观进行优化，使得青岛城区的许多道路都颇具韵味。

最为经典的则是“对景”的运用。对景是中国古代园林设计的经典手法，即从一处景观欣赏另一处景观，两景相对，会产生非常奇妙的视觉美感。

以 1934 年建成的圣弥爱尔大教堂为例，这是一处 56 米高的双塔楼建筑，也是青岛老城极为醒目的建筑。当这样的建筑出现在道路的尽头，神奇的街道对景便出现了。建筑变得更加突出，也更富生趣。人们既可以在绿丛中仰望建筑的尖角，也可以在青岛老城之巅俯瞰双塔奇兵。

左侧左图 圣弥爱尔大教堂 / 摄影 张霄

圣弥爱尔大教堂是坐落于浙江路和德县路交会处的高坡上的一座天主教堂，除了有装饰精美的立面，还是浙江路和肥城路两条马路的对景。该图拍摄于肥城路。

左侧右图 圣弥爱尔大教堂 / 摄影 李文博

照片拍摄于浙江路，从这里遥望圣弥爱尔大教堂，可以发现塔尖与道路两侧树林交相辉映。

最后，与德国、日本等殖民者不同的是，中国人治下的青岛市政府更加注重城乡区域的平衡发展，以及对城市边缘贫民区的改造。包括统一规划布局，每处院落均设置水龙头、公共厕所，满足人们的基本生活需要。

一种起源于德占时期的建筑——里院——也在此时大规模地发展起来。这是一种结合了欧洲联排住宅与中国四合院风格的建筑，可以在有限的建筑面积中容纳更多的人居住，居住者包括小职员、下级军官、工人、小商贩。1932 年，青岛的里院已达 506 处，容纳了 10669 户人家。今天我们借助航拍技术，可以更清楚地欣赏到这种建筑的几何美感。只是不知道当年，这狭小的天井蕴藏了多少个“青岛梦”。

1935 年，成就颇丰的青岛市政府出台了第一部由中国人制定的青岛城市规划，其中甚至包括了一条从青岛经新疆直通欧洲的铁路。其雄心壮志，可见一斑。

然而规划未及实施，日本侵略者的铁蹄便让青岛的发展再次停滞。青岛城市美学的第三次升级，将要等到数十年以后。

左页图 雪后里院场景 / 摄影 卢晖

里院是青岛特有民居建筑，《青岛概要》称其为“华洋折中式”建筑。其建筑形体由城市街道走向决定，四周合围，中心形成一个院子，建筑多为两到三层，底层多为商业用途，二层及以上为住宅。

肆 第三次升级

抗战结束之后，青岛历经内战、建国初期的曲折探索等社会变动，一些建筑风貌遭到破坏，城市风格大变。例如，受苏联建筑理论的影响，以“肥梁胖柱”为特征的会堂、疗养院大量在 1950—1960 年出现。改革开放初期，破坏与不协调在对高楼的一味崇拜中愈演愈烈。最典型的莫过于 1990 年建设的东海大酒店，直挺挺地矗立海湾之上，可谓大煞风景。

真正的改变发生在近些年，人类对自然地理条件的改造能力极速提升，我们可以填海造地、削山填谷。青岛的城市风貌完全跳出之前的发展脉络，以一个全新的形象出现。不再是红瓦绿树、疏落有致，而是高楼林立、紧凑致密。

与其他高楼林立的城市大不相同的是，青岛的特色依然相当突出。它的海湾曲线极为优美，大湾、小湾依次出现，连绵不绝。城市建筑群与大海交融穿插，滨海建筑布局从低到高，层次分明，产生了令人意想不到的景观。

而在陆地上，密集的高楼建筑群的呆板还会被突兀的山峰打破，它们使得青岛在钢筋水泥之中，依然保持了些许山野之气。

夜色之中，城市灯光璀璨，刺破薄雾，景象更加瑰丽。雾浓之时，整个城市会完全隐去，只余些脚手架穿出云端，揭示着云雾下方热火朝天、日新月异的城市建设。以全新面貌示人的新城市快速崛起之时，极具特色的老城也并未因此消亡。它们互相冲突，又互相融合。

右页图 青岛新城旧城同框 / 摄影 卢晖

从近处的总督府旧址，到中部里院，再到远处近海现代高楼，
青岛不同时期不同风格的建筑尽收于一图。

未来的青岛是否
仍是红瓦绿树、碧海蓝天，
也许就掌握在我们这一代人的手中。
因为青岛城市美学第三次升级的时刻
已经到来。

浮山与青岛平流雾 / 摄影 高江峰

浮山位于青岛市崂山区、市北区和市南区交界处，南面黄海。夜幕下，灯光与平流雾共同渲染出一幅梦幻景象。

江南：
江河湖海的盛宴

5/3

如果说中国有哪一个地方集中了人们对一切美好事物的想象，那无疑当属江南。在纷繁的诗文与传颂中，江南俨然是一个气候绝佳、景色宜人、富贵繁华而又温柔多情的人间天堂。它代表了中国人对美好生活的极致向往。

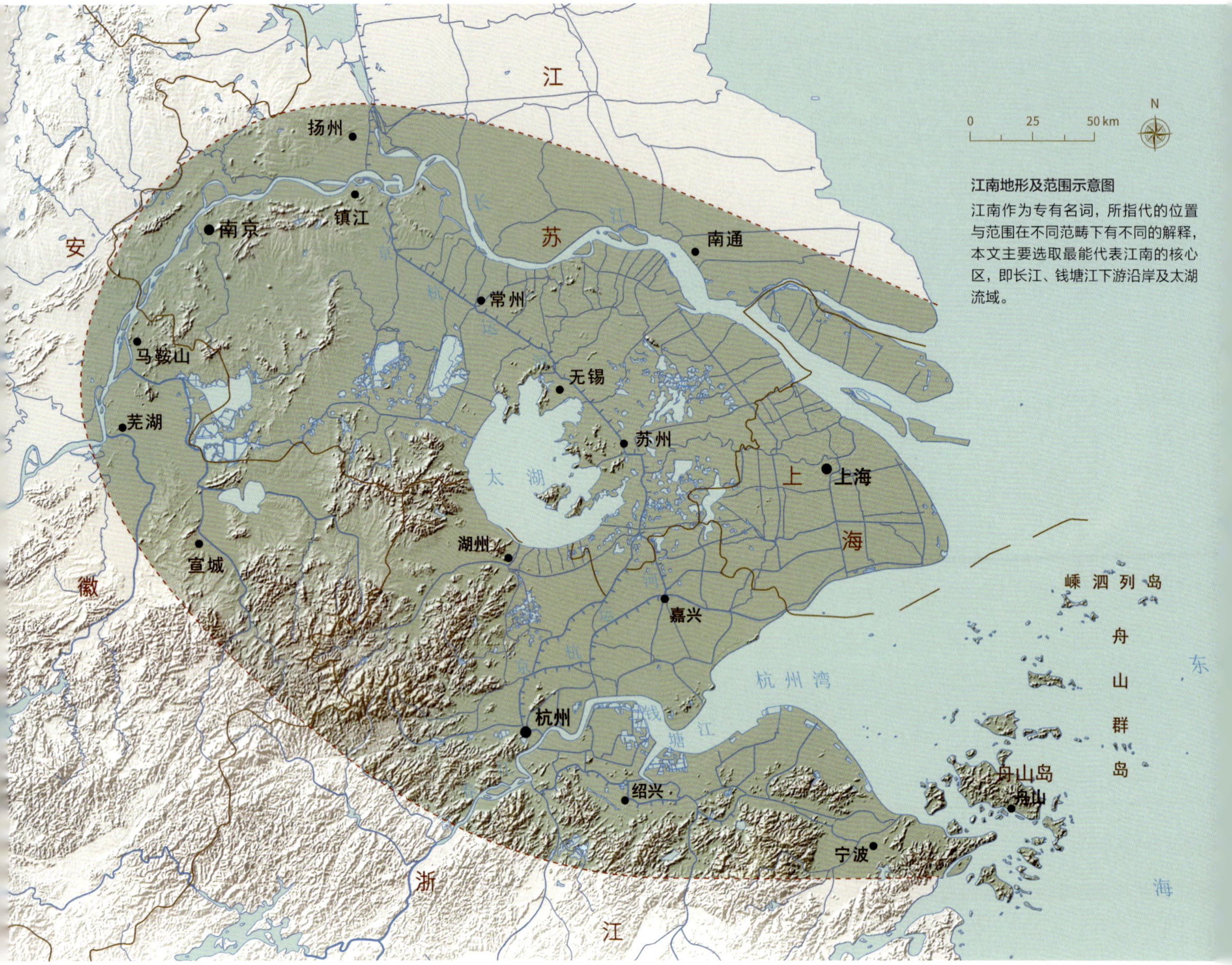

江南地形及范围示意图

江南作为专有名词，所指代的位置与范围在不同范畴下有不同的解释，本文主要选取最能代表江南的核心区，即长江、钱塘江下游沿岸及太湖流域。

隋唐大运河示意图

公元605年至610年，隋炀帝动用上百万劳动力，开通了以洛阳为中心，南起杭州，北至北京的大运河，第一次将钱塘江、长江、淮河、黄河、海河五大水系沟通，达到了我国运河开凿的顶峰。隋之后，唐继续使用和疏通大运河，故它也被称为“隋唐大运河”。

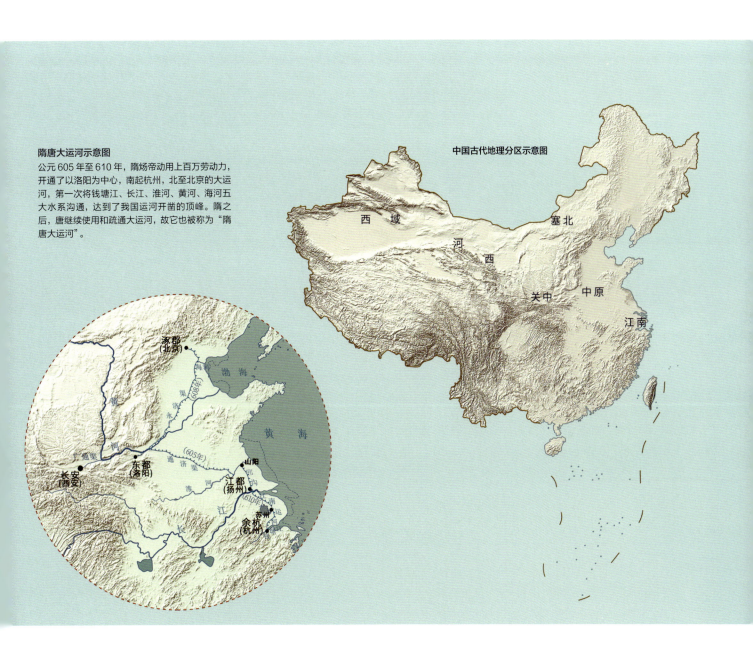

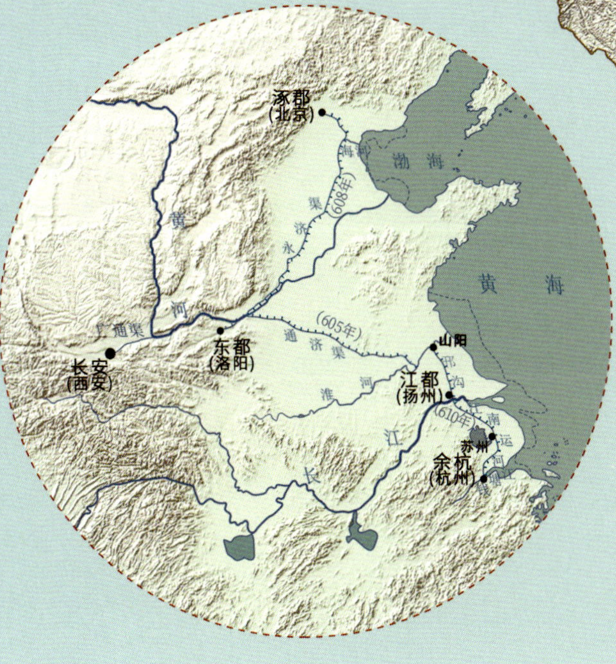

中国古代地理分区示意图

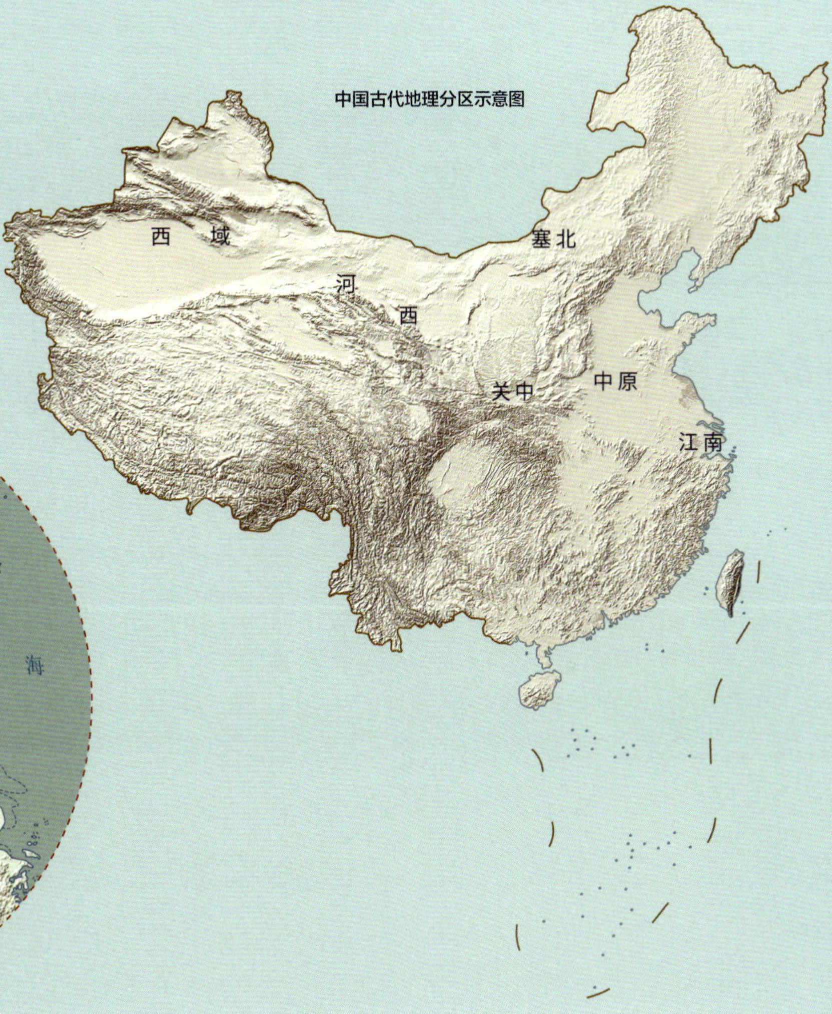

现代地理学家多依据地貌来划分中国的地理单元。论高原，有青藏高原、黄土高原等；论平原，有华北平原、东北平原等。

古人则更喜欢从文化的同质性着手，辅以山川形便，构建出许许多多充满文化韵味的地理区划，如江南、塞北、中原、关中、河西、西域等。

只是这些古代区域的名称，有的已经被历史遗忘，不为现代人所用，如西域、塞北。有的则从人人争相攀附的神坛上跌落，变成一个个普普通通的区域名称，如中原、关中。唯有江南，在历经千年起伏之后，仍能让大部分中国人心生向往。

此处的“江南”，并非字面意义上长江以南的所有地方，而是一种文化地理概念。其核心区包括长江、钱塘江下游沿岸，以及两者之间的太湖流域，总面积约 8 万平方千米，不足全国国土面积的百分之一。

然而，就是这样一块面积不大的区域，却似乎集中了中国人对美好事物的全部想象，许多地方都被冠以“某某江南”“小江南”之名。

例如，早在 1400 多年前的南北朝时期，宁夏平原就被称为“塞上江南”。时至今日，我们的地理视野已经极为广大，对中国的自然景观、人文景观的多样性有了更多的认识，却仍有许多人将西藏林芝、新疆伊犁这两个文化、地理与江南差异极大的地方，分别称为“西藏江南”和“塞外江南”。

中国人为何如此偏爱江南？甚至延续千年之久，至今不衰？

事实上，与其他区域不同的是，江南的崛起并非一时一地之功。而是在千余年间，五大城市轮番发力，将江南逐步推向经济、文化上的巅峰。这五个城市又分别与它们所处的“江”“河”“湖”“海”密切相关，堪称江河湖海的盛宴。

左页图 西湖“曲院风荷”/ 摄影 肖奕叁

“曲院风荷”位于苏堤北端西侧，是西湖十景之一。除此之外，西湖十景还包括“苏堤春晓”“断桥残雪”“花港观鱼”“柳浪闻莺”“雷峰夕照”“三潭印月”“平湖秋月”“双峰插云”“南屏晚钟”。

壹 长江时代

首先来临的是长江时代。

西晋末年，在八王之乱、永嘉之乱的重重打击下，西晋宗室、士族大量南迁。拥有长江天堑之利的南京，成为东晋王朝的最佳选择。

长江从南京的西、北方向奔腾而过，可以阻挡来自北方的进攻。再加上钟山、石头城、九华山、鸡笼山等一众山地横亘于前，玄武湖、秦淮河等河湖环绕，于是山地河湖共同构成了对江南内部势力的天然屏障。诸葛亮曾评价南京的地理优势：

> 钟山龙蟠，石头虎踞，此乃帝王之宅也。（张勃《吴录》）

公元 317 年，琅邪王司马睿在南京称帝，史称“东晋”。此后，南朝的历代朝廷接连在此定都，形成六朝古都。

南京就此崛起。

衣冠南渡的汉人带来了中原的文化和技术，大量的土地被开辟为农田。农田的开辟增加了粮食的产量，也促进了人口的增长。

右侧图 外秦淮河入长江口 / 摄影 潘锐之

此图左侧为外秦淮河，可以看见外秦淮河和长江水流形成的明显的分界。

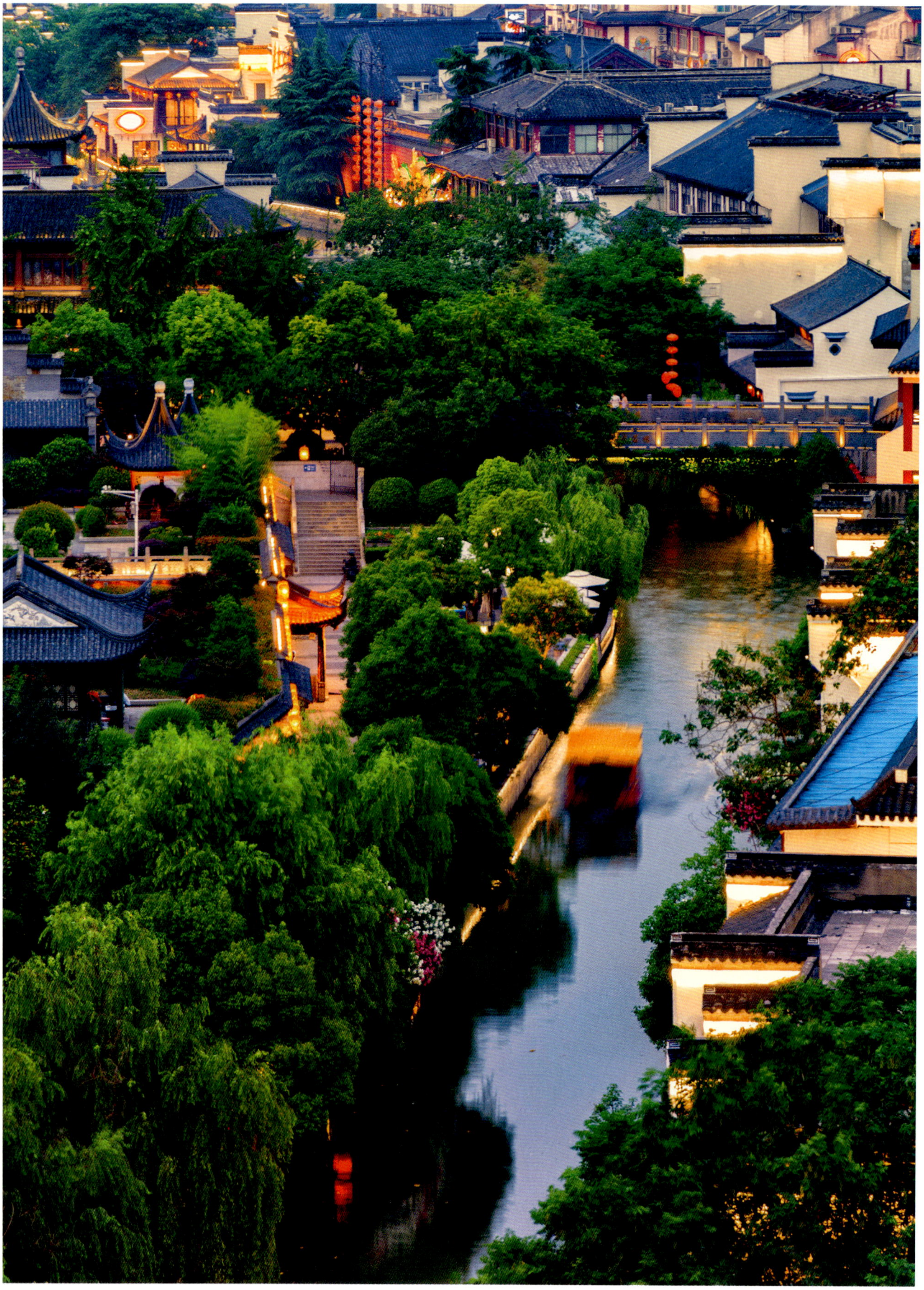

凭借长江、秦淮河等水系之利，南京成了江南人口与财富的聚集之地，码头经常停泊数以万计的中外商船。以南京为中心的六朝，带动江南首次进入大规模发展阶段。正所谓“金陵百万户，六代帝王都”。后世的吴敬梓在《儒林外史》中言道：

（南京）菜佣酒保，都有六朝烟水气。

此外，自东汉末年以来的连年战乱，也使佛教变得兴盛起来。在南朝统治阶层的大力推行之下，以南京为核心的江南地区寺院林立。唐代诗人杜牧也曾感叹：

南朝四百八十寺，多少楼台烟雨中。（杜牧《江南春》）

南北朝之后，隋朝统一中国，重新定都北方。此后的南京再也没能在如此长的时间内成为国都，以南京为核心的长江时代结束了。

左页图 内秦淮河 / 摄影 潘锐之

常言“十里秦淮”的秦淮河为内秦淮河。六朝时，内秦淮河两岸即为城内繁华的居民区和商业区。

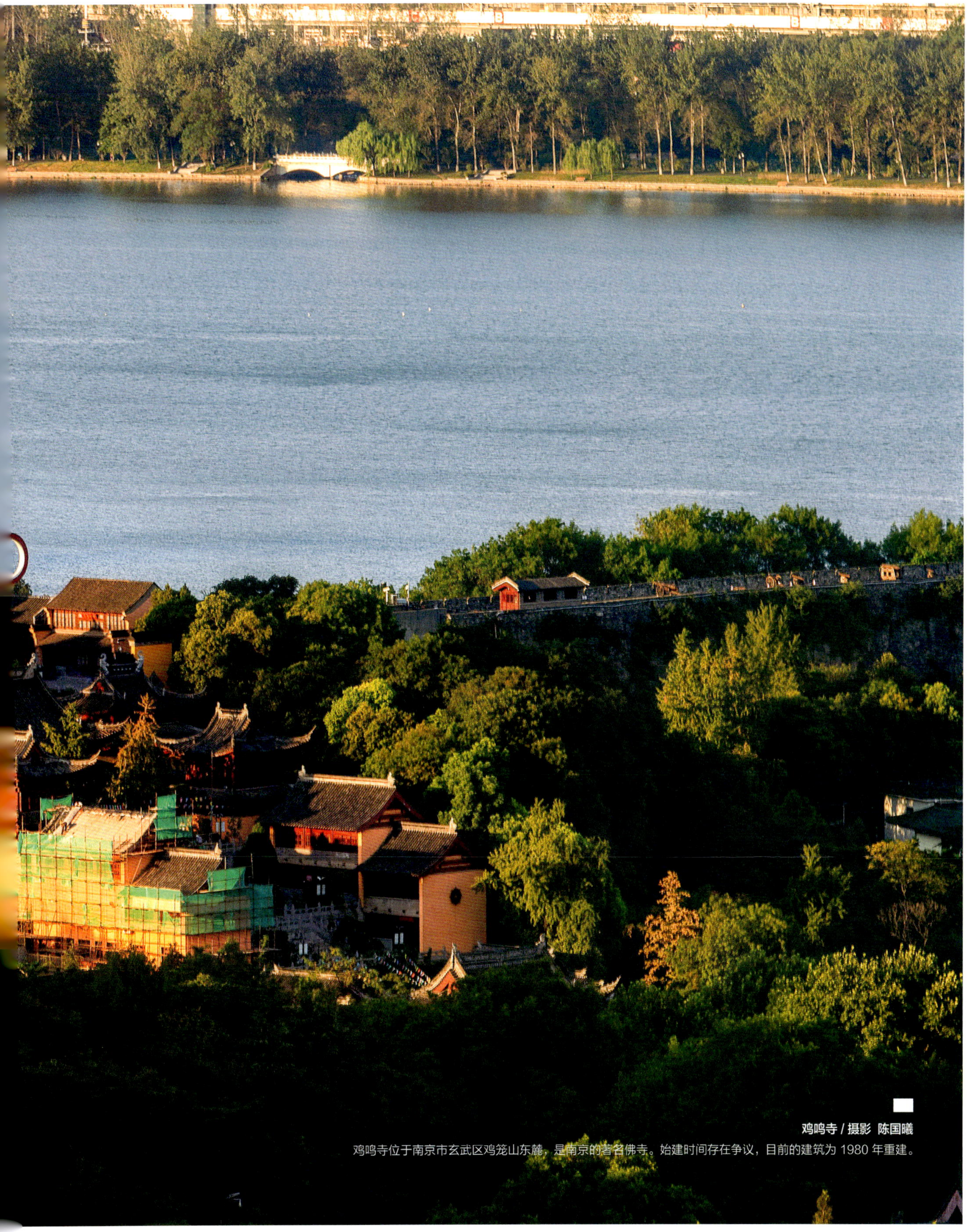

鸡鸣寺 / 摄影 陈国曦

鸡鸣寺位于南京市玄武区鸡笼山东麓，是南京的著名佛寺。始建时间存在争议，目前的建筑为 1980 年重建。

贰 运河时代

但颇有雄才大略的隋炀帝杨广却看到了经济重心南移的大趋势。沟通南北、消弭差距，成为当务之急。一个史无前例的超级工程启动了——修建大运河。

江南从此进入第二个历史时期，运河时代。

从公元 605 年至公元 610 年，隋朝相继开凿疏通通济渠、邗沟、永济渠和江南运河，它们共同组成了长度超过 2000 千米的大运河。海河、黄河、淮河、长江、钱塘江五大水系被连成一体。位于江南北界的扬州则成为南北运输的中心。

江南地区原本就河湖密集、水网交错，运河的修建则将这些天然河道连成一个完整的网络系统，得以连接村落与城镇。由此，江南的钱粮、物产可以通过运河水系汇集到长江北岸的扬州，再通过扬州转运全国。北方的人才也经扬州直下江南。扬州商贾云集，店铺林立，逐渐成为全国的经济、文化中心。

扬州就此崛起。

到了唐朝，朝廷继续疏浚运河。扬州的经济、文化持续繁荣，“烟花三月下扬州”的说法在当时的文人骚客间广为流传。

安史之乱后，北方人民再度大规模南迁，本已富庶的江南格外引人瞩目。在大量新增人口的刺激下，江南的开发再次升级。此时作为江南中心的扬州，开始超过都城长安、洛阳，富甲天下，时人称“扬一益二”。故中、晚唐诗人尤爱扬州。曾在扬州做官的杜牧留下了多篇诗作，写尽扬州的富庶、繁华，也写尽扬州的浪漫、多情。北方诗人张祜甚至还发出了“人生只合扬州死”的慨叹。

然而拥有“烟花三月”美称的扬州，在唐末的军阀混战中被毁，以扬州为核心的运河时代也就此结束。

右页图 瘦西湖 / 摄影 吴赐欣

图为瘦西湖钓鱼台。桃花、湖水、楼阁、烟柳相互掩映，一片梦幻。

大运河扬州段 / 摄影 杨奎

图为扬州古运河大水湾，目前这里已经建为一处体育休闲公园。

叁·钱塘江时代

当历史步入宋朝，中国的经济开发持续向南推进，江南的中心也开始从长江沿岸向南方转移。

另一条大江出场了，江南随之进入第三个历史时期 ——钱塘江时代。

钱塘江发源于安徽境内，其杭州段河道蜿蜒曲折，故又称“浙江”“之江”。一方面，它通过浙东运河连接宁波、绍兴；另一方面，它又与大运河的最南端相交，将浙东城镇纳入大运河水网，而杭州便是其中的交点。拥有如此便利交通的杭州，日益成为钱塘江两岸货物集散之地。五代吴越时它已是：

> 舟楫辐辏，望之不见其首尾。（陶岳《五代史补·契楹属对》）

靖康之乱后，金兵将南京和扬州变成前线。因杭州既远离长江又有钱塘江的水运供给，它开始进入南宋朝廷的视线。公元 1138 年，一度逃往海上的宋高宗最终下定决心定都杭州。

杭州就此崛起。

左页图 钱塘江大潮 / 摄影 潘劲草

钱塘江位于我国浙江省，最终注入东海，其入海口为一外大里小的喇叭口，每当潮水进入，会越积越高，形成大潮。

随宋廷南下的还有大批中原士民，彼时“四方之民，云集两浙，百倍于常”。过度的人口压力又一次加速江南的垦殖，皇帝也开始亲自躬耕，以劝农桑。人口、经济的持续发展，使得钱塘江时代的江南开始在经济、文化上彻底超越北方。古人曾这样感慨南北局面的翻转：

> 维南多士，栉比周行，北客凋零，晓星相望……公卿将相，大抵多江浙闽蜀之人。（《永乐大典》残卷之三千一百四十二及宋代陈亮《上孝宗皇帝第一书》）

杭州一跃成为中国最繁华的城市，人烟辐辏，车马喧嚣。

出自宋代范成大《吴郡志》一书的谚语“上有天堂，下有苏杭”更是让杭州超越了其他城市，成为中国文人雅士心目中的“理想国”。

城市里最有才情的管理者，围绕杭州西部一个几平方千米的湖泊，兴修水利，铺设路桥。历经数代人的不断营建，最终打造出中国知名度最高的城市景观湖——西湖。正所谓：

> 欲把西湖比西子，淡妆浓抹总相宜。（苏轼《饮湖上初晴后雨》）

然而，南宋后期，蒙元入侵，杭州城遭到破坏，地位大不如前，以杭州为核心的钱塘江时代结束了。

右侧图 西湖 / 摄影 柯伟

唐代白居易、宋代苏轼都对西湖的营建具有很大贡献。此图中近处为雷峰塔，远处为今杭州城区。

太湖 / 摄影 赵永清

太湖是全国五大淡水湖之一，为江苏省最大的湖泊。

肆 太湖时代

但江南的整体崛起不会终止。明清时期，江、河之后的“湖”开始发力，江南迎来第四个历史时期——太湖时代。

太湖位于江南腹心，面积约 2400 平方千米，比深圳市的面积还要大 1/5，是中国五大淡水湖之一。周围大大小小的江河、湖泊均与它沟通相连。浩荡的太湖水将江南小桥流水的秀气一扫而空，变得辽阔、浩瀚。

太湖流域的腹地苏州，凭借其丰富的物产、便捷的交通及稠密的人口，开始走上一条有别于依靠政治因素驱动的城市发展之路，这便是以工商立城。

苏州崛起。

宋元之后，桑、棉的种植在江南日益普及，加上区域的交通优势，它们可以很快聚集到市镇，并经过粗加工，行销全国。远高于粮食生产的收益又进一步刺激其扩张。至明清时，以苏州为核心的江南，其丝绸、棉布的生产居全国之首，各地的商贾竞相云集苏州。乾隆时，苏州城东几乎家家户户从事丝织业，全城纺机不少于一万台，染坊有 300~400 家。

工匠们甚至开始仿制西方的眼镜、万花筒，其他诸如食品加工，成衣，日用百货，造纸印刷，珠宝、玉器、铁器加工等，也都被分门别类，日趋专业。

苏州的繁荣也带动了周围市镇的快速发展。例如吴江的震泽镇，在元代仅为一个小村落，居民不过几十家，到明末已然发展成为拥有 5 万人口的大镇。著名的周庄、同里都是在明清时期壮大起来的。由此，江南也形成了市镇、城市如众星拱月般的局面。

左页图 苏州山塘街 / 摄影 卢文

山塘现为苏州市姑苏区一条步行街。公元 9 世纪，白居易任苏州刺史时，开凿了一条西起虎丘东至阊门的山塘河，山塘河河北修建道路，称为“山塘街”。此后，山塘街长期为苏州有名的商业街。

富裕之后的江南，生活开始全面走向物质精致化。士大夫们建造起大大小小的私家园林，江南几乎成为中国人“诗意栖居”的理想模板。

物质精致化的同时是文化的精致化。江南女性文化在太湖时代达到鼎盛，出现了柳如是、徐灿、贺双卿、陈端生、沈善宝等数十位女性诗人、词人，并在人们心中形成了一种江南“多才女”的印象。这些女性对江南在全国的“温婉”形象贡献巨大，在全国几乎找不出第二个类似的地方。

富庶、精致、才女就像三个标签，让太湖时代的江南进入了全盛时期，江南也因而成为中国人心目中的“堆金积玉地，温柔富贵乡”。

然而，清末鸦片战争和太平天国运动终结了江南的太湖时代。苏州城的大部分遭焚毁，史书有记载：

> 所烧房屋皆系昔日繁华之地……尽成焦土。（吴大澂《吴清卿太史日记》）

右页上图 拙政园 / 摄影 赵永清

拙政园位于苏州市东北街178号，是江南古典园林的代表作品，始建于16世纪初。图中远处为报恩寺塔，这种将院外景观引入院内视线的做法是古典园林建筑中常用的构景手段之一。

右页下图 拙政园一角 / 摄影 赵永清

伍 海洋时代

紧接着，江河湖海中的最后一个接过了接力棒，它就是东海。

江南进入一个新的历史时期——海洋时代。

东海是长江水系、钱塘江水系的最终归宿。位于入海口的上海在海洋文明到来时，便是整个水系的龙头。1842 年《南京条约》签订后，上海成为五大通商口岸之一。

上海由此崛起。

之后的故事大家已经耳熟能详，以上海为中心的长三角，成为近现代中国最具活力的区域。

从以南京为中心的长江时代，到以扬州为中心的运河时代，再从以杭州为中心的钱塘江时代，到以苏州为中心的太湖时代，最后到以上海为中心的海洋时代，江南渡尽劫波，却能在不同的时代推动新的城市轮番崛起，带动整个区域再次获得新生，为中华文明输送无限精彩。

中国人对江南的偏爱延续千年，便也不足为奇了。

右页图 上海陆家嘴 / 摄影 吕威

夜晚的陆家嘴繁华、现代尽现，是中国具有重大影响力的金融中心。

上海黄浦江及沿岸建筑群航拍 / 摄影 袁博

什么是

世界上本没有中国，
是中国人
造就了中国。

中国

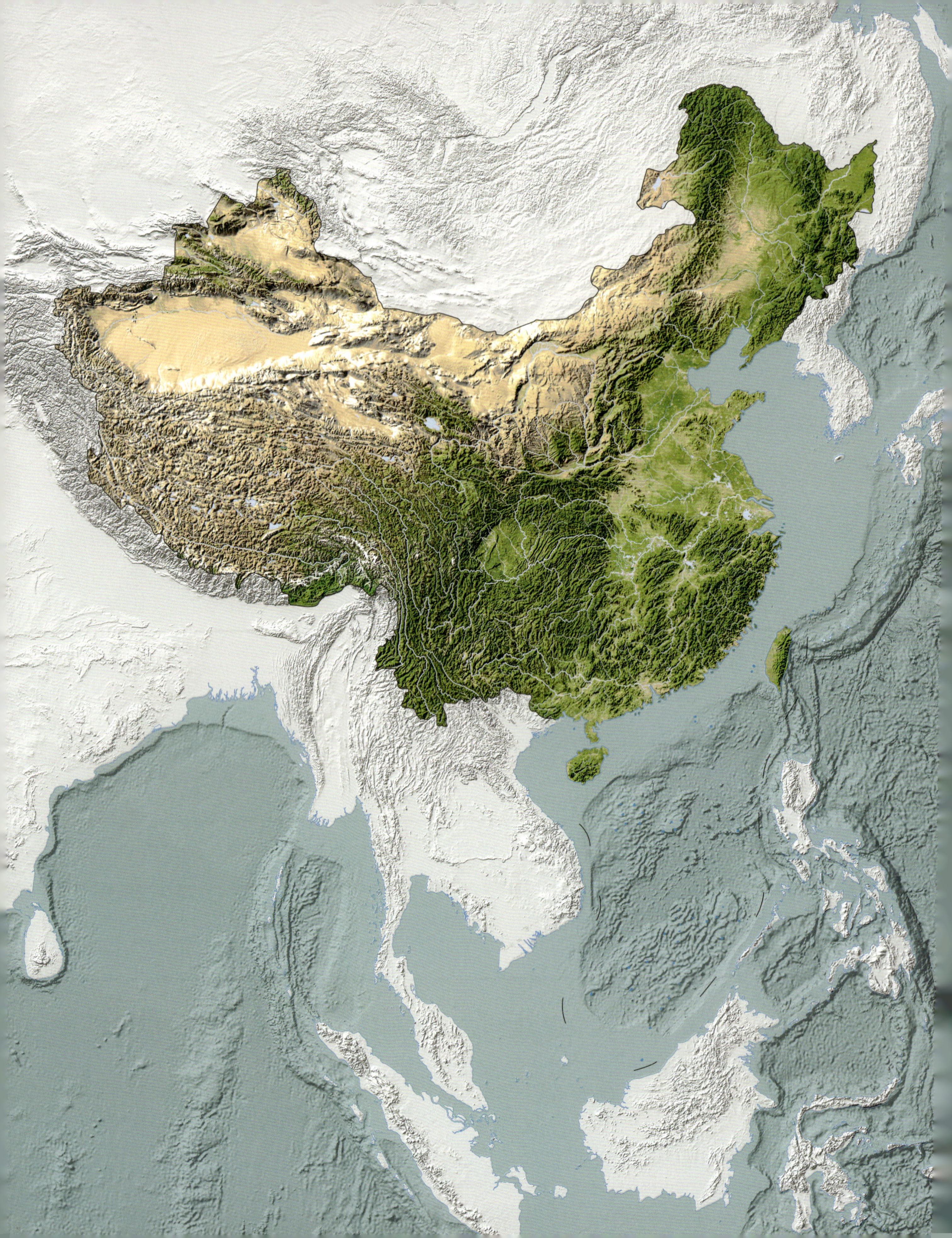

壹 广袤的土地

6500 万年前，印度板块与欧亚板块开始互相碰撞挤压。青藏高原剧烈隆起，它的海拔抬升至 4000 米以上，欧亚大陆东部的大气环流开始发生重大改变。

原本盛行于此的西风环流及干冷的冬季风，受到青藏高原的阻挡，大量集聚于西北内陆。南部的印度洋夏季风携带着巨大的水汽汹涌北上，碰到高耸的喜马拉雅山脉，也不得不停滞于山脉以南。冬季干冷气流集聚，夏季暖湿气流又不得而入。从新疆到内蒙古、从甘肃到宁夏，整个中国西北都变得更加干旱，沙漠遍布，戈壁纵横。

无边无际的沙土又被强大的西北风卷起，降落在甘肃东部、陕西、山西境内。千万年的堆积之后，平均厚度达 50~80 米的黄土高原诞生了。

相比之下，中国东部地区则受益多多。青藏高原抬升之后，东亚季风得到大幅加强。每年夏季，它裹挟着大量水汽西进、北上，深入中国腹地。东部地区，尤其是江南，降水增加，变得更加温暖、湿润。所谓“烟雨江南”就此形成。

高寒的青藏高原、干旱的大西北，以及相对温暖湿润的东部季风区，共同构成了中国基本的自然地理格局。

这是一片广袤的土地，各种地形、地貌一应俱全——从陆地到海洋，从高山到低谷，从火山到冰川，从细流到大河，从沙漠到湖泊。再加上经度、纬度跨度极广，使得中国的动植物种类也相当丰富。以植物为例，全世界 22.5 万种植物当中，中国有 3 万种。8000 年前的中国东部，还曾广泛分布着鳄鱼、犀牛、大象等大型动物。如果可以穿越时空，你甚至有可能在北京碰到一只野生大熊猫。

三大自然区划、多样的地形地貌及丰富的生物资源，这便是中国的雏形。而更大规模的景观塑造，将由生活在这片土地上的人类来完成。

正如美国著名地理学家葛德石所说：

> 中国景观上最重要的因素，不是土壤、植物或气候，而是人民。（转引自《中国环境史》）

左页图 中国地形图

中国位于欧亚大陆东缘，整体地势呈现为西高东低的三级阶梯状。正是这一地形特点，对中国的自然景观和历史文明产生了深刻的影响。

山南地区像沙漠一样的沙丘 / 摄影 李珩

这些像沙漠一样的沙丘位于西藏山南市扎囊县境内，是雅鲁藏布江河谷中的河流沉积物被风力改造、堆积的产物。

库姆塔格沙漠 / 摄影 刘晨

库姆塔格沙漠位于新疆与甘肃交界处，介于敦煌与罗布泊之间。

新疆巩乃斯的森林草原 / 摄影 许贵彬

巩乃斯森林草原位于新疆巴音郭楞州的和静县内，在巩乃斯河的上游，海拔为 1600~2400 米。图中航拍视角下，雪岭云杉如无数箭支簇立。

垦丁海岸 / 摄影 陆宇堃

垦丁位于台湾屏东县，处台湾本岛最南端的恒春半岛，三面环海，东面为太平洋，西邻台湾海峡，南濒巴士海峡。

贰 利用资源

6 万年前至 4 万年前，我们的祖先 ——智人，来到了这片土地。一场充满力量与智慧的开拓即将拉开序幕。

他们清理蛮荒，破坏原始森林。他们四处扩展，试图征服大江大河。想要成为这片沃土的主人，他们就必须在蛮荒中学会生存，战胜豺狼虎豹，同时要击败同类竞争者。其成败的关键就在于掌握资源。

一万年前，长江中下游和珠江流域的土地，覆盖着大片的森林沼泽。中国古人将要掌握的第一个重要资源 ——野生水稻 ——便生长其间。某位古人最先注意到了这种草本植物的特殊之处。在季风带来的洪水退却之后，他将水稻的种子播撒到泥滩中，种子一个月内就会陆续发芽，几个月后便可以收获满满。我们虽然不知道他的名字，但毫无疑问的是，他是中国历史上的第一位农民。

更多人开始效仿他的创新之举，中国土地上第一次出现了大面积的人造景观 ——稻田。若干年后，它将遍布中国南方。

左页上图 杭州西溪湿地 / 摄影 潘劲草

此图为杭州西溪湿地，是南方众多的湿地景观之一。

左页下图 水稻收割 / 摄影 张殿文

此图拍摄于南昌市南昌县蒋巷乡，收割机正在收割水稻。

与降雨充沛的南方不同的是，北方气候相对干燥，低矮的草地是这里的主要景观。这里并没有野生水稻生长，却有另外一类植物——稷，包括粟和黍。它们可以自授花粉，也很容易与其他品种杂交，这些特点让它们对不同的环境有着极强的适应性。野生稷的分布范围比水稻还要广，跨越中国的南北方。几乎与南方水稻的起源同时，我们在北方的祖先也成功种植了稷。种植稷的田地迅速扩张，稷在数千年的时间里都是北方最重要的食物来源。

南稻北稷，中国的土地上出现了两种农业模式。不论这两种模式在未来如何竞争，它们都带来了一种全新的景观——村落。为了照管田地上的作物，农民们在附近定居下来，并聚居在一起，村落由此形成。

右侧左图 新疆那拉提草原 / 摄影 李珩

此图为类似于早期中国北方稀树草原景观，照片实际拍摄于新疆那拉提草原，仅作为参考，并非文中提及的中国北方。

右侧中图 华北平原农田 / 摄影 焦潇翔

照片拍摄于河南信阳息县淮河边。在早期，华北平原是我国主要的粟、黍种植地，现在被小麦、玉米等作物取代。

右侧右图 贵州省丹寨县村庄与梯田 / 摄影 姚朝辉

公元前 2000 年的夏朝时期，中国的村落可能已经达到了 1000 个。而到了东汉，居住在村落中的人口有 6000 万，村落和农田一起成为当时中国最重要的景观。

村落的人口继续壮大、聚集，又演变为城市。从远古时期到 17 世纪，中国一共建了 4478 座大小城池。虽然历经战火、拆除、焚毁，仍有少量古城保存了下来，成为现代中国的稀有之物。

这些古代城市从最初就建立起了和村落的良好互动。城市居民产生的粪便会由专人在夜间收集，并送到村落中，再由农民撒入田间，人们称其为“夜土”。一方面它减少了对城市、河流的污染，另一方面农田也因此得到了养分的补给。而作为回馈，那些有着充足肥料的村落，将向城市提供数量更丰富、品质更佳的农产品。

村落、城市的大规模产生，带动了中国人对木材的狂热需求。这是另一种重要的资源。木构架建筑在古代中国取材方便且施工迅速，再辅以砖、石等其他材料，就可以变为起居、休闲、顶礼之所。于是大量森林被破坏，取而代之出现在地表之上的便是千姿百态的木构架建筑。从普通的住宅到帝王的祭坛，包括那些精致小巧的亭台楼阁，甚至以沙土材料为主的福建土楼，其内部依然是土木、砖木的混合物。

中国古人喜欢将多种多样的单体木构架建筑组合在一起，形成蔚为壮观的建筑群，这便是中国古代建筑最显著的特征。其中集大成者当属北京故宫，980 余座不同功能的殿宇、房屋，共同构成了这个占地面积为 72.5 万平方米的超级建筑群。

左页上图 四川阆中古城 / 摄影 姜曦

城市并非都由村落逐渐演化形成，而是有多种方式。此图为四川阆中古城，图中绿色楼阁为华光楼。

左页下图 广州猎德涌 / 摄影 陈冲

此图为广州猎德涌，当地有在这里举办龙舟比赛的传统。

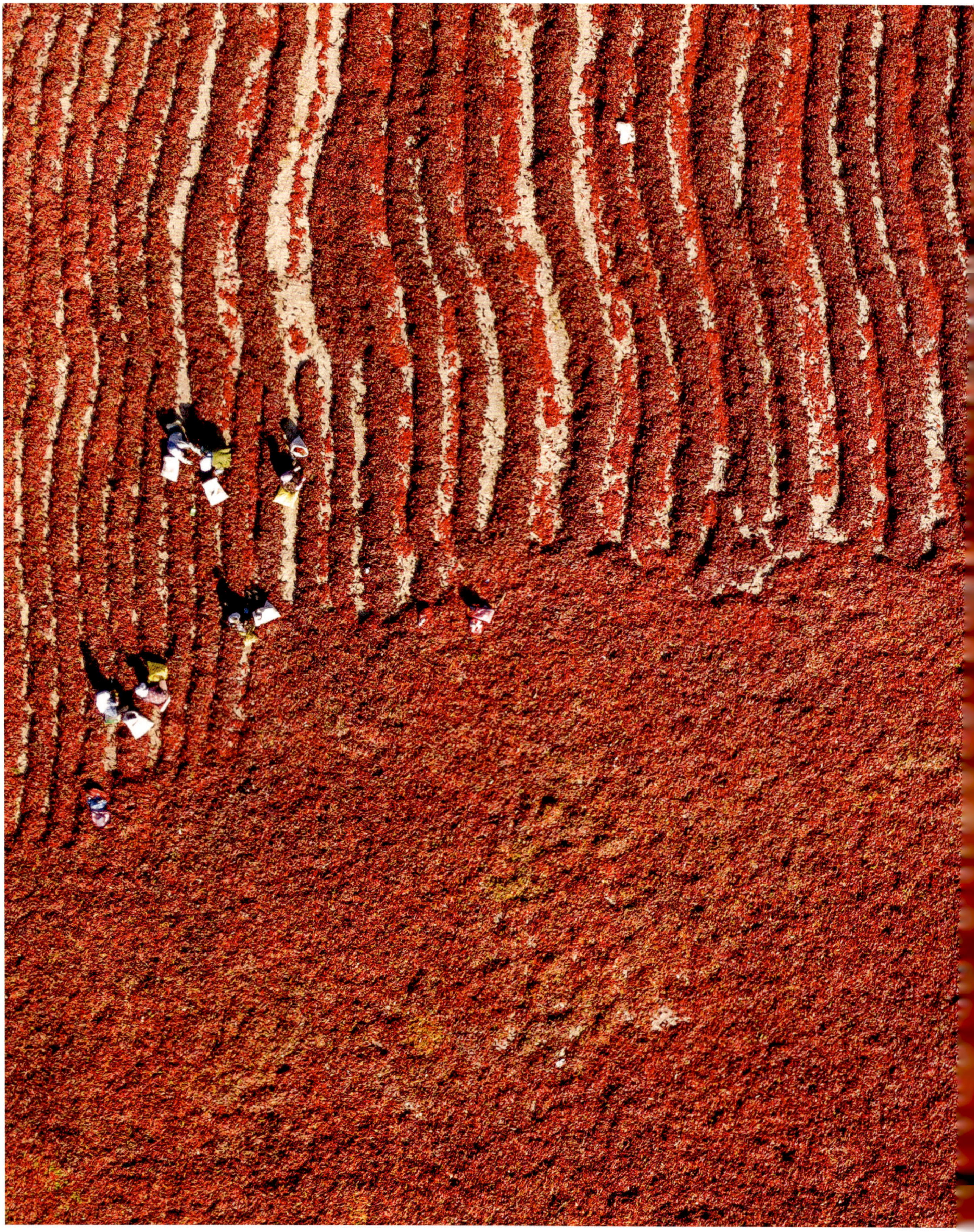

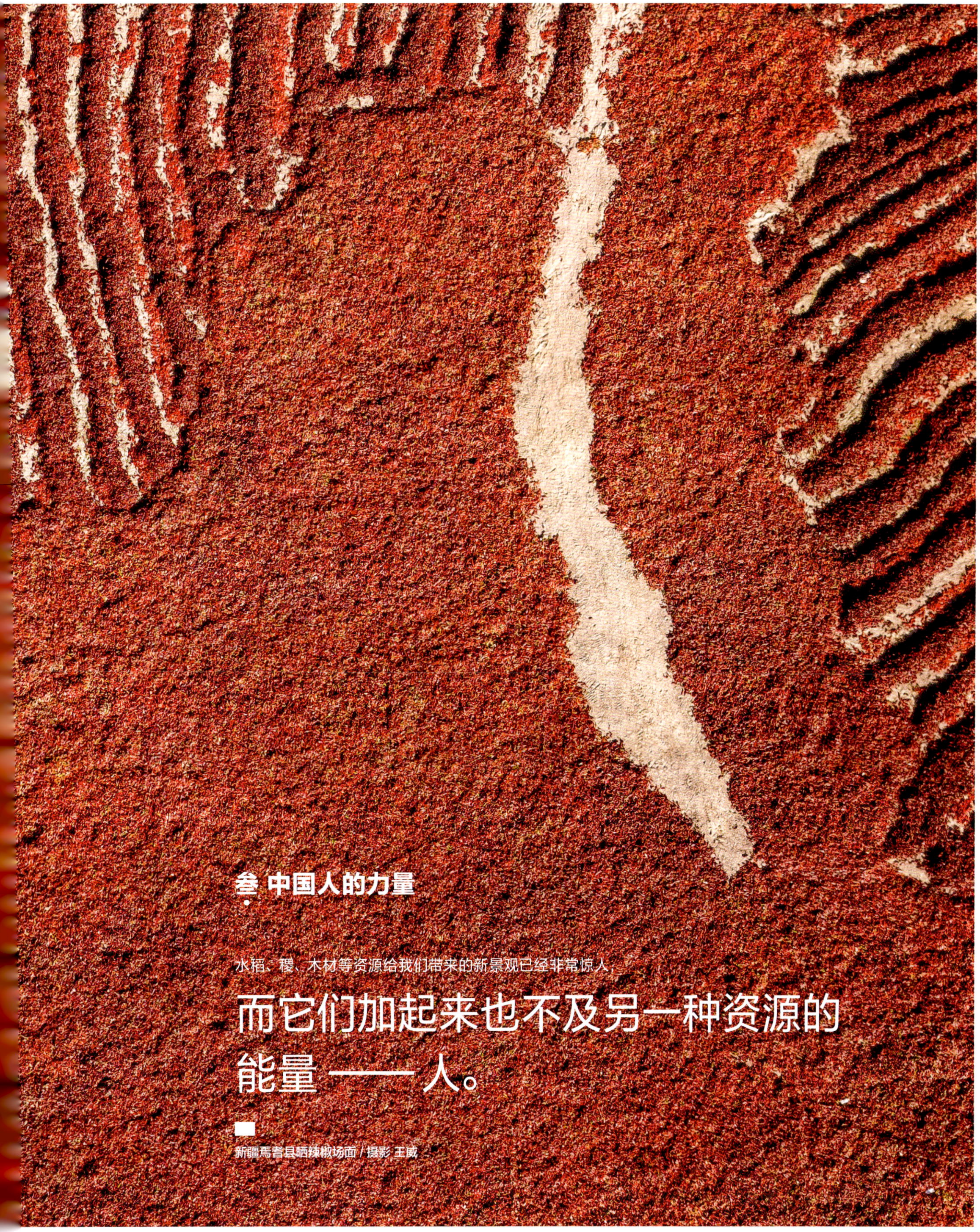

叁 中国人的力量

水稻、稷、木材等资源给我们带来的新景观已经非常惊人，

而它们加起来也不及另一种资源的能量——人。

新疆焉耆县晒辣椒场面 / 摄影 王威

487

自从人类有了阶层分化，人对于统治者而言，是与木材一样的“可利用资源”。

公元前 221 年，秦始皇统一六国，一个强大的中央集权政权诞生了。中国的统治者能够调动庞大的人力、物力，他们坐镇宏伟的都城，随后用儒教统一全国的思想，不断启动那些史无前例的超级工程——动用数万到数十万人修建大型水利工程，动用 30 万人修建长城，动用 70 万人修建帝王陵寝，动用更多人力修建通达全国的道路，动用数百万人修建运河……

整体而言，中央集权为中国带来了相对稳定的政治环境，人口开始大幅增加。历史地理学家葛剑雄指出，北宋时，中国人口就已经突破一亿。大量的人口也带来了更大的改造大地的力量。

左页图 西夏王陵 / 摄影 刘夙培
历朝皇帝陵寝修建人数不一，多数都规模庞大。此图为西夏王陵，总面积高达 50 平方千米。

下图 长城 / 摄影 杨东
此图为箭扣长城航拍。

更优质的水稻品种被引入中国，比如占城稻。大规模冶炼的铁制农具，让人们可以更轻易地砍倒树木、清理荒地。再加上历代统治者都大力推进农业的扩张，水稻的种植面积越来越大，于是整个南方几乎都被开垦成了稻田。那些不易被耕种的地方也被梯田这种极具创造力的发明所突破。

北方的稷，则在这场农业革命中失去了昔日辉煌的地位。外来物种小麦成了最重要的作物；从美洲传入的玉米、甘薯、土豆，一时间甚为流行。外来物种在中国土地上塑造的景观，直到今天依然令人震撼。例如，薰衣草这样极具观赏价值的作物，更是成为人们追捧的大热门。

畜牧业的壮大同样令人印象深刻。早在商代的甲骨上，人们就记录了祭祀典礼上牛的使用量，100 头有 9 次、300 头有 3 次、500 头有 1 次，甚至还有一次用了多达 1000 头。其他肉类如猪肉、羊肉，也早已进入中国古人的日常饮食之中。

右页左图 门源油菜花田 / 摄影 刘晨

油菜是一种重要的经济作物，大面积种植则极具观赏价值。近年来，江西婺源篁岭、汉中盆地、云南罗平平原、青海门源等地都成为油菜花观赏的热门地点。

右页右图 坝上草原羊群 / 摄影 陈华

坝上草原位于河北省北部与内蒙古交界附近，平均海拔在 1500~2000 米，是一处温带稀树草原。

除了强大的中央集权，宗教对人力资源的调动也不容小觑。人们凿山裂石，修建大佛。中国东部几乎所有的名山大川，不论它们海拔是1000米、2000米，还是3000米，都广布寺院、庙宇。在高寒的青藏高原，宗教建筑、宗教活动对地表景观的影响更为显著。

在四川甘孜色达，信徒们完全自发地建起住所多达上万间的红色房屋，形成了令人震撼的景观。远道而来的西方传教士也同样虔诚，在鸦片战争后的一百年间，各式教堂很快就遍布中国的城乡。

左侧左图 色达喇荣寺五明佛学院 / 摄影 在远方的阿伦

色达喇荣寺五明佛学院位于四川省甘孜藏族自治州色达县境内。该佛学院创立于20世纪80年代，之后迅速崛起，一跃成为世界上著名的藏传佛学院。

左侧右图 峨眉金顶 / 摄影 姜曦

峨眉金顶，海拔为3079米，金顶一侧为陡峭的悬崖，又名“舍身崖”。

肆 现代中国

1840 年，殖民者敲开了中国的大门，近代工业、商业广泛铺开。1978 年，一场改革开放的大幕徐徐开启。全新的现代科技、更加自由的市场，以及政府极大的调动能力，使得这一时期成为中国人制造地表景观最关键的时代。

我们开采矿产，设立工厂，建立码头，向全球输出产品。

我们经营大地，建立起机械化的农田，不断开拓新的工地。各种全新的建筑拔地而起，商场、剧院、艺术中心、写字楼、纪念馆、博物馆、体育场，以及或疏或密的住宅楼，最终组合成一个个超级城市。

我们开发海洋，在海面上布起风电涡轮机，留下密集的航道，开发全新的岛屿。

我们建设高铁，修建公路通达四方；我们跨越海洋，穿越沙漠戈壁，建立起汽车王国……

右页图 上海工厂 / 摄影 吕威

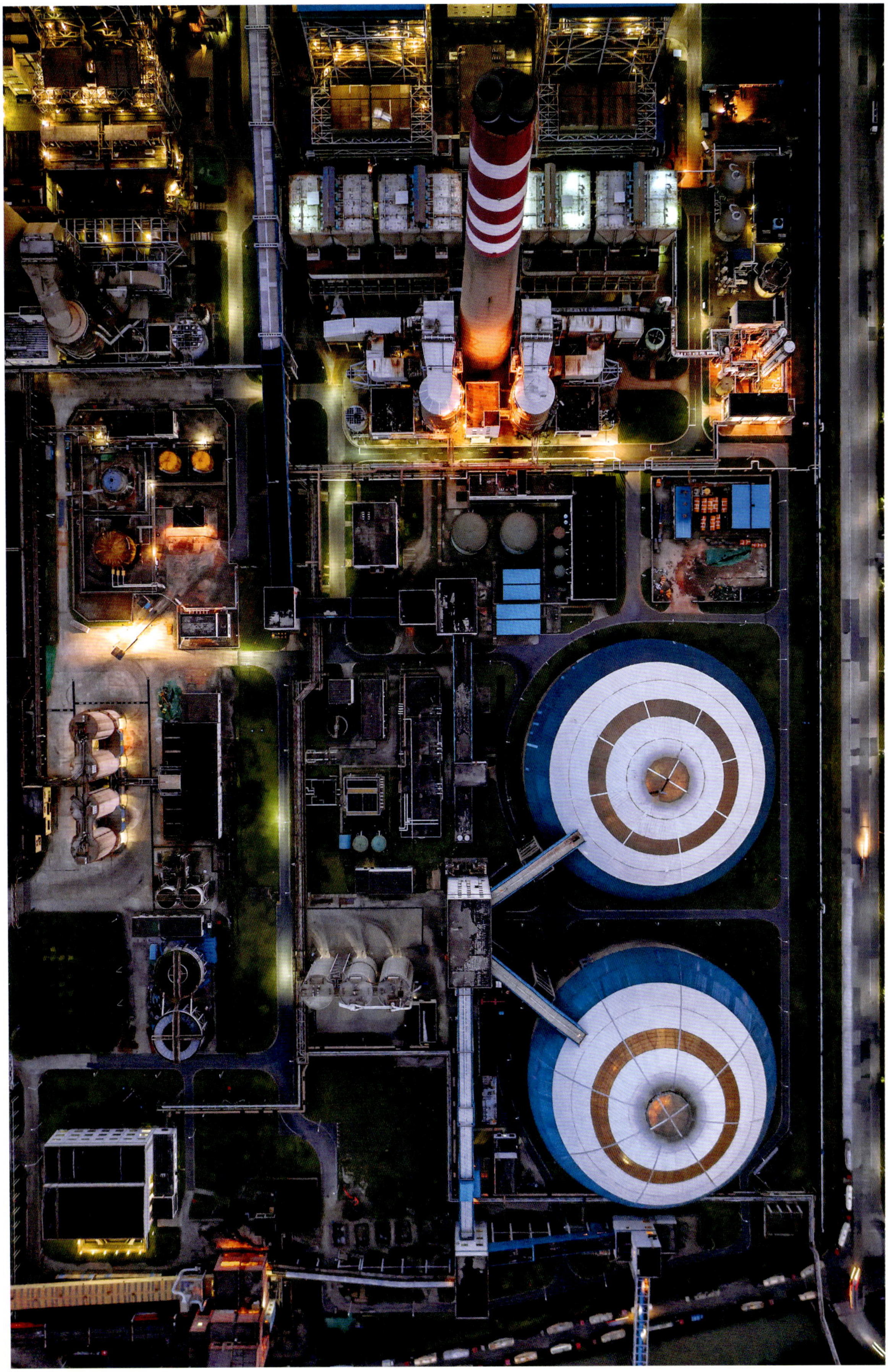

位于浙江平湖的李叔同纪念馆 / 摄影　一乙

宽窄巷子 / 摄影 叶青

宽窄巷子位于四川省成都市青羊区长顺街附近，由宽巷子、窄巷子、井巷子平行排列组成，是成都遗留下来的较成规模的清朝古街道，现在则是成都有名的商业街。

香港建筑群 / 摄影 静言

穿越柴达木盆地的公路 / 摄影 许贵彬

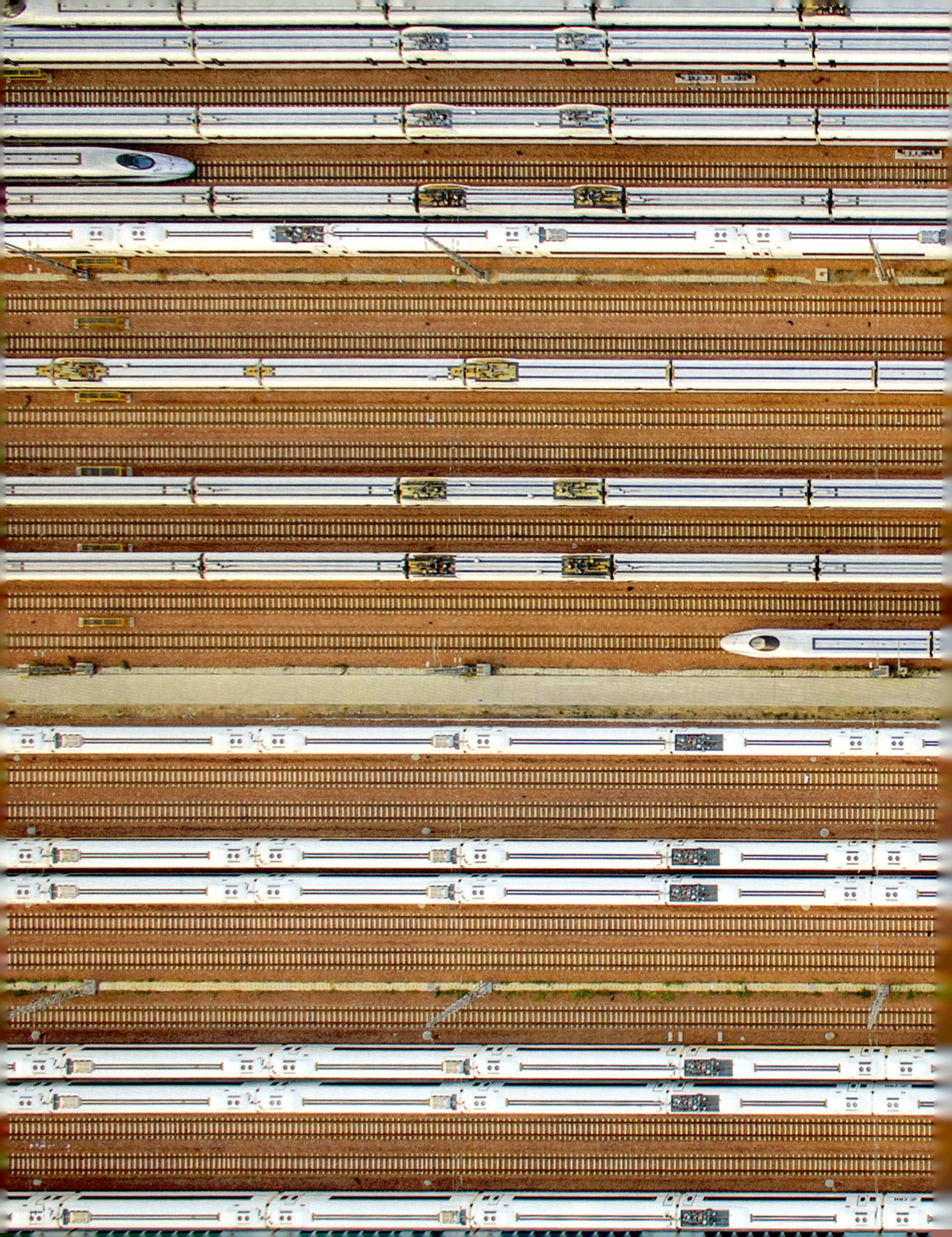

郑州东动车段 / 摄影 焦潇翔

广州南沙汽车码头 / 摄影 林宇先

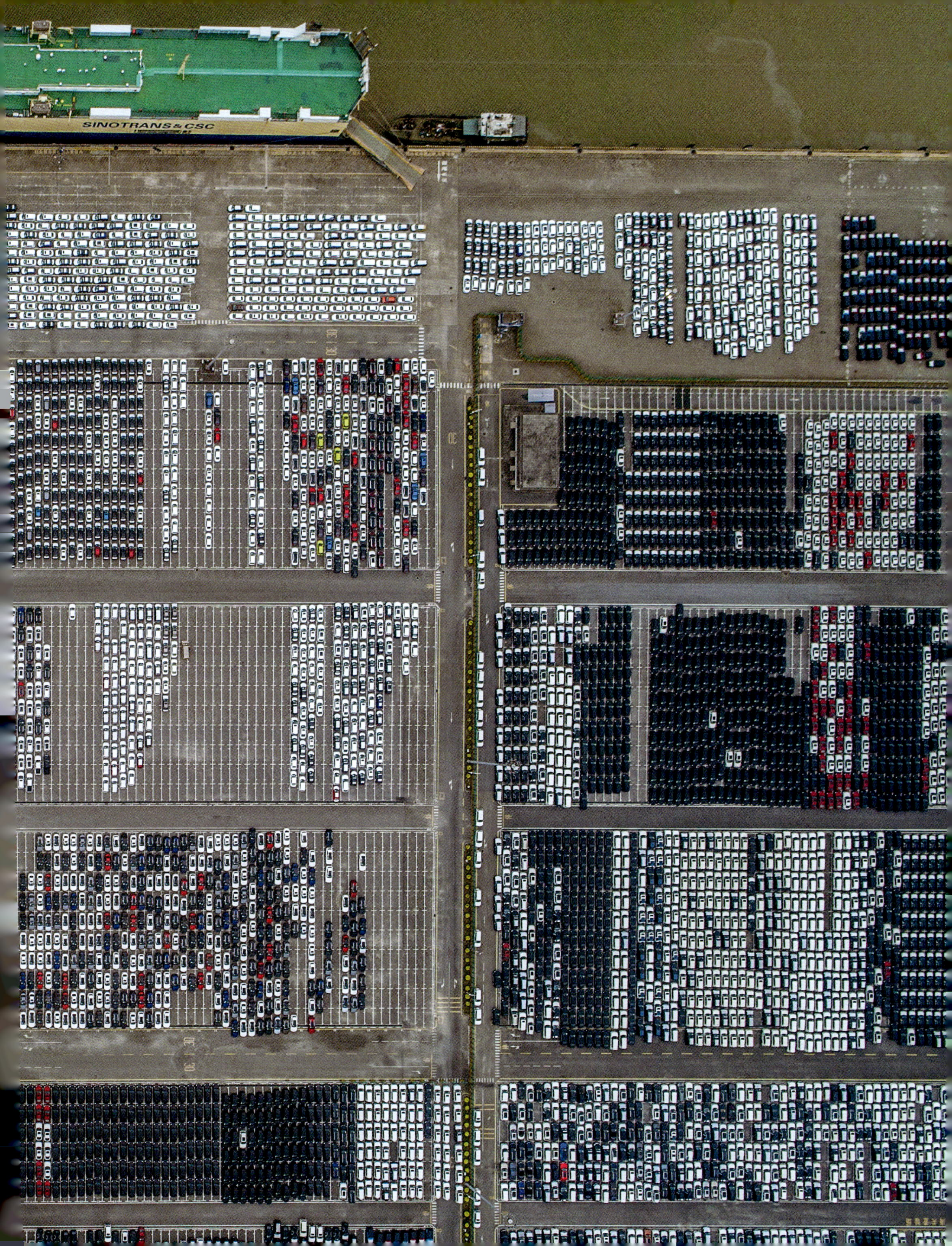
SINOTRANS&CSC

胶州湾跨海大桥 / 摄影 孟涛

广州猎德涌赛龙舟 / 摄影 陈冲

这就是中国，
唤醒了沉睡的高山，
让那河流改变了模样。
在这片古老的土地上，
到处都有青春的力量。

世界上
本没有中国，
是中国人
创造了中国。

参考文献

中国从哪里来？

1. 郑度，姚檀栋 . 青藏高原隆升与环境效应 [M]. 北京 : 科学出版社，2004.
2. 施雅风，李吉均，李炳元 . 青藏高原晚新生代隆升与环境变化 [M]. 广州 : 广东科技出版社，1998，1:463.
3. 郑度 . 青藏高原形成环境与发展 [M]. 石家庄 : 河北科学技术出版社，2003.
4. 中国科学院青藏高原综合科学考察队 . 西藏地貌 [M]. 北京 : 科学出版社，1983.
5. 施雅风，黄茂桓，任炳辉 . 中国冰川概论 [M]. 北京 : 科学出版社，1988:8.
6. 李炳元 . 青藏高原的范围 [J]. 地理研究，1987(3):57—64.
7. 张镱锂，李炳元，郑度 . 论青藏高原范围与面积 [J]. 地理研究，2002，21(1):1—8.
8. 姚檀栋，陈发虎，崔鹏，等 . 专题 : 青藏高原综合科学研究进展 ——从青藏高原到第三极和泛第三极 [J]. 中国科学院院刊，2017(9).
9. 邓涛，王晓鸣，李强，等 . 青藏高原 : 从热带动植物乐土到冰期动物群摇篮 [J]. 中国科学院院刊，2017，32(9):959—966.
10. 丁林，李震宇，宋培平 . 青藏高原的核心来自南半球冈瓦纳大陆 [J]. 中国科学院院刊，2017，32(9):945—950.
11. 崔鹏，贾洋，苏凤环，等 . 青藏高原自然灾害发育现状与未来关注的科学问题 [J]. 中国科学院院刊，2017，32(9):985—992.
12. 姚檀栋，朴世龙，沈妙根，等 . 印度季风与西风相互作用在现代青藏高原产生连锁式环境效应 [J]. 中国科学院院刊，2017，32(9):976—984.
13. 邓涛 . 青藏高原隆升与哺乳动物演化 [J]. 自然杂志，2013，35(3):193—199.
14. 吴国雄，段安民，刘屹岷，等 . 关于亚洲夏季风爆发的动力学研究的若干近期进展 [J]. 大气科学，2013，37(2):211—228.
15. 吴国雄，刘屹岷，包庆，等 . 青藏高原感热气泵影响亚洲夏季风的机制 [J]. 大气科学，2018(03):488—504.
16. 吴国雄，刘新，张琼，等 . 青藏高原抬升加热气候效应研究的新进展 [J]. 气候与环境研究，2002，7(2):184—201.
17. 张克信，王国灿，洪汉烈，等 . 青藏高原新生代隆升研究现状 [J]. 地质通报，2013，32(1):1—18.
18. 刘晓惠，许强，丁林 . 差异抬升 : 青藏高原新生代古高度变化历史 [J]. 中国科学 : 地球科学，2017(1).
19. 许志琴，杨经绥，侯增谦，等 . 青藏高原大陆动力学研究若干进展 [J]. 中国地质，2016，43(1):1—42.
20. 丁林，钟大赉 . 印度与欧亚板块碰撞以来东喜马拉雅构造结的演化 [J]. 地质科学，2013，48(2):317—333.
21. 马丽华 . 青藏光芒 [M]. 北京：北京十月文艺出版社 , 2018：03.
22. 杜秀荣，唐建军 . 中国地图集 [M]. 北京：中国地图出版社 , 2011：01.
23. 朱大岗 , 等 . 青藏高原河流湖泊生态地质环境遥感调查与研究 [M]. 北京：地质出版社 , 2007.
24. 刘时银 , 姚晓军 , 郭万钦 , 等 . 基于第二次冰川编目的中国冰川现状 [J]. 地理学报 , 2015, 70(1): 3—16.

1.1 可可西里：中国最伟大的荒野

1. 可可西里综合科学考察队 . 青藏高原腹地 · 可可西里综合科学考察 [M]. 上海 : 上海科学技术出版社 , 1994.
2. 李炳元，李明森，范云崎，等 . 藏北无人区的尘封往事 · 首次羌塘综合科学考察实录 [M]. 北京 : 学苑出版社 , 2009.
3. 李景生，陈旭霞 . 走进可可西里 [M]. 南宁 : 广西人民出版社，2005.
4. 郑度 . 喀喇昆仑山一昆仑山地区自然地理 [M]. 北京 : 科学出版社，1999.
5. 李炳元，可可西里综合科学考察队 . 青海可可西里地区自然环境 [M]. 北京 : 科学出版社，1996.
6. 李江海 . 可可西里地质地貌及其形成演化 [M]. 北京 : 科学出版社，2017.
7. 胡东生 . 可可西里地区湖泊资源调查研究 [J]. 干旱区地理 , 1992(3): 50—58.
8. 黄荣福 . 青海可可西里地区垫状植物 [J]. 植物学报 , 1994(2):130—137.
9. 胡东生 . 可可西里地区湖泊演化 [J]. 干旱区地理 (汉文版) , 1995(1): 60—67.
10.[美] 夏勒，康蔼黎 . 青藏高原上的生灵 [M]. 上海：华东师范大学出版社 , 2003.

11. 闻丞，胡若成，顾燚芸，等．青海可可西里世界遗产地生物多样性价值的空间界定 [J]. 遗产与保护研究，2017(7):1—6.
12. 郭柯．青海可可西里地区的植被 [J]. 植物生态学报，2012,17(2).
13. 连新明，李晓晓，颜培实，等．夏季可可西里雌性藏原羚行为时间分配及活动节律 [J]. 生态学报，2012, 32(3):663—670.
14. 马燕，格日力．藏羚羊的研究现状 [J]. 中国高原医学与生物学杂志，2017, 38(3):206—212.
15. 孔飞．藏羚羊对青藏铁路野生动物通道的适应性及穿越通道时的行为学研究 [D]. 西安：西北大学，2009.
16. 武素功，冯祚建．青海可可西里地区生物与人体高山生理 [M]. 北京：科学出版社，1996,12.
17. 李炳元，李明森，范云崎，等．藏北无人区的尘封往事首次羌塘综合科学考察实录 [M]. 北京：学苑出版社，2009：01.
18. 姚晓军，刘时银，李龙，等．近 40 年可可西里地区湖泊时空变化特征 [J]. 地理学报，2013, 68(7):886—896.
19. 徐爱春，等．可可西里地区生物多样性研究 [M]. 北京：科学技术文献出版社，2014.

1.2 阿里：荒野文明

1. 陈庆英，高淑芬．西藏通史 [M]. 郑州：中州古籍出版社，2003.
2. 西藏自治区地方志编纂委员会．阿里地区志 [M]. 北京：中国藏学出版社，2009.
3. 霍巍．考古勾勒出阿里文明线条 [J]. 中国社会科学报，2013：489.
4. 古格·次仁加布．传奇阿里 [M]. 北京：中国藏学出版社，2014.
5. 金书波．从象雄走来 [M]. 拉萨：西藏人民出版社，2012.
6. 侯利锋，刘建兵．西藏札达土林地貌形成条件及演化过程 [J]. 西部探矿工程，2017，29(02):65—68.
7. 索朗旺堆，李永宪，等．阿里地区文物志 [M]. 拉萨：西藏人民出版社，1993.
8. 马丽华．马丽华走过西藏纪实：西行阿里 [M]. 北京：中国藏学出版社，2007.
9. 朱大岗，孟宪刚，邵兆刚，等．西藏阿里札达盆地上新世——早更新世沉积相及其构造演化特征 [J]. 地质力学学报，2004,10(3):245—252.
10. 朱大岗，等．青藏高原河流湖泊生态地质环境遥感调查与研究 [M]. 北京：地质出版社，2007.
11. 古格·次仁加布．阿里史话 [M]. 拉萨：西藏人民出版社，2003：03.
12. 西藏建筑勘察设计院．古格王国建筑遗址 [M]. 北京：中国建筑工业出版社，2011：8.
13. 达瓦次仁，图纳·布莱尔．阿里地区历史移民研究 [J]. 西藏大学学报，2017(3):204.
14. 才让太．冈底斯神山崇拜及其周边的古代文化 [J]. 中国藏学，1996(1):67—79.
15. 同美．论藏印文化视野下的冈底斯山崇拜及其特点——冈底斯山崇拜马年纪念 [J]. 中国藏学，2015(3):357—366.
16. 黄博．试论古格时期藏传佛教诸教派在阿里地区的弘传与纷争 [J]. 四川师范大学学报（社会科学版），2012, 39(1):161—167.
17. 霍巍，张长虹，吕红亮．西藏阿里象泉河流域卡孜河谷佛教遗存的考古调查与研究 [J]. 考古学报，2009(4):547—577.
18. 杜秀荣，唐建军．中国地图集 [M]. 北京：中国地图出版社，2011：01.
19. 米德生，谢自楚．中国冰川目录：XI 恒河水系，XII 印度河水系 [M]. 西安：西安地图出版社，2002.

1.3 横断山：中国极致风光最密集的山脉

1. 李炳元．横断山脉范围探讨 [J]. 山地研究，1987(02):74-82.
2. 李炳元．横断山区地貌区划 [J]. 山地研究，1989(01):13-20.
3. 张立汉，等．中国山河全书 [M]. 青岛：青岛出版社，2005.
4. 中国科学院青藏高原综合科学考察队．横断山区自然地理 [M]. 北京：科学出版社，1997.
5. 吕儒仁，李德基．青藏高原地表过程与地质构造基础 [M]. 成都：四川科学技术出版社，2015.
6. 石硕著．藏彝走廊·文明起源与民族源流 [M]. 成都：四川人民出版社，2009.
7. 陈富斌．“横断山脉”一词的由来 [J]. 山地研究，1984, 2(1):31—35.
8. 中国科学院青藏高原综合科学考察队编．青藏高原研究横断山考察专集 2[M]. 北京：北京科学技术出版社，1986.

9. 陈富斌，陈荣华 .“横断山脉”考 . 横断山系新构造研究 [M]. 成都：成都地图出版社，1992：1—12.

10. 宋明琨 . 横断山冰川考察 [J]. 冰川冻土 ,1985,7(1):98.

11. 龙勇诚 , 柯瑞戈 , 钟泰 , 等 . 滇金丝猴（Rhinopithecusbieti）现状及其保护对策研究 [J]. 生物多样性 ,1996,04(3):145—152.

12. 李宗省 , 何元庆 , 王世金 , 等 .1900—2007 年横断山区部分海洋型冰川变化 [J]. 地理学报 ,2009,64(11):1319—1330.

13. 许志琴，杨经绥，侯增谦，等 . 青藏高原大陆动力学研究若干进展 [J]. 中国地质，2016，43(1):1—42.

14. 范朋飞 , 石琳 , 马长勇 , 等 . 十年觅猿踪天行长臂猿的发现与命名 [J]. 博物 ,2017(8):50—53.

15. 郑洪波 , 魏晓椿 , 王平 , 等 . 长江的前世今生 [J]. 中国科学：地球科学 ,2017(4):385—393.

1.4 九寨沟 : 毁灭与创造

1. 邓贵平 . 九寨沟世界自然遗产地旅游地学景观成因与保护研究 [D]. 成都 : 成都理工大学，2011.

2. 张瑞英，何政伟 . 四川九寨沟景观形成演化趋势分析及评价 [J]. 中国地质灾害与防治学报，2007(1):54—58.

3. 晏浩，刘再华，邓贵平，孙海龙，张金流 . 四川九寨沟景区钙华起源初探 [J]. 中国岩溶，2013，32(1):15—22.

4. 周荣军 , 蒲晓虹 , 何玉林 , 等 . 四川岷江断裂带北段的新活动、岷山断块的隆起及其与地震活动的关系 [J]. 地震地质 ,2000,22(3):285—294.

5. 周绪纶 , 刘民生 . 九寨沟早期钙华体的岩溶作用与湖瀑景观的形成 [J]. 四川地质学报 ,2012,32(3)：333—338.

6. 李永新 , 田友萍 , 李银 . 四川黄龙钙华藻类及其生物岩溶作用 [J]. 中国岩溶 ,2011,30(1)：86—92.

7. 陈盼 , 唐亚 , 乔雪 , 等 . 山地灾害和人类活动干扰下九寨沟下季节海的沉积变化 [J]. 山地学报 ,2011(5):534—542.

8. 唐文清 , 刘宇平 , 陈智梁 , 等 . 岷山隆起边界断裂构造活动初步研究 [J]. 沉积与特提斯地质 ,2004,24(4):31—34.

9. 郭建强 . 四川九寨沟、黄龙钙华景观保护研究 [J]. 四川地质学报 ,2005,25(1):23—26.

10. 周绪纶 . 四川九寨沟风景区的长海不是冰川堰塞湖而是崩塌型堰塞湖 [J]. 地质通报 ,2009(7):970—978.

11. 张瑞英 , 何政伟 . 四川九寨沟景观形成演化趋势分析及评价 [J]. 中国地质灾害与防治学报 ,2007,18(1):54—58.

1.5 四姑娘山：冰与岩之歌

1.[美] 乔恩 · 克拉考尔 . 进入空气稀薄地带 [M]. 张洪楣，译 . 北京 : 中国人民大学出版社，2010.

2. 戴宗明 . 青藏高原东部四姑娘山地区晚新生代隆升 [D]. 成都 : 成都理工大学，2012.

3. 刘淑珍，柴宗新，陈继良 . 四川省汶川县四姑娘山地区冰川作用初步考察 [J]. 冰川冻土，1986(1):72—82.

4. 曹俊 . 四川四姑娘山风景名胜区地貌特征 [J]. 四川地质学报，2004(4)237—240.

5. 郑远昌，高生淮，钟祥浩 . 四姑娘山区土壤及其垂直分布 [J]. 山地研究，1988(4):227—234.

6.[英] 福勒著 . 如履薄冰 : 米克 · 福勒的 12 次绝壁探险 [M]. 黄际沄，译 . 北京 : 人民邮电出版社，2015.

7. 彭东 , 谢云喜 , 吴树通 , 等 . 青藏高原东南缘四姑娘山地区末次冰期砾石沉积和冰楔特征 [J]. 成都理工大学学报（自然科学版）,2006,33(5):491—496.

8. 戴宗明 , 孙传敏 , 张宽忠 , 等 . 青藏高原东缘四姑娘山花岗岩地球化学特征和锆石 U-Pb 年代学证据 [J]. 地质科技情报 ,2011,30(4):1—14.

9. 彭东 , 郭建强 , 卢志明 . 区域地球化学、地球物理资料在四姑娘山地区生态环境评价中的应用 [J]. 物探化探计算技术 ,2001,23(3):244—249.

10. 彭东 , 郭建强 , 朱礼学 . 四姑娘山地区的另类地质遗迹 ——特别元素背景下的奇异植被 [J]. 物探化探计算技术 ,2002,24(3):263—267+272.

11. 曹俊 , 罗中云 , 邓泽锦 . 四川四姑娘山长坪沟无鱼类生存的成因探讨 [J]. 四川地质学报 ,2004(3):155—158.

12. 张宽忠 , 李振江 , 黄成 . 四姑娘山花岗岩侵位与山脉隆升 [J]. 四川地质学报 ,2009,29(S2):99—102.

13. 戴宗明，等 . 松潘甘孜地块四姑娘山花岗岩锆石 U-Pb 年代学证据及与汶川地震的关系 [J]. 中国地质 ,2011,38(3):623—636.

14. 张启东 , 谢强 , 杨晗 , 等 . 四姑娘山国家级自然保护区岷江冷杉枯落物及土壤的持水能力研究 [J]. 四川环境 ,2013,32(2):42—45.

2.1 伊犁 : 遥远西部的一个角落

1. 满苏尔 · 沙比提 . 新疆地理 [M]. 北京 : 北京师范大学出版社，2012.

2. 赖洪波 . 伊犁史地文集 [M]. 乌鲁木齐 : 新疆人民出版社，2005.

3. 贺灵 . 丝绸之路 : 伊犁研究 [M]. 乌鲁木齐 : 新疆人民出版社，2010.
4. 胡汝骥 . 中国天山自然地理 [M]. 北京 : 中国环境科学出版社，2004.
5. 吴孝成 . 外国人眼中百年前的伊犁 [J]. 伊犁师范学院学报 (社会科学版)，2011(4): 37—43.
6. 栾明福，王芳，熊黑钢 . 伊犁河谷文化遗址时空分布及地理背景研究 [J]. 干旱区地理，2017，40(1): 211—221.
7. 王炳华 . 西域考古历史论集 [M]. 北京 : 中国人民大学出版社，2008.
8. 吴轶群 . 试论清代伊犁城市体系之产生 [J]. 新疆大学学报 (哲学 · 人文社会科学版) , 2009, 37(3)： 62—68.
9. 佟克力 . 伊犁资料与研究综述 [J]. 伊犁师范学院学报 (社会科学版), 2005(1): 28—32.
10. 赖洪波 . 论清代伊犁多民族移民开发及其历史意义 [J]. 伊犁师范学院学报 (社会科学汉文版) , 2010(4): 33—42.
11. 李元斌 . 国家、乡土与族群 —— 清代伊犁维吾尔人的历史人类学解读 (1760-1860)[J]. 新疆大学学报 (哲学 · 人文社会科学版), 2014, 42(3): 61—67.

2.2 罗布泊 : 楼兰生死五千年

1. 夏训诚 . 中国罗布泊 [M]. 北京 : 科学出版社，2007.
2. 林梅村 . 寻找楼兰王国 (插图本)[M]. 北京 : 北京大学出版社，2009.
3. 王炳华 . 亲历考古系列 · 悬念楼兰 · 精绝 [M]. 杭州 : 浙江文艺出版社，2012.
4.[德] 阿尔伯特 · 赫尔曼著 . 西域探险考察大系 : 楼兰 [M]. 姚可崑，译 . 乌鲁木齐 : 新疆人民出版社，2013.
5. 伊弟利斯 · 阿不都热苏勒，李文瑛 . 寻找消失的文明小河考古大发现 [J]. 大众考古，2014(4): 24—32.
6. 侯灿 . 楼兰古城址调查与试掘简报 [J]. 文物 ,1988(7):1—22+98.
7. 黄盛璋 . 初论楼兰国始都楼兰城与 LE 城问题 [J]. 文物 ,1996(8): 62—72.
8. 伊弟利斯 · 阿不都热苏勒 , 刘国瑞 , 李文瑛 . 2002 年小河墓地考古调查与发掘报告 [J]. 边疆考古研究 , 2004(1): 338—398.
9. 伊弟利斯，等 . 新疆罗布泊小河墓地 2003 年发掘简报 [J]. 文物 , 2007(10): 4—42.
10. 伊弟利斯 , 刘国瑞 , 伊力 , 等 . 罗布泊地区小河流域的考古调查 [J]. 边疆考古研究 , 2008(1): 371—407.
11. 王富葆 , 马春梅 , 夏训诚 , 等 . 罗布泊地区自然环境演变及其对全球变化的响应 [J]. 第四纪研究 , 2008, 28(1):150—153.
12. 樊自立 , 徐海量 , 张青青，等 . 塔里木河的变迁与罗布泊的演化 [J]. 第四纪研究 , 2009, 29(2): 232—240.
13. 宋晓梅 . 历史时期罗布泊地区环境演变过程 [J]. 干旱区地理 , 2009, 32(1):107—111.
14. 吕厚远 , 夏训诚 , 刘嘉麒 , 等 . 罗布泊新发现古城与 5 个考古遗址的年代学初步研究 [J]. 科学通报 , 2010, 55(3): 237—245.
15. 李春香 . 小河墓地古代生物遗骸的分子遗传学研究 [D]. 长春： 吉林大学，2010.
16. 董李 . 罗布泊雅丹地貌沉积物特征及成因分析 [D]. 乌鲁木齐： 新疆师范大学 , 2013.

2.3 甘肃： 愈多元愈美丽

1. 中国植被编辑委员会 . 中国植被 [M]. 北京 : 科学出版社，1980.
2. 陈英，高宏 . 甘肃历史文化 [M]. 兰州 : 甘肃文化出版社，2011.
3. 师宗正，秦斌峰 . 河西走廊甘肃 (一)[M]. 沈阳 : 辽宁大学出版社，2015.
4. 王劲，吴晓军，李春芳，等 . 甘肃通史 · 当代卷 [M]. 兰州 : 甘肃人民出版社，2013.
5. 祝中熹 . 甘肃通史 · 先秦卷 [M]. 兰州： 甘肃人民出版社 , 2009： 08.
6. 汪受宽 . 甘肃通史 · 秦汉卷 [M]. 兰州： 甘肃人民出版社 , 2009： 08.
7. 赵向群 . 甘肃通史 · 魏晋南北朝卷 [M]. 兰州： 甘肃人民出版社 , 2009： 08.
8. 尹伟先，杨富学，魏明孔 . 甘肃通史 · 隋唐五代卷 [M]. 兰州： 甘肃人民出版社 , 2009： 08.
9. 刘建丽 . 甘肃通史 · 宋夏金元卷 [M]. 兰州： 甘肃人民出版社 , 2009： 08.
10. 武沐 . 甘肃通史 · 明清卷 [M]. 兰州： 甘肃人民出版社 , 2009： 08.
11. 郑度 . 中国自然地理总论 [M]. 北京： 科学出版社，2015.

12. 尤联元，杨景春 . 中国地貌 [M]. 北京：科学出版社，2013.

2.4 西安：鲜衣怒马一千年

1. 黄留珠 . 西安通史 [M]. 西安 : 陕西人民出版社，2016.
2. 朱士光 . 西安的历史变迁与发展 [M]. 西安 : 西安出版社，2003.
3. 贺从容 . 古都西安 [M]. 北京 : 清华大学出版社，2012.
4.[日] 妹尾达彦 . 长安的都市规划 [M]. 高兵兵，译 . 西安 : 三秦出版社，2012.
5.[日] 石田干之助 . 长安之春 [M]. 钱婉约，译 . 北京 : 清华大学出版社，2015.
6.[美] 薛爱华 . 撒马尔罕的金桃 · 唐代舶来品研究 [M]. 吴玉贵，译 . 北京 : 社会科学文献出版社，2016.
7. 吴宏岐著 . 西安历史地理研究 [M]. 西安：西安地图出版社 , 2006：07.
8. 牛致功 . 关于西安建都的朝代问题 [J]. 陕西师范大学学报 (哲学社会科学版),1994(1):114—118.
9. 孟庆任 . 秦岭的由来 [J]. 中国科学：地球科学 , 2017(4):34—42.

2.5 成都：烟火人间三千年

1.《成都通史》编纂委员会 . 成都通史 [M]. 成都 : 四川人民出版社 . 2011.
2.《成都五十年》编辑部 . 成都五十年 1949—1999[M]. 北京 : 中国统计出版社，1999.
3. 戴宾 . 成都 : 现实与未来 [M]. 成都 : 西南交通大学出版社，2006.
4. 李艳莉 . 成都市中心城历史建筑及街区保护与利用模式研究 [D]. 成都 : 西南交通大学，2005.
5. 曾智中，尤德彦 . 文化人视野中的老成都 [M]. 成都 : 四川文艺出版社，1999.
6. 许诗雨 , 张菁 , 沈从乐 . 到成都去 ![J]. 第一财经周刊 , 2016：23.
7. 孙晓芬 . 清代前期的移民填四川 ——四川人的祖先来自何方 [M]. 成都：四川大学出版社 , 1997：02.
8. 何一民 . 中国城市史纲 [M]. 成都：四川大学出版社 , 1994：08.
9. 黄明 , 马春梅 , 朱诚 . 成都平原 ——中晚全新世环境考古研究进展 [J]. 古地理学报 , 2017,19(06):1087—1098.
10. 孔军 , 周荣军 . 龙门山和成都地震构造区的划分 [J]. 震灾防御技术 , 2014, 9(01):64—73.
11. 傅红 , 罗谦 . 剖析会馆文化透视移民社会 ——从成都洛带镇会馆建筑谈起 [J]. 西南民族大学学报 (人文社科版), 2004, 25(4):382—385.

2.6 梵净山：红尘孤岛

1. 贵州省林业厅梵净山国家级自然保护区管理处 . 梵净山研究 [M]. 贵阳 : 贵州人民出版社 , 1990.
2. 贵州梵净山科学考察集编辑委员会 . 贵州梵净山科学考察集 [M]. 北京 : 中国环境科学出版社，1987.
3. 杨业勤，等 . 梵净山研究 : 黔金丝猴的野外生态 [M]. 贵阳 : 贵州科技出版社，2002.
4. 王敏，戴传固，陈建书，等 . 贵州省梵净山区新元古代岩浆活动的年代学格架及其大地构造意义 [J]. 中国地质，2016，43(3):843—856.
5. 王自强，高林志，丁孝忠，等 . “江南造山带” 变质基底形成的构造环境及演化特征 [J]. 地质评论，2012，58(3):401—443.
6. 李渤生，龙福云 . 世界唯一重新认识梵净山的价值 [J]. 人与生物圈，2015(3):6—17.
7. 吕伊娜 . 梵净山生态环境演化全球对比分析与世界遗产价值 [D]. 贵阳：贵州师范大学 , 2017.
8. 巫仁霞 . 梵净山生态系统多样性全球对比分析与世界遗产价值研究 [D]. 贵阳：贵州师范大学 , 2017.
9. 巫仁霞 , 熊康宁 , 容丽 . 梵净山种子植物区系特征及植物地理学意义 [J]. 广西植物 , 2017(10):1348—1354.
10. 钟有萍 , 舒国勇 , 晏理华 . 梵净山对局地气候的影响分析 [J]. 贵州气象 , 2011, 35(6):25—28.
11. 戴传固 , 陈建书 , 卢定彪 , 等 . 黔东及邻区武陵运动及其地质意义 [J]. 地质力学学报 , 2010,16(1).
12. 王自强 , 高林志 , 丁孝忠 , 等 . “江南造山带” 变质基底形成的构造环境及演化特征 [J]. 地质论评 , 2012(3):401—413.
13. 熊源新，杨传东 . 梵净山国家级自然保护区常见草本种子植物图鉴 [M]. 贵阳：贵州科技出版社 , 2009：11.

14. 杨业勤，陈志军 . 梵净山生态简史 [J]. 人与生物圈 , 2015：03.

3.1 河南：造山、造水、造中华

1. 程有为，王天奖 . 河南通史 [M]. 郑州 : 河南人民出版社，2005.
2. 河南省地质矿产局 . 中华人民共和国地质矿产部地质专报 ——区域地质第 17 号河南省区域地质志 [M]. 北京 : 地质出版社，1989.
3. 邹逸麟，张修桂，王守春 . 中国历史自然地理 [M]. 北京 : 科学出版社，2013.
4. 张兰生 . 中国古地理 [M]. 北京 : 科学出版社，2012.
5. 任崇岳 . 中原移民简史 [M]. 郑州 : 河南人民出版社，2006.
6. 孟庆任 . 秦岭的由来 [J]. 中国科学：地球科学 , 2017(4): 34—42.
7. 孟元库 , 汪新文 , 陈杰 . 太行山新生代构造隆升的地质学证据 ——来自沁水盆地沁参 1 井的磷灰石裂变径迹证据 [J]. 桂林理工大学学报 , 2015, 35(1): 15—28.
8. 曹现志 , 李三忠 , 刘鑫 , 等 . 太行山东麓断裂带板内构造地貌反转与机制 [J]. 地学前缘 , 2013, 20(4): 88—103.
9. 李永文 . 河南地理 [M]. 北京：北京师范大学出版社 , 2010：04.
10. 江来利 , 吴维平 , 等 . 大别山北部碰撞后伸展 ——逆冲推覆构造 [J]. 科学通报 , 2003(14): 1557—1563.
11. 林伟 , 王清晨 , 等 . 大别山的构造变形期次和超高压岩石折返的动力学 [J]. 地质学报 , 2003(01): 44—54+147.

3.2 浙江：无敌生产力

1. 金普森 . 浙江通史 [M]. 杭州 : 浙江人民出版社，2005.
2. 朱丽东 . 简明浙江地理教程 [M]. 武汉 : 武汉大学出版社，2012.
3.《浙江概览》编撰委员会 . 浙江概览 [M]. 杭州 : 浙江人民出版社，2011.
4. 中共浙江省委党史研究室，当代浙江研究所 . 当代浙江城市发展 (全 3 册)[M]. 北京 : 当代中国出版社 . 2012.
5. 中共浙江省委党史研究室 . 当代浙江概览 [M]. 北京 : 当代中国出版社，2012.
6.《中国海洋文化》编委会 . 中国海洋文化 · 浙江卷 [M]. 北京 : 海洋出版社 . 2016.
7. 吴晓波 . 激荡四十年 : 中国企业 1978—2018(全三册)[M]. 北京 : 中信出版社 . 2017.
8. 陈桥驿 , 等 . 浙江省地理 [M]. 杭州：浙江教育出版社 , 1985：09.
9. 叶玮 . 浙江地理 [M]. 北京：北京师范大学出版社 , 2013：08.
10. 尹泽凯 . 明代海防聚落体系研究 [D]. 天津：天津大学 , 2015.
11.《中国海洋文化》编委会 · 中国海洋文化 · 浙江卷 [M]. 北京：海洋出版社 , 2016：07.

3.3 福建 : 开拓者传奇

1. 徐晓望 . 福建通史 [M]. 福州 : 福建人民出版社，2006.
2. 福建省地方志编纂委员会 . 福建省志 · 地理志 [M]. 北京 : 方志出版社 . 2001.
3. 葛剑雄 . 中国人口史 [M]. 上海 : 复旦大学出版社，2005.
4. 葛剑雄，等 . 中国移民史 [M]. 福州 : 福建人民出版社，1997.
5. 葛剑雄 . 福建早期移民史实辨正 [J]. 复旦学报 : 社会科学版，1995(3): 165—171.
6. 林国平，等 . 福建移民史 [M]. 北京 : 方志出版社，2005.
7. 赵昭炳 . 福建省地理 [M]. 福州：福建人民出版社 , 1993：12.
8. 刘锡涛 . 福建历史地理研究 [M]. 福州：福建教育出版社 , 2017：07.
9. 林开明 . 福建航运史 (古、近代部分) [M]. 北京：人民交通出版社 , 1994：01.
10. 廖大珂 . 福建海外交通史 [M]. 福州：福建人民出版社 , 2002：10.
11. 梁二平 . 海上丝绸之路 2000 年 [M]. 上海：上海交通大学出版社 , 2016：11.

3.4 青岛：一部城市美学史

1. 刘敏 . 青岛历史文化名城价值评价与文化生态保护更新 [D]. 重庆 : 重庆大学，2004.

2. 李东泉，徐飞鹏 . 青岛城市发展史上的三次飞跃 —— 兼论城市规划与城市发展的关系 [J]. 城市规划汇刊，2003(01): 37—44+ 95.

3. 陈雳 . 德租时期青岛建筑研究 [D]. 天津 : 天津大学，2007.

4. 马珂 . 德占时期以来青岛城市规划思想演变研究 (1897—1949) [D]. 西安：西安建筑科技大学 , 2009.

5. 李彩 . 青岛近代城市规划历史研究 [D]. 武汉：武汉理工大学 , 2005.

6. 李百浩 , 李彩 . 青岛近代城市规划历史研究 (1891—1949)[J]. 城市规划学刊 , 2005(6): 81—86.

7. 李东泉 . 近代青岛城市规划与城市发展关系的历史研究及启示 [J]. 中国历史地理论丛 , 2007, 22(2):125—136.

8. 谭文婧 . 德占时期青岛城市规划思想之特色研究 [J]. 科技信息 , 2009(21):164—165.

9. 李东泉 . 青岛城市规划与城市发展研究 (1897—1937)[M]. 北京：中国建筑工业出版社，2012.

10. 盛立芳 , 梁卫芳 , 王丹 , 等 . 海洋气象条件变化对青岛平流雾过程的影响分析 [J]. 中国海洋大学学报 (自然科学版) , 2010(6):1—10.

11. 陈黛君 . 德占时期青岛城市规划的特色 [J]. 科技视界 , 2012(28): 325—326.

12. 青岛市史志办公室 . 青岛市志自然地理志 · 气象志 [M]. 北京：新华出版社 ,1997：08.

3.5 江南：江河湖海的盛宴

1. 胡晓明 . 论江南认同之四要义 [J]. 华东师范大学学报 (哲学社会科学版)，2012，44(05): 58—64+154.

2. 葛剑雄 . 中国人口发展史 [M]. 福州 : 福建人民出版社，1991.

3. 胡阿祥，李天石，卢海鸣 . 六朝卷 · 南京通史 [M]. 南京 : 南京出版社，2009.

4. 林正秋 . 杭州古代城市史 [M]. 杭州 : 浙江人民出版社，2011.

5.[美] 林达 · 约翰逊 . 帝国晚期的江南城市 [M]. 成一农，译 . 上海 : 上海人民出版社，2005.

6. 李伯重 . 江南的早期工业化 (1550—1850)(修订版)[M]. 北京 : 中国人民大学出版社 . 2010.

7. 赖萍 . 东晋南朝定都建康述论 [J]. 2006，22(2): 21—525.

8. 徐茂明 . 江南的历史内涵与区域变迁 [J]. 史林，2002(3): 52—56.

9. 张环宙 , 汪波 . 江南水乡古镇的共性特征及其价值分析 ——以太湖流域六大古镇为例 [J]. 浙江大学学报 (理学版), 2007, 34(6): 696—701.

10. 秦冬梅 . 六朝江东农业开发述略 [J]. 古今农业 ,1998(3):1—9.

11. 高媛 . 明清资本主义萌芽的出现对苏州城市风貌的影响 [J]. 美与时代 (中), 2013(3): 74.

12. 陈英 . 苏州园林的空间意识和空间美感 [J]. 中国园林 ,1994(4):14—15.

13. 苏州民族建筑学会 . 苏州古典园林营造录 [M]. 北京：中国建筑工业出版社，2003.

14. 张慧茹 . 南宋杭州水环境与城市发展互动关系研究 [D]. 西安：陕西师范大学 , 2007.

15. 陈璧显 . 中国大运河史 [M]. 北京：中华书局 , 2001.

什么是中国

1. 郑度 . 中国自然地理系列专著 : 中国自然地理总论 [M]. 北京 : 科学出版社，2015.

2. 邹逸麟，张修桂，王守春 . 中国历史自然地理 [M]. 北京 : 科学出版社，2013.

3.[英] 伊懋可 . 大象的退却 : 一部中国环境史 [M]. 梅雪芹，毛丽霞，王玉山，译 . 南京 : 江苏人民出版社，2014.

4.[美] 马立博 . 中国环境史 : 从史前到现代 [M]. 关永强，高丽洁，译 . 北京 : 中国人民大学出版社，2015.

5. 潘谷西 . 中国建筑史 (第 5 版)[M]. 北京 : 中国建筑工业出版社，2004.

6. 薛凤旋 . 中国城市及其文明的演变 [M]. 北京 : 世界图书北京出版公司，2015.

7. 葛剑雄 . 中国人口史 [M]. 上海 : 复旦大学出版社，2005.

8. 葛剑雄 . 中国人口发展史 [M]. 福州 : 福建人民出版社，1991.

9.[美] 伊佩霞 . 剑桥插图中国史 [M]. 赵世瑜，等，译 . 济南 : 山东画报出版社，2001.
10.[英] 李约瑟 . 中国科学技术史 [M].《中国科学技术史》翻译小组，译 . 北京 : 科学出版社，2003.
11. 毕剑横 . 中国科学技术史概述 [M]. 成都 : 四川省社会科学院出版社，1985.
12. 金秋鹏 . 中国科学技术史人物卷 [M]. 北京 : 科学出版社，1998.
13. 阎万英 , 尹英华 . 中国农业发展史 [M]. 天津 : 天津科学技术出版社，1992.
14. 杜石然 . 中国科学技术史 · 通史卷 [M]. 北京：科学出版社，2003.
15. 庄林德，张京祥 . 中国城市发展与建设史 [M]. 南京：东南大学出版社 , 2002：08.